北方民族大学文库

教师网络研修影响因素及保障体系研究

张 乐 著

科 学 出 版 社

北 京

内 容 简 介

本书共分为 7 章。第 1 章介绍了技术支持的在职教师培训模式转变、研究设计和研究方法，是全书写作和研究的背景和规划。第 2 章讨论了网络研修概念、网络研修活动、网络研修社区、网络研修评价、促进网络研修发展策略等相关内容，是本书写作和研究的逻辑起点。第 3 章系统梳理网络研修的影响因素，凝练提出核心影响因素框架，是构建教师网络研修保障体系的理论基础。第 4 章探讨网络研修各影响因素对于教师网络研修的作用程度，归纳了网络研修影响因素作用关系，是构建教师网络研修保障体系的现实基础。第 5 章构建教师网络研修保障体系，详细阐述网络研修共同体、网络研修设计、网络研修社区设计、网络研修支持帮助、网络研修政策保障等子模型。第 6 章验证中小学教师网络研修保障体系。第 7 章是对本书的总结与反思。

本书可作为教育技术学、教育学相关专业本科生、研究生的学习参考资料，也可作为教育行政部门人员、教育工作研究者、一线中小学教师、在线教育公司相关人员、在线教师培训机构相关人员研究的参考书。

图书在版编目（CIP）数据

教师网络研修影响因素及保障体系研究 / 张乐著. —北京：科学出版社，2017.12

（北方民族大学文库）

ISBN 978-7-03-055471-0

Ⅰ. ①教… Ⅱ. ①张… Ⅲ. ①计算机辅助教学–中小学–师资培养–研究 Ⅳ. ①G434

中国版本图书馆 CIP 数据核字（2017）第 283634 号

责任编辑：李 敏 李轶冰 / 责任校对：彭 涛
责任印制：张 伟 / 封面设计：无极书装

科 学 出 版 社 出版
北京东黄城根北街 16 号
邮政编码：100717
http://www.sciencep.com

北京凌奇印刷有限责任公司 印刷

科学出版社发行 各地新华书店经销

*

2017 年 12 月第 一 版 开本：720×1000 1/16
2019 年 3 月第二次印刷 印张：15 1/2
字数：320 000

定价：138.00 元

（如有印装质量问题，我社负责调换）

前　言

利用信息技术促进教师专业发展，提升教师教育质量已成为领域内研究和实践的热点问题。教师网络研修作为促进教师专业发展有效手段，受到越来越多的研究和实践关注，然而，中小学教师网络研修尚未提出完整的理论体系，并且大多数研究将研究对象割裂为平台、技术、环境、制度、评价等分别进行探讨，导致其研究整体性不够，缺乏理论指导。在实践层面，教师网络研修注重研修社区建设，忽视从整体考量网络研修保障体系建设，存在着诸多问题。因此，本书聚焦"中小学教师网络研修影响因素与保障体系"，在梳理已有理论研究和实践项目的基础上，主要探寻影响中小学教师网络研修的因素，厘清核心因素对教师网络研修的作用关系，构建中小学教师网络研修保障体系，并通过科学的方法，验证模型的效果并进行修正，在理论层面进一步完善网络研修支持保障体系、活动管理机制、研修效果评价、研修学习共同体运行等理论体系，同时可为技术支持的教师专业发展、在职教师教育模式和方法创新等相关问题的认识提供理论借鉴。在实践层面，对各级各类教师专业发展项目中网络研修的有效机制、活动开展、保障体系、效果评价、平台设计与开发等方面具有现实指导意义。研究内容主要包括以下几个部分。

第 1 章到第 4 章主要提出中小学教师网络研修影响因素及作用关系。在文献综述、专家咨询、教师调查问卷的基础上，梳理中小学教师网络研修影响因素。研究发现：个体因素、研修平台及环境因素、网络研修设计因素、主观规范、互动感知和支持帮助、教师网络研修等因素都对教师网络研修存在影响，其中研修设计对于网络研修结果影响最为显著。研修社区、互动感知和支持帮助通过研修设计影响教师网络研修，其中最为主要的是研修社区，证明研修社区在研修设计中占最重要地位，互动感知和支持帮助在研修设计中也有较为重要的地位。

第 5 章主要内容为构建中小学教师网络研修保障体系并阐述子模型的构建策略。在第 1～4 章研究的基础上，从网络研修社区、网络研修活动、制定主观规范、网络研修共同体、研修氛围和机制等方面进行设计，提出中小学教师网络研修保障体系，从宏观、中观、微观三个层面进行构建。宏观层面主要从教师网络研修的整体规划和支持的上位角度审视中小学教师的教师网络研修，具体包括各级教育行政部门、培训结构、专家、共同设计制定顶层设计、规范制度、支持保障、绩效评估以及培训机构组织、专家应该为教师提供的感情支持和技术支持；中观层面主要从教师网络研修环境和资源角度进行规范，核心要素是网络研修活动设计，包括资源设计和评价设计，以及依托网络研修活动感知的网络研修社区的设计和规划，社区应具备知识学习、在线研修、管理评价和资源汇聚等功能；微观层面主要从学习者、意见领袖、专家的网络研修共同体层面进行设计，突出共同体中角色的具体定位和发展策略。

第6章主要内容为开展中小学教师网络研修保障体系实证及反思。在研究中，对提出的中小学教师网络研修影响因素模型进行了部分应用、验证和反思。在具体实践过程中，对基于情景问题、案例的自组织教师网络研修活动设计，专家引领的在线研修共同体活动设计，基于实践共同体的网络研修与校本教研融合发展等活动进行设计并实践，在过程中采用访谈、问卷调查、内容分析、社会网络分析、课堂观察等方法，从参与网络研修的教师的发展性、教师网络研修共同体的发展性、教师网络研修结果应用等方面展开评价，得出了教师对于网络研修参与态度和作用感知得到有效提升、教师网络研修行为逐步向深度交互发展、网络研修社区受到教师较高评价、网络研修组织管理合理、基本形成良好研修氛围、网络研修效果整体感知提升、教师能力自我感知得到提升的结论。

本书创新之处在于：①研究选题创新。研究紧扣国家大力实施中小学教师网络研修项目时机，以系统视角进行深入研究，可为国家级全国中小学教师信息技术应用能力提升工程等培训项目的开展提供借鉴，同时对各级各类教师专业发展项目中网络研修的有效机制、活动开展、保障体系、效果评价、平台设计与开发等方面具有现实指导意义。②研究视角创新。在梳理已有理论研究和实践项目的基础上，将教师网络研修整体作为研究对象，在厘清影响教师网络研修有效开展的核心要素及其相互作用的基础上，构建中小学教师网络研修保障体系并进行验证与修订，力争从整体对教师网络研修进行系统分析并提出保障体系，促进教师网络研修的效果提升。③研究方法应用创新。研究在整体上遵循基于设计的研究范式，在不同的研究阶段，通过文献研究、调查研究、专家咨询、比较咨询等多种研究方法的综合应用，并利用问卷调查、访谈、社会网络分析、内容分析等从质性、量化两个方面厘清中小学教师网络研修影响因素，并通过因子分析、路径分析等方法确定影响因素的作用关系。

本书参考了国内外大量的资料，其来源已在参考资料目录中列出，如有遗漏，恳请原谅。受作者经验与学识所限，书中难免会有谬误与疏漏之处，恳请指正。

张　乐
2017年7月

目　　录

第 1 章　绪　　论

1.1　研 究 缘 起

1.1.1　教师教育受到世界各国高度重视

教师已成为教育改革的核心力量，教师教育如何适应社会的不断变化，成为世界各国普遍关注的国际性问题。发达国家（美国、德国、英国、法国、日本等）为优化师资队伍及提高基础教育质量，提倡终生学习的理念，有机融合教师的职前教育和职后培养，使两者在“教师教育”的概念上得以相互融合与相互升华。这是当代世界各国教师教育改革的核心目标，也是进入二十一世纪教师教育发展的明显特征。霍姆斯小组在美国开展了近十年的理论研究和实践，分别在 1986 年、1990 年和 1995 年发表了《明日之教师》《明日之学校：专业发展学校设计之原则》《明日之教育学院》三个报告，在美国乃至世界范围引起了对教师教育的广泛关注。全美教学与美国未来委员会的《什么最重要》(1996) 和《做什么最重要》(1997)，以及 1999 年召开的“教师质量大学校长高峰会议”（*Presidents'Summit on Teacher Quality*），美国全国教师教育认定委员会（National Council for Acreditation of Teacher Education，NCATE）公布的《2000 年标准》等，都反映了美国对于教师教育的高度重视和政策支持。2000 年以来，德国为教师教育制定的《当前教师的职责——教师作为促进学习活动的专业人员》《有关吸纳来自其他州的师资力量的决议》《教师教育标准：教育科学》等政策文件，分别涉及教师职责与角色、教师的州际流动与交换、教师教育标准（教育科学）等内容；2005 年德国教师教育相关的政策文本数量不断增加，《各州有关教师教育专业学科与专业学科教学法共同内容的要求》《各州有关为满足教师队伍建设需求的共同指导方针》等政策文件的出台，反映出德国围绕提升教师教育效果、实现教师教育快速发展的核心目标，并且进一步完善教师教育标准体系、促进教师教育改革的进行、强化教师教育的政策导向。英国早在 20 世纪 70 年代就出台《詹姆斯报告》，提出了著名的“教师教育三段论”，并在 1998 年和 1999 年分别提出了《教师：迎接变革的挑战》和《专业发展：支持教与学》的报告，对教师在职教育进行了明确的规定。日本在

2002 年中央教育审议会依据文部科学大臣的政策咨询，提出审议报告《今后教师资格证制度的应有状态》，并修订《教师资格证法》和《教育公务员特例法》，制定了为工作满十年的教师积极提供研修机会的规定。

我国政府也将教师专业发展提升到一个空前的新高度。党的十八大报告中提出努力办好人民满意的教育，大力促进教育公平；加强教师队伍建设，提高师德水平和业务能力，增强教师教书育人的荣誉感和责任感。2010 年，我国颁布的《国家中长期教育改革和发展规划纲要》将加强教师队伍建设作为教育改革发展的重要保障，提出建设高素质专业化教师队伍的战略任务。《教育部关于大力加强中小学教师培训工作的意见》（2011 年）中明确提出："教育大计，教师为本"。有好的教师，才有好的教育。教师培训是加强教师队伍建设的重要环节，是推进素质教育，促进教育公平，提高教育质量的重要保证。教师的专业发展是教师的专业成长或内在专业结构不断发展、演进和丰富的过程，主要体现在教师观念、知识、能力、态度、动机、意识等方面的发展。各国家层面、各级教育部门、各地区、各高校针对教师专业发展的实际情况，通过多种途径、运用多种手段，紧密结合教师教育教学工作，开展了不同层次、不同形式的培训工作。其中推动教师的专业发展，影响力较大的有"中小学教师国家级培训计划（国培计划）""教育部-微软（中国）'携手助学'项目""英特尔®未来教育基础课程项目""英特尔®未来教育核心课程项目""教育部・李嘉诚基金会西部中小学现代远程教育项目""农村中小学教师远程培训项目"。由此可见，知识、技能、价值观的不断变化直接影响了教师专业化本质，如何培养合格的教师、提高教师教育的质量，已经成为世界各国政府关注的重要内容。

1.1.2 国家层面对在职教师培训模式创新提出明确要求

我国教师教育信息化政策总体走过了初步探索、发展形成、发展完善三个阶段。自 2012 年开始，国家层面已出台一系列政策文件（表 1-1）深化中小学教师培训模式改革，全面提升培训质量。

表 1-1 2012 年至 2014 年教师教育模式改革政策

颁布时间	颁布部门	名称	内容关键词/句
2012 年 8 月	国务院	国务院关于加强教师队伍建设的意见 （国发〔2012〕41 号）	信息技术与教师教育深度融合；建设教师网络研修社区和终身学习支持服务体系
2012 年 11 月	教育部 国家发改委 财政部	教育部 国家发展改革委 财政部关于深化教师教育改革的意见 （教师〔2012〕13 号）	创新教师教育模式；推动信息技术与教师培训深度融合，建立教师网络研修社区

续表

颁布时间	颁布部门	名称	内容关键词/句
2013 年 5 月	教育部	教育部关于深化中小学教师培训模式改革全面提升培训质量的指导意见（教师〔2013〕6 号）	营造网络学习环境，推动教师终身学习；开展区域间教师网络协同研修，促进教师同行交流；丰富研修主题，通过集体备课、观课磨课、课题研究等方式促进教研与培训有机结合
2013 年 10 月	教育部	教育部关于实施全国中小学教师信息技术应用能力提升工程的意见（教师〔2013〕13 号）	有效利用网络研修社区，推行网络研修与现场实践相结合的混合式培训
2014 年 3 月	教育部	网络研修与校本研修整合培训实施指南（教师司函〔2014〕20 号）	依托教师网络研修社区，实施网络研修与校本研修整合培训，创新教师网络研修模式，建立校本研修常态化运行机制
2014 年 4 月	教育部	教育部关于印发《“国培计划”——教师工作坊研修实施指南》的通知（教师司函〔2014〕12 号）	信息技术环境下的教师学习共同体；集中面授与网络研修相结合；线上学习与线下实践相结合；常态化培训模式

通过整体梳理分析发现，自《国家中长期教育改革和发展规划纲要（2010～2020 年）》发布以来，我国教师教育模式改革方向主要聚焦于利用信息技术促进教师教育的体系化改革和质量提升，以及信息技术与教师教育的深度融合。尤其在实施“全国中小学教师信息技术应用能力提升工程”项目中，逐步强调网络研修社区的建设，强调利用网络研修社区开展教师网上协同研修，促进教师同行交流；通过集体备课、观课磨课、课题研究等方式，开展线上学习与线下实践相结合的研修活动，形成常态化的教师专业发展模式。

1.1.3　信息技术为传统研修模式的创新提供契机

传统研修主要是通过面对面交流的方式进行，通常有课堂观摩、案例分析、听课评课、教研组讨论会等形式，受到时间、空间、资源、环境等方面的制约，在研什么（内容）、怎么研（方法）、谁研（主体）、研的怎么样（效果）、研的制度保障（支持保障）等方面存在着各种问题。主要问题有缺乏专家引领、形式简单僵化、可利用资源匮乏、教师参与度不高、缺乏可持续性、缺少系统性、对教学成效贡献率偏低等。同时，基础教育课程改革、素质教育、国内外先进教学理念的更新对教师在教学理念、知识结构、思维方式、教学能力以及教学手段等方面提出新的要求。联合国教科文组织国际教育发展委员会所著的《学会生存——教育世界的今天和明天》中提到，未来，教育不再局限于必须吸收的固定内容，而是应该被认为是一种人类的进程，在这一过程中人们通过各种经验学习如何表现自己，如何与别人沟通交流，如何探索发现世界，而且知道如何连续不断、自始至终地完善自己。随着信息技术的进步和发展、网络的普及，以多媒体技术和网络通信技术为核心的信息技术为创建学习环境和挖掘学习新潜力提供了新的机遇和可能性，同时也为教师专业化带来前所未有的契机和要求。教育信息化的层层推进带来了面向教育信息化的教师专业发展模式的深刻变革，这种变革迫切要求广大教师必须要正确面对教育信息化，积极参与，不断适应新的技术和理念。利用教育信息技术，可以更好地解决教师专业发展中出现的理论与实践脱节的问题，解决教师工作进修之间的工学矛盾，解决传统研修模式基于校本的教研中存在的资源匮乏、范围局限等问题，改变自上而下的教师专业发展模式。教育信息化为传统研修模式的创新提供了新的契机。

1.1.4 网络研修理论和实践深入发展的诉求

1999 年 9 月，国内最早开展网络研修的佛山市顺德区第一中学创办了化学学科虚拟教研中心，并且在当时产生了一定的影响力。2003 年 9 月，教育部师范司组织的全国教师教育网络联盟（简称为教师网联）成立，其宗旨是以现代远程教育为突破口，整合各类资源，构建以师范院校和教师教育的高校为主体，以高水平大学为核心，区域教师学习资源中心为服务支撑，吸纳社会力量积极参与，形成职前职后教育一体化发展的覆盖全国城乡的教师教育网络体系。2003 年 11 月，原中央教育科学研究所教育资源研究部开通教研成果交流合作平台“中国教研网”。2005 年 5 月教育部基础教育课程教材发展中心正式立项，并全面启动“新课程网络教研”建设。同年 6 月和 9 月分别召开了“新课程网络教研会议”，以网络技术为支持手段，解决新课程推进中教师的疑难和困惑，提高教师实施新课程的能力水平，网络研修自此快速发展起来。随着 2010 年由教育部、财政部负责实施的“国培计划”逐步开展，教师培训模式不仅仅局限于传统的专家讲座和面对面集中研讨，还有进一步创新的培训模式，采取参与式、研讨式、案例式、情境式、体验式等多种方式，尤其是要求教师利用信息技术手段开展网络自主学习、网络研修逐步增多。2013 年起实施的“全国中小学教师信息技术应用能力提升工程”更是明确提出，有效利用网络研修社区，推行网络研修与现场实践相结合的混合式培训；积极推动网络研修与校本研修整合培训，建立以校为本的常态化培训机制。这意味着今后开展的所有国家级、省级教师培训，必须有网络研修的环节存在，必须将网络研修与校本研修整合开展，使教师通过网络研修的方式，实现自身的专业发展。基于此，各培训机构纷纷建设或升级自己的网络研修平台，规划网络研修方案，制定网络研修评价指标，设计网络研修活动，开展教师网络研修。

但是从实践层面看，网络研修平台功能主要集中在信息呈现、资源汇聚、简单交互等。长此以往，网络研修平台要么异变为一个资源库，要么异变为公用的展示平台或只是很少人光顾的聊天平台，而其真正的资源积累、生成、检索、交流、评价、协作等与教师教研工作相关的功能难以发展起来；网络研修评价方式也局限于发帖、回帖、在线时长、作业提交等简单指标，并没有深入了解教师的知识建构和态度、行为、能力等方面的变化；网络研修质量保障体系也仅仅是从制度方面提出一些生硬的要求，没有关注教师在线学习共同体的构建和有效运行。教师网络研修存在着诸多问题需要解决。

从理论层面上看，随着网络研修逐步应用于教师专业发展实践，国内学者也从不同角度开始对其进行反思与审视，提出其发展过程中存在的一系列问题，主要表现为网络研修平台方面，社区栏目功能设置随意性大，缺乏“人—媒体—人”互动的功能，缺乏有效的反馈机制，缺乏对共性问题的人文关怀；网络研修资源方面，研修配套的资源较少，注重显性资源建设，忽视隐性资源建设，缺乏对资源的有效管理；研修组织与管理方面，没有充分发挥教研行政组织的作用，缺乏有效的质量监控机制和激励机制；网络研修活动方面，缺乏针对具体教学内容、教学情景的深入分析、讨论、实践、再分析、再实践的过程，重视经验的分享却缺乏理性层面的反思，深度交流互动不足，缺少深度互动的思想碰撞；网络研修专家引导方面，专家通过网络研修社区主动对一线教学改革的引导不够，在理论指导和教学实践之间不能建构充分沟通的桥梁。

同时，笔者通过文献梳理也发现目前的网络研修相关研究尚未提出完整的理论体系，研究主要集中在网络研修社区建设、教师在线学习共同体、网络研修活动设计、教师网络研修策略、网络研修实践经验和效果等领域，要么片面强调研修社区（平台）的重要性，要么提出的理论观点空洞、不可操作，要么理论研究滞后于网络研修实践的发展。由此可见，无论是网络研修理论研究还是实践应用，都需要进一步深入开展网络研修相关研究，进一步完善理论以指导实践。

1.1.5 教师网络研修项目的实施和反思

1999 年至 2014 年，研究团队致力于“技术支持的教师专业发展”相关研究，先后实施了教育部“李嘉诚西部中小学现代远程教育项目”（2001 年）、“中欧甘肃基础教育项目”（2001～2008 年）、“利用网络环境建立城乡互动教师专业化能力协同发展模式研究”（2007 年）、“教师信息化教学能力发展研究项目”（2009 年）等数十项教师专业发展（培训）项目。2009 年以来，笔者有幸参与导师承担的系列在职教师培训项目，多次参与教师培训项目的方案设计、资源设计、活动设计、效果评估等工作，尤其是全面参与了“中国和联合国儿童基金会‘灾区教师培训’项目”（2010～2012 年）、“应用型课题促进英特尔®未来教育基础课程理念向教师教学能力迁移研究”（2011～2013 年）等项目，从项目前期的策划、方案设计，一直到项目中期的培训与指导，再到项目后期的效果评估等全程参与并深入实践，从一个教师专业发展的旁观者变成了行动研究者。2012 年本书研究设计阶段，参与“国培计划（2012）远程培训项目”甘肃省的培训实施工作，为 500 名教师提供系统化网络课程、设计及开发网络研修社区、提供网络研修远程指导、进行教师网络研修评价。在项目最开始的几天，笔者所在团队邀请参加项目的教师加入已建立好的 QQ 群中。老师们一进群，提到最多的问题除了“用户名、密码怎么查找”“网络平台网址是什么”等一些基本问题外，“作业在哪里上传”“发几个帖子、回几个帖子能够及格”“‘挂视频’有没有时间要求”“课程学习时间有没有限制”等等一系列如何快速、简单获得分数，最后顺利获得培训证书的问题，占据了一大部分。在和老师们的交流中，老师们的回答也让笔者发自内心地反省，下面是截取的一些典型的问答。

1. 问题一

笔者：您以前参加过（“国培计划”）吗？

老师：（对于“国培计划”）很熟悉，我今年是第 3 次了。

笔者：那您是老资格啦，呵呵。内容都是一样的吗？

老师：内容很多，我参加过小学数学、科学、综合实践活动。

笔者：内容好像挺杂的，是您自己选的内容吗？

老师：不是，上面统一安排的。每天时间都不够用，（参加“国培计划”）很麻烦。谁一天没事干看这些啊？

2. 问题二

笔者：您以前参加（“国培计划”），在网络上都有哪些活动？有什么要求？

老师：就是看看视频，发发帖子。每一节内容都要看视频，中间还不能断了，5 分钟自动暂停，不点击确定就不算数了，还有发帖 5 个、回帖 5 个，有时候交一份作业。

笔者：（上述网络研修活动）你感觉效果怎么样？

老师：毫无意义。说实话，现在网上很方便，我已经找到了一款“鼠标点击软件”（一种小程序，实现按照用户要求在计算机屏幕上自动点击的功能），把视频打开，最小化就不管了，我晚上睡觉，可以播放很多视频。发帖回帖时，我随便点开几个，把别人的话粘贴过来就可以了。

3. 问题三

网络研修开始的第一天。

老师：请问，××主题在哪里上传作业，在哪里发帖回帖，有什么要求？

笔者：老师您这么快就把我们的活动都完成了？

老师：还没有。提前了解一下，马上就能完成作业。

……

笔者：您参加培训，最关心什么？

老师：怎么能够快速拿到分数，怎么样能够顺利拿到证书。

在和参训教师的交流中，以上类似的问答比比皆是。有老师在访谈中也提出，作为一个由上至下的大规模培训，“国培计划”在产生巨大效果的同时，也难免产生一些问题，比如，一些培训内容针对性不强，与实际一线教学还有一定距离；一些培训方式还比较传统，过多注重专家教授的“讲”，教师的互动性、参与性不够；一些学校没有足够的计算机，网络不够畅通，给教师远程培训带来了不便。教师们参加网络研修，主要目的不是提升自身专业素养，而是如何快速得分，顺利地拿到证书；还有很大一部分教师，参加的根本不是本学科的网络研修，而是按照上级要求，参加自己并不熟悉、也不喜欢的网络学习与研修。更有甚者，网络研修对于教师们来说更多的是一种负担，而不是提供丰富的资源和快捷的服务的平台，离理想的状态距离很远。这些问题使我陷入深深的思考：国家对于教师教育高度重视，花费了大量的金钱和资源开展教师培训，可是一线的教师对此并不欢迎，培训效果大打折扣，这其中的问题主要出在哪里？网络研修到底应该怎么做，才能够让教师深入开展在线交流和学习，促进教师的专业发展而不是敷衍了事？

1.1.6　教师网络研修平台设计研发与反思

2007 年至 2014 年，笔者所在研究团队积极探索“支持教师专业发展的网络平台（环境）”的设计与开发，走过了“单一应用”“综合应用”“应用+开发”的实践路径（如图 1-1 所示）。

在单一应用阶段，教师基于网络课程平台进行自主学习，但是缺少与其他教师的交互，缺少专家引导；在综合应用阶段，教师可以充分进行交流讨论，但是缺少学习成果展示，缺少教师对培训知识的反思、综合、实践应用；在“应用+开发”阶段，以 Moodle 课程平台和自主专题学习网站为核心，教师能够进行深入交流，也可以进行学习反思和教学实践展示，但是由于各模块都是社会性软件，缺少整体平台的系统性，各模块间耦合度不高，不利于教师学习效果科学评价、个人知识管理、学习管理等（见表 1-2）。基于此，团队研究发现，必须开发“专门一体化网络研修支撑平台”，有效支持区域一体化教师网络研修体系的建设，支持开展专家引领下的研修、学习共同体的互动研修、基于资源的自主研修、个人成长管理等，支持区域优质研修资源汇聚与积淀。

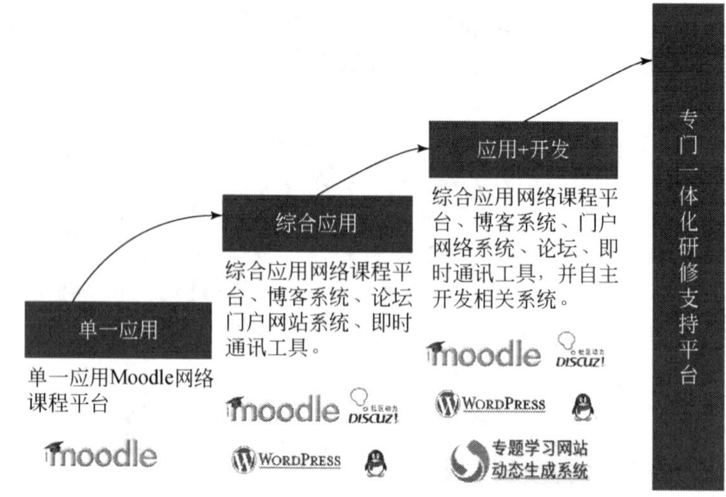

图 1-1　研究团队教师专业发展支持网络平台（环境）实践

表 1-2　研究团队教师专业发展支持网络平台（环境）实践及反思

时间	阶段	实践做法	反思
2007～2008 年	单一应用	利用 Moodle 网络课程平台开发“情景教学法”等教师培训网络课程，教师基于网络自主学习，掌握相关知识	教师基于网络课程平台的自主学习缺少交互、专家引导
2008～2010 年	综合应用	以 Moodle 课程平台为核心，综合利用 WordPress、Discuz!、QQ，教师在课程学习的基础上，充分进行交流讨论，深入对知识的理解和掌握	缺少教师学习成果展示；缺少教师对培训知识的综合、实践应用
2010～2012 年	应用+开发	以 Moodle 课程平台和自主专题学习网站核心，综合利用 WordPress、Discuz!、QQ，使教师在课程学习的基础上，充分进行交流讨论，进行成果展示，深入对知识的实践应用	缺少整体平台的系统性；各模块间耦合度不高，不利于教师学习效果科学评价等

基于研究背景和已有研究经验，笔者希望可以对中小学教师网络研修进行较为系统深入的研究，这正是笔者研究主题产生的现实起点。

2014 年 12 月，笔者所在研究团队承担教育部教师工作司“教师网络研修社区规划与建设规范研究”，从网络研修平台技术及功能、课程资源开发、研修团队建设、研修活动设计和研修监管评估等方面提出国家层面教师网络研修社区建设和管理规范建议，为指导全国开展教师网络研修社区建设、促进教师培训工作中网络研修工作的顺利开展、促进混合研修模式的落实、制定国家层面政策和规划提供依据。

在研究过程中，笔者强烈地意识到已有的大部分关于教师网络研修的研究将研究对象割裂为平台、技术、环境、制度、评价等分别进行探讨，导致研究整体性不高，缺乏理论指导实践的可操作性。本书中，在梳理已有理论研究和实践项目的基础上，将主要回答①如何从系统的视角出发，将教师网络研修整体作为研究对象，确定影响教师网络研修有效开展的核心要素及之间的相互作用及制约关系；②在厘清核心因素及其之间相关关系、作用的基础上，如何构建中小学教师网络研修保障体系；③如何通过科学分析，验证保障体系的作用效果等重点问题。本书的意义在于系统地把中小学教师网络研修作为整体进行研究，探究影响网络研修因素，提出保障体系，在理论层面进一步完善网络研修支持保障体系、活动管理机制、研修效果评价、研修学习共同体运行等理论体系，同时可为技术支持的教师专业发展、在职教师教育模式和方法创新等相关问题提供理论借鉴。在实践层面，为“国培计划”“中小学教师信息技术应用能力提升工程”等国家级培训的顺利开展提供研究借鉴，同时对各级各类教师专业发展项目中网络研修的有效机制、活动开展、保障体系、效果评价、平台设计与开发等方面具有现实指导意义。

1.2　教师网络研修影响因素及保障体系研究设计

本书在梳理已有理论研究和实践项目的基础上，主要探寻影响中小学教师网络研修的因素，厘清核心因素对于教师网络研修的作用关系，构建中小学教师网络研修保障体系，并通过科学的方法验证该体系的作用效果并进行部分修正。

在研究内容上，主要有以下三个方面。

（1）中小学教师网络研修影响因素及作用关系。通过文献研究、调查研究等手段，对中小学教师网络研修理论研究和实践现状进行详细梳理，找寻中小学教师开展网络研修相关的制约因素，提出初步框架；通过专家咨询，进一步凝练教师网络研修影响因素，并提出初步框架；在此基础上，以专家咨询结果为指标项，通过教师调查问卷、访谈等方法，从各方面进行验证，通过科学数据统计分析得出这些影响因素对于中小学教师网络研修的作用关系。

（2）构建中小学教师网络研修保障体系。根据影响因素及作用关系，以活动理论、计划行为理论、在线学习共同体等为指导，深入分析各种理论的核心观点对于中小学教师开展网络研修的指导和借鉴作用，从网络研修社区、网络研修活动、制定主观规范、网络研修共同体、研修氛围和机制等方面进行设计，提出中小学教师网络研修保障体系。

（3）验证保障体系对教师态度、行为、能力发展的效果并修正。采用对比研究的方法，运用问卷调查、访谈、内容分析、社会网络分析等方法，对教师网络教研态度、教研行为、教研能力等方面的发展进行对比评价，从而验证保障体系的有效性。

本书以系统的视角，以教师网络研修整体为研究对象，探索中小学教师在参与网络研修中各影响因素的共同作用关系。在具体实施过程中，选择研究者所在团队实践项目中的项目学校的教师作为调研对象，对他们参加网络研修的各核心要素进行系统研究，并对他们参与网络研修的态度、行为、能力方面的现状及变化进行调查分析。并通过“前期分析与问题聚焦”“提出影响因素及作用关系”“构建保障体系及验证修订”三个阶段（如图 1-2 所示）进行研究。

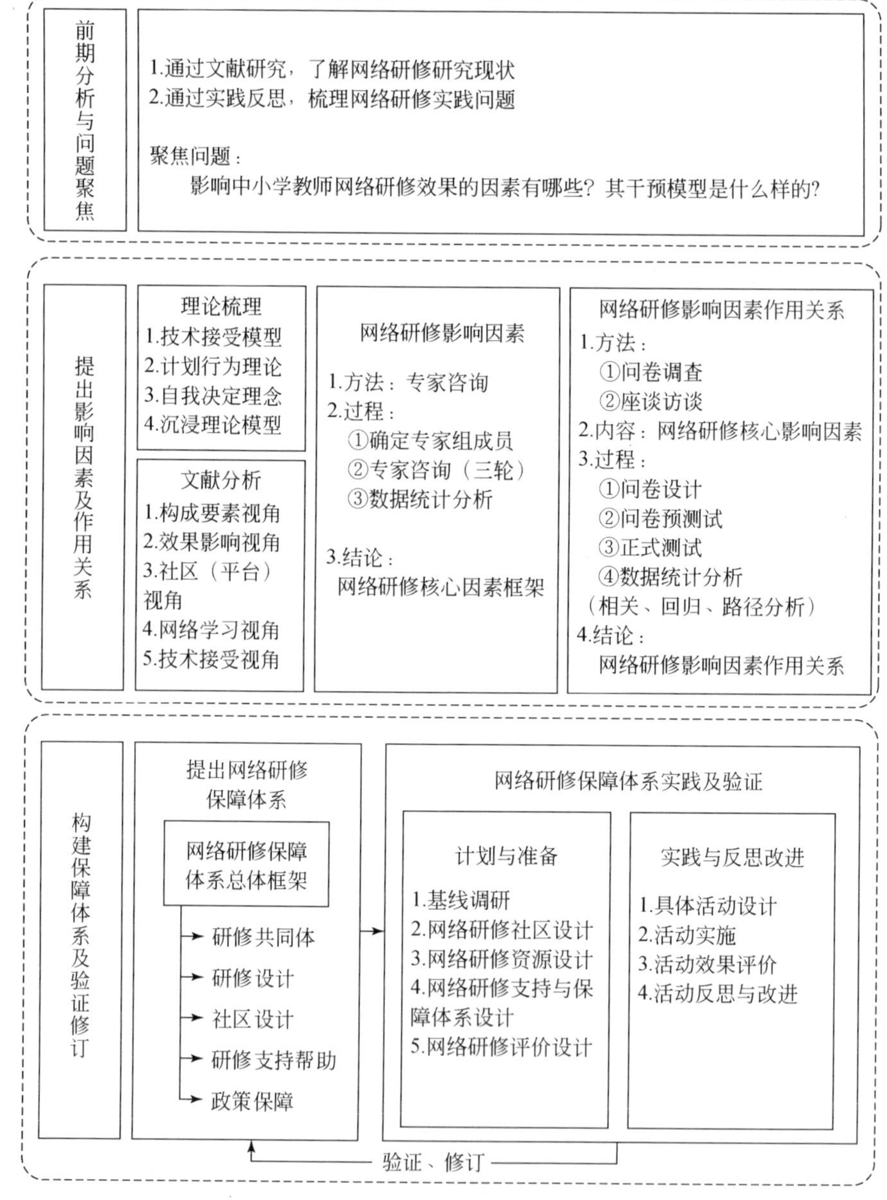

图 1-2　研究思路

“前期分析与问题聚焦”阶段主要通过文献和项目（平台）分析，了解教师网络研修理论研究和项目实施现状，在此基础上提出本书的研究问题：影响中小学教师网络研修的因素有哪些？其保障体系应如何构建？

提出影响因素及作用关系阶段，在文献研究的基础上，提出影响因素初步框架，初拟“中小学教师网络研修影响因素专家咨询表”，采用专家咨询法，以会议、背对背函询方式征询 20 位左右教育技术学、教师培训行政管理、教师培训机构负责人意见，通过三轮专家咨询，完善“中小学教师网络研修影响因素框架”。在此基础上，结合已有研究基础，自拟“中小学教师网络研修影响因素调查问卷”，采取分层抽样的方式，开展网络问卷调查和访谈，最后通过科学统计分析确定影响因素对于中小学教师网络研修作用关系。

构建保障体系及验证修订在前期影响因素及作用关系研究的基础上，以活动理论、计划行为理论、在线学习共同体为指导，深入分析各种理论核心观点对于中小学教师开展网络研修的指导和借鉴作用，从网络研修社区设计、网络研修活动设计、制定主观规范、专家引导、研修氛围和机制等方面进行设计，提出中小学教师网络研修保障体系。并在此基础上，以笔者参与实践项目的兰州市教师作为调研对象，运用比较研究，通过社会网络分析、问卷调查、访谈、内容分析等数据收集分析方法，验证模型的效果并进一步修正保障体系。

1.3　研究方法

教育是一个复杂的过程，学校的学生和教师处在一种复杂多变的社会互动网络之中，Berliner（2002）认为学校里大量的交互作用是同时进行的。教育常常基于某种特殊情景，这就会限制教育研究发现的普遍性。教育研究是一个过程，并且应当是系统化的过程。McMillan 和 Schumacher（1997）将“研究”定义为为某一目的进行收集、分析信息（资料）的系统过程；Krlinger 和 Lee（1986）将“研究”定义为对自然现象系统的、控制的、实践的和批判性的调查，这种调查是受到有关理论和假设指导的。基于以上认识，本书遵从系统化研究的视角，整体上遵循基于设计的研究（design-based research），在不同环节综合利用准实验研究、行动研究、比较研究、人种学研究、文献研究、德尔菲法等方法，力求对研究对象进行系统、客观、深入的研究。同时，采用问卷调查、访谈、观察等方法进行测量与数据收集，采用结构方程模型、社会网络分析、内容分析、统计分析等方法对数据进行分析。

1.3.1 研究方法论层面

1.3.1.1 基于设计的研究

基于设计的研究，又称为教育设计研究（education design，EDR）或设计研究（design research），在国内得到普遍认可。安•布朗（Ann Brown）1992 年在其文章《设计实验：在课堂情境中创建复杂性干预的理论与方法论挑战》中对设计实验研究方法阐释为设计研究方法是在现实世界中研究学习，在课堂中研究学习，利用各种信息手段和新的研究方法与测量工具创设各种有效的学习环境，在促进课堂教学与学习者有效学习的同时，发展有关学习的理论，并实现向其他实践情境的迁移。Barab（2006）提出，基于设计的研究是模仿科学家的方法论和工具集，研究对象是特定环境的学习过程，研究目的是通过对特定的、简单的学习环境进行细致深入的研究，发展新理论、产品和可以在其他学校或者班级实施的实践纲领。这种深入的研究通常经过多次的迭代，并发生在真实情景中。基于设计的研究是研究者、设计者和实践者在一定理论的指导下，在真实情景中共同分析和鉴定具有普遍性的教育问题，综合运用多种研究方法，通过分析、设计和实施的迭代循环来完善实际问题解决方案和发展理论。基于设计的研究从本质上讲是一种建构性或发展性研究方法（Reeves，2000），其流程如图 1-3 所示。本书的研究问题是研究者在真实的教师专业发展实践、情境中存在的困惑和问题，在研究团队和参训教师的共同协作下，在活动理论、计划行为理论、在线学习共同体的指导下，开展针对中小学教师网络研修影响因素和保障体系的研究，解决教师网络研修存在的问题，并提出一定的理论体系，研究设计整体符合基于设计的研究范式。

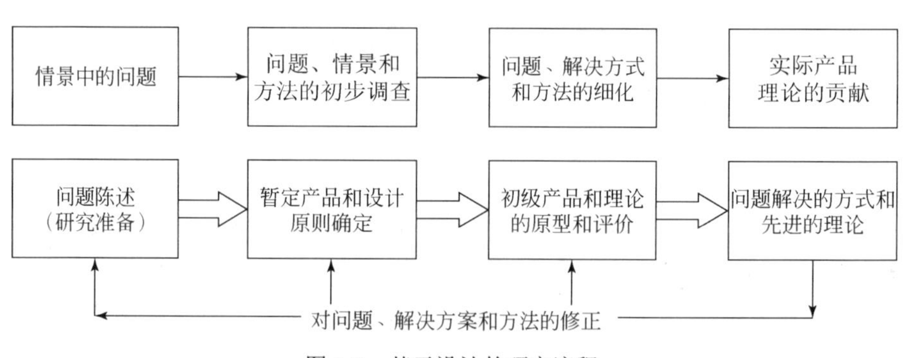

图 1-3 基于设计的研究流程

1.3.1.2　准实验研究

准实验研究（experimental research）是指在实验中，使用原始群体作为被试，而不是随机安排被试接受实验处理，即在实验研究过程中，无须随机安排被试时，通过运用原始群体，在较为自然真实的情况和环境中进行实验处理的研究方法。准实验研究的设计方法有多种，不同的设计方式、效度和控制水平有所不同。从准实验研究的多种实验方法的特点和应用案例来看，准实验研究可以得出较为可靠的研究结果，具有较大的实践价值。常用的准实验设计方法有不相等实验组控制前后测准实验设计、不相等区组后测准实验设计、单组前测后测时间系列准实验设计、多组前测后测时间系列准实验设计、修补法准实验设计 5 种。本书在构建保障体系及验证修订阶段，在科学设计研究的信度和效度的基础上，通过将参训教师分成实验组和控制组，对控制组教师进行干预控制，开展不相等实验组控制前后测准实验设计，验证保障体系效果及教师发展与变化。

1.3.1.3　行动研究

行动研究（action research）是教育理论与实践相结合的能动的实践性中介，是在实际工作开展过程中进行研究，由实际工笔者与研究者共同实施，使研究成果更容易被实际工笔者理解、掌握和应用，进而达到解决实际问题，改变社会行为的目的。行动研究有下述特点：①主要目标为提高行动质量、改进实际工作；②强调研究过程与行动过程的紧密结合，注重研究者与行动者的相互合作；③要求行动者参与研究，对自己从事的实际工作进行反思。勒温认为，行动研究是一个螺旋式逐步深入的发展过程，每一个螺旋发展循环圈都包括四个相互联系、相互依赖的环节：计划、行动、考察和反思。本书中在构建保障体系及验证修订阶段，采用行动研究法，将笔者和参训教师共同构建为行动研究的实践者，通过设计保障体系评价方案，运用问卷调查、访谈等方法开展评价，采用社会网络分析、内容分析等方法进行数据分析处理，最后进行反思验证，进一步修订后提出新的行动计划，形成螺旋发展的行动研究。

1.3.1.4　人种学研究

人种学原义指人类学分支的体质人类学，后转变为指代人类学研究的基本方法。利用人种学开展研究，不再以研究者的主观愿望为主导，而是尽可能地回到教育对象的世界中，回到社会发展需要的实际中，了解学生的实际心理状态为主导。Wiersma 和 Jurs（2008）认为，人种学研究具有现象学特征，对于教育研究具有重要的指导意义和借鉴作用：①尽可能减少对研究现象形成的已有成见；②整体地看待研究对象，复杂的现象不能被缩减为变量；③收集资料的程序和工具灵活多样；

④接受对现象的不同理解；⑤有效的假设或结论应该是有事实根据的。香港地区有研究学者采用人种学的研究方法，在国内的两个县研究六周时间，解决县级教育如何规划的问题，通过实地调查、讨论交流等方式，完成了规划设计，并提出了人种学研究范式五大基本特征：①一体化的方法；②从当地人的观点出发；③自然主义的资料收集；④折中主义的和多元模式的研究策略；⑤集中于过程。人种学的研究过程是整合过程，各种研究程序在过程中是并行不悖的，如图 1-4 所示，这一过程中的活动既可交叉进行也可以同时进行。人种学研究通常与个案研究和田野研究等有密切联系，本书中采用人种学的研究方法，笔者参与具体网络研修社区，与教师、教研员、专家共同讨论、交流，在协作、会话的过程中收集数据，探索网络研修社区的有效运行机制。

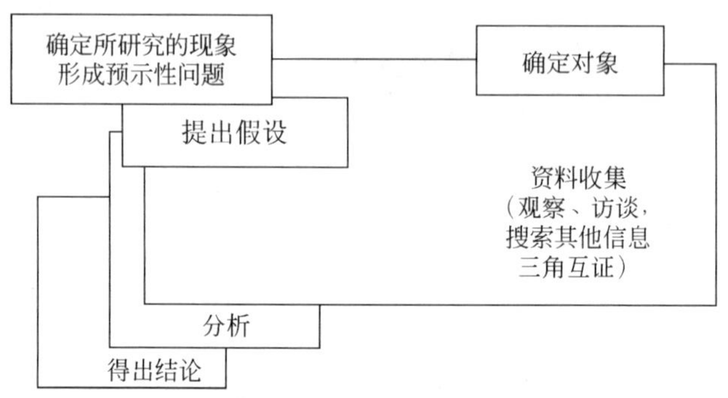

图 1-4　人种学研究的活动过程

1.3.1.5　比较研究

比较研究是根据一定的标准，对有联系的两个或两个以上事物进行考察，寻找其异同，探求教育的普遍规律与特殊规律的方法。教育比较研究与其他教育研究方法不同之处在于：①从比较的角度理解对象特有的规定性。②研究对象必须具备可比较性，这也限定了研究的内容和范围。③方法以比较分析方法为主。比较研究方法简单、生动、鲜明，由于研究结论是从比较分析的推论中得出，其客观性程度还有待实践证明并加以检验修正。英国布赖恩·霍姆斯（Brian Holmes）试图赋予比较教育学以准自然科学或预测科学的性质，提出比较教育的“问题研究（problems approach）”，仿效杜威的“反省思维”，提出比较教育法研究的四个阶段：①问题的选择与分析。②解决对策（政策）的计划。③相关因素的确认。④根据三种范型，进行有关资料的系统选定、分类与相关分析，借此做出某种一般的教育预测。即从搜集资料开始，经过选择问题、政策研究、问题分析、政策制定、相关因素的识别、政策结果的预想，得出正确的预测。本书中，应用比较研究的方法，在“构建保障体系及验证修订”阶段中，网络研修社区规划和建设中，对比分析国内外教师网络研修社区整体架构、功能模块、运行管理机制等，归纳与总结教师网络研修社区设计理念、建设模式，对研修平台技术及功能、课程资源开发、研修团队建设、研修活动设计和研修监管评估等进行系统研究，形成适合我国教师开展网络研修的平台建设功能、技术的框架体系。

1.3.1.6　文献研究

文献研究是通过收集和分析现有的以文字、数字、符号、画面等信息形式呈现的文献资料、信息、探讨和分析研究问题的研究方式。一般而言，社会研究中的文献研究主要是利用二手资料进行分析，具有非常明显的间接性、无干扰性和无反应性，因此也称为“非介入性研究”或“无回应性研究”。文献研究的开展具有如下作用：①有利于快速了解、把握研究领域；②有利于研究课题的立题；③有利于获取课题研究的必要信息；④与实证研究相得益彰。本书中通过文献综述，一是了解国内外关于中小学教师网络研修理论研究和项目实践现状，尤其对于网络研修社区设计与建设、网络研修存在的问题、社会性软件支持的网络研修、网络研修活动（模式）等归纳梳理，分析研究中存在的不足，作为本书研究的起点；二是探寻影响中小学教师网络研修的要素及指标，作为专家咨询问卷和教师问卷的基础指标；三是通过中小学教师网络研修促进策略、评价方法、支持服务体系等方面研究成果的梳理，明确已有研究对本书中构建中小学教师网络研修保障体系研究的支撑作用。具体操作方法是将文献综述分为三大部分，分别对应于每个研究环节之中。

1.3.1.7　专家咨询

专家咨询，主要采用德尔菲法（Delphi method）。德尔贝克、范伟德和古斯塔夫森（Delbecq et al.，1975）从使用德尔菲时包含的步骤角度，提出了定义：通过一系列精心设计的序列问卷，系统地引发和收集对某一专题的判断，该序列问卷渗透着总结性信息和从先前发应得来的反馈观点。一般来讲，德尔菲法包括共识式德尔菲法（consensus Delphi）、政策德尔菲法（policy Delphi）、对抗式德尔菲法（adversary Delphi）和 e-德尔菲法（e-Delphi）或实时德尔菲法（real-time Delphi）。威廉（Wihelm，2001）对德尔菲步骤进行了界定：①问题界定。②组成德尔菲专家组。③第一轮问卷，对主题最初的意见。④第一轮分析，资料整合。⑤第二轮问卷，主题探讨。⑥第二轮分析，资料整合。⑦第三轮问卷，达成一致意见或结论。⑧第三轮分析，得出结论。⑨准备最终报告，如图 1-5 所示。本书中，在“提出影响因素模型”阶段，利用德尔菲法，针对中小学教师网络研修影响因素开展两轮专家调查并进行科学分析，最终确定《中小学教师网络研修影响因素问卷》

的指标体系。

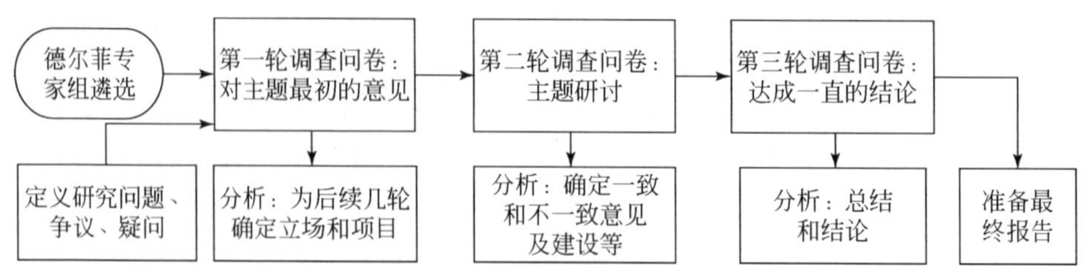

图 1-5 德尔菲法步骤流程图

1.3.2 数据收集工具及方法

本书将根据具体研究过程各环节的需要，综合采用以下数据收集方法。

（1）问卷调查法（questionnaire）。问卷调查法是最常用的收集定量数据的方法之一。本书在“提出影响因素及作用关系”阶段，利用问卷调查，采取里克特 5 级量表从教师因素及风格、网络研修社区、网络研修设计、主观规范、专家教研员引导、研修氛围和机制 6 个方面展开调查，以期了解教师对参与网络研修影响因素的看法和态度；在“构建保障体系及验证修订”阶段，在实验研究理论指导下，利用问卷调查法，对教师参与网络研修的态度、行为、能力方面的变化进行前测和后测，通过科学分析，对比印证网络研修保障体系的有效性。

（2）访谈法（interview）。访谈法是研究者通过向一个或多个研究对象提出一般性的、开放式的问题，并且记录他们回答的定性研究方法。本书中，访谈法作为问卷调查法的重要补充，在“提出影响因素及作用关系”阶段和“构建保障体系及验证修订”阶段，对教师进行个别访谈或集体座谈，了解教师的看法和主张。

（3）观察法（observation method）。在“构建保障体系及验证修订”阶段，研究者以“参与式观察”的方式，深入教师网络研修共同体中，对教师在线研修行为进行观察和记录，并根据研究需要进行综合处理分析。

1.3.3 数据分析方法

在系统地收集研究数据后，本书将在不同阶段灵活应用如下方法，探寻教师网络研修影响因素和构建保障体系。

（1）结构方程模型（structural equation modeling，SEM）。本书利用结构方程模型中的相关分析、回归分析和路径分析，对影响教师网络研修因素进行理论构建，并通过 SPSS 软件对教师网络研修影响因素问卷收集到的数据进行分析，找寻不同因素对于网络研修效果的影响，并得出影响因素作用关系。

（2）社会网络分析（social network analysis，SNA）。社会网络分析是作为一系列分析社会结构的方法而出现的，是一种新的社会科学研究范式，关注点是行动者以及关系联合在一起的集合，主要回答有关社会互动的问题，可以对关系进行量化分析，从而揭示关系的结构，解释关系带来的社会现象。SNA 的主要特点是，①研究的主要对象是群体关系而不是个体属性；②研究的目的是发现案例网络的结构特征，而不是寻找普遍规律；③常用可视化的网络图，即用点表示社会行动者，用连线表示社会行动者间的关系。SNA 可以从多个角度对社会网络进行分析，本书在构建保障体系及验证修订阶段，应用 SNA 方法分析网络研修社区中的教师发帖，利用 UCINET 软件重点了解发帖的“密度”“中心性”“凝聚子群”，分析该网络研修社区中教师研修的情况，进而得出网络研修保障体系的有效性和作用。

（3）内容分析法（content analysis）。美国学者伯纳德·贝雷尔森在《信息交流研究中的内容分析》一书中提到，内容分析法是对传播中的明显内容，进行客观性、系统性、定量性描述的一种研究方法。内容分析法可以将非定量的文献材料转化为定量的数据，并依据这些数据对文献内容做出定量分析和关于事实的判断和推论。本书中，在构建保障体系及验证修订阶段，应用内容分析法，借鉴已有内容分析编码体系，提出针对本书的教师网络研修内容分析编码体系，对教师网络研修发帖内容进行分析，验证教师网络研修效果，进而进一步验证网络研修保障体系的有效性。

（4）数据统计分析。主要对调查问卷收集到的数据，利用 Excel、SPSS 等软件进行基本统计学分析，进一步支持研究结论。

需要说明的是，在本书的不同阶段，综合应用上述研究法、数据收集方法、数据分析方法等（表 1-3），力求对研究对象进行系统、客观、深入的研究，得出科学的研究结论。

表 1-3　各研究阶段采取的研究方法

阶段	研究方法	数据收集方法	数据分析方法
阶段一 前期分析与问题聚焦	文献研究	—	内容分析法 统计分析
阶段二 提出影响因素及作用关系	文献研究 比较研究 德尔菲法	问卷调查法	结构方程模型 统计分析
阶段三 构建保障体系及验证修订	比较研究 准实验研究	问卷调查法 访谈法 观察法	社会网络分析 内容分析法 统计分析

1.4 研 究 过 程

本书研究过程如表 1-4 所示。

表 1-4 研究进度

阶段	内容	时间
阶段一 前期分析与问题聚焦	了解网络研修研究现状和实践现状，提出研究问题	2013.07～2013.12
阶段二 提出影响因素及作用关系	①确定影响中小学教师网络研修的相关指标 ②通过专家咨询、教师调查问卷、教师访谈等方法，从人口学、网络社区、主观规范、网络研修设计、专家引导、研修氛围和机制等方面，对提出的假设模型进行验证，得出影响因素之间的量化关系，得出中小学教师网络教研影响因素及其作用关系	2014.01～2014.05
阶段三 提出保障体系及验证	①根据影响因素及作用关系，构建中小学教师网络研究效果模型 ②采用实验研究的方法，选择实验组和对照组，运用社会网络分析、问卷调查、访谈座谈、内容分析等方法，对教师网络研修态度、研修行为、研修能力等方面的发展进行评价，验证保障体系的有效性	2014.05～2015.03

第 2 章　网络研修研究综述

中小学教师网络研修作为教师专业发展的重要方式已经成为教师教育研究与实践密切关注的重要问题，涉及网络研修活动、网络研修社区、网络研修评价、网络研修发展策略等方面，已有很多研究从不同角度进行了关注和探讨。要研究中小学教师网络研修的影响因素和保障体系，必须要明确已有研究现状和相关研究基础，在此基础上，寻找本书的切入点，完善已有研究的不足，提出本书的创新点和研究意义。

2.1　网络研修概念

2.1.1　网络研修的定义

对于教师利用信息技术进行研修的称呼有很多种，和传统校本教研相区别，“网络研修”“网络教研”“网上研修”等突出“网络”“网上”条件环境的词语是其中最为常见和流行的。本书中对以上定义都进行了收集整理（表 2-1），从不同研究角度和层次分析研究者的逻辑出发点和研究范围，以求较为科学合理地提出本书中关于网络研修的定义。

表 2-1　网络研修（教研）定义

研究者（时间）	定义
李艺（2007 年）	在我国新课程背景下，随着信息技术逐渐深入而出现的新型教研形式，其特点是能够实现数字化教学资源共享，促进教师缄默知识线性化以及专家引领下的教师自主专业发展
肖正德（2007 年）	以促进教师发展为目的，以在学校的真实情境中发现问题、研究问题、解决问题为着眼点，应用现代信息技术，不断优化和改善教研手段、过程和结构，提高教学质量的一种新型教育教学研究模式
闫寒冰（2007 年）	对象是中小学教师；目标是改变教师自身的学习行为及教学行为，适应教育改革背景下的专业发展需要；宗旨是以网络教育为根本手段，以教师为本，强调在行动中学习、行动中研究；内容是以解决或完成具体工作相关的问题或任务为脉络组织学习内容；形式是关键环节面对面（如第一天面授），其余时间远程授课（BBS、语音教室、博客、成果共享系统、e-mail）
罗蓉和罗亮（2004 年）	依托网络资源进行教研活动的一种教研形式，其中主要内容是资源共享和交流互动

续表

研究者（时间）	定义
黄红梅（2006年）	运用新课程理念，依托网络资源，进行信息共享和交流互动，并且在此基础上开展深入的教研活动，最终达到经验共享、教研共鉴、共同创新的一种新型的教研形式
吴岚（2008年）	教师运用新课程理念，依托开放、动态、交互的网络教研平台，对学校真实情景中的教学问题进行反思，与其他教师、专家、教研员交流探讨，并实现教育教学资源的共享与开发，促进教师专业化发展
许世红和黄宪（2012年）	网络支持平台作为教研的支持环境，通过网络资源的共建与共享、网上学习、网上备课、网上听课、网上评课、网上交流与研讨等多种形式，为中小学教师的自我反思、同伴互助和专家引领提供平台，为教师提供多样、及时、丰富、便捷的专业支持
赵守拙（2014年）	以现代信息技术为基础，以互联网为依托，以教师为主体，以自主参与为特点，进行教育教学资源的呈现、收集或对各种教育教学问题进行探讨、研究、解决的所有网上交流、培训活动的总称

已有专家学者从不同角度对网络研修（教研）进行了定义，认为其出发点是教育教学中存在的真实问题及教师需求，目标是教师自身的学习行为及教学行为，适应教育改革背景下的专业发展需要，支撑环境是网络，特点在于实现数字化教学资源共享，主要方式是网上交流研讨（学习、备课、听课评课）。综合以上定义不难发现，网络研修具有如下特征。

（1）强调技术手段在教师网络研修中的重要作用。相比较传统的教研，技术手段的引入，对于传统教研的模式、范围、方法等产生了较为深入的变革，为教师研修带来丰富的资源、更为宽广的研修范围、更为多样的研修方式和体系化的研修评价等等一系列积极的因素。从以上定义可以看出，现阶段最为常见的是教师利用网络研修社区（教师学习资源中心、教师在线实践社区、教师在线学习社区）或社会性软件（QQ、Wiki、博客等）支持教师网络研修的开展。

（2）强调教师利用技术手段进行广泛深入的交流。相比较传统的校本教研，技术支持的网络研修更强调资源共享、信息共享和与校级教师、区域内外教研员（专家）进行充分的交流和互动。网络研修的出发点更多地聚焦于教师教学中存在的实践问题，通过教师自我反思、同伴互助、专家引领等交互方式促进教师对于问题的解决和知识的建构，最终达到促进教师专业发展的目标。研修方式也不仅仅局限于传统的听课评课、集体备课、教研组会议等方式，而是聚焦于教师利用网络开展的资源共建共享、网上学习、网上备课、网上听课、网上评课、网上交流与研讨等方式。

（3）强调教师网络研修和传统研修的混合研修方式。多数学者将网络研修作为教师研修的一种新的形式或方法，并且认为网络研修是校本研修的延续和扩展；将现代信息技术应用于教师研修，主要目的是不断优化和改善教研手段、过程和结构；在网络研修的关键环节采用面对面的形式，其余时间通过远程方式（BBS、语音教室、博客、成果共享系统、e-mail)。随着研究的深入，可以看到，网络研修并不等于网络与教研的简单累加，而是信息技术与教研的全面整合。网络教研在技术层面上是一种多元化主体、跨时空、低成本、高效率的教研形式，在文化层面上是一种自主、平等、民主、协商、共建、共享的教研机制。

但是随着信息技术和教师专业发展理念的不断发展，以上时间较早的定义已经不能全面阐述今天的中小学教师网络研修的整体，基于对中小学教师网络研修特征的全面分析，本书中网络研修是指：以中小学教师在学校的真实情境中发现问题、研究问题、解决问题为研修的出发点，依托开放、动态、交互、体系化的技术环境，通过在线学习、同伴互助、专家引领等方式，促进教师的专业发展。

2.1.2　网络研修特点及优势

（1）网络研修的特点。相比较传统教研，网络研修具有跨时空、强交互、大容量、低成本、高便利等特点。跨时空体现在通过网络突破了在时间与空间上的限制，使教研成为开放式、跨地域的活动。强交互性体现在网络研修可以充分调动参与者的积极性，利用网络技术手段，促进研修共同体围绕特定主体开展全面的、深入的交流和探讨。大容量性体现在网络研修拥有更为丰富的资源和空间，参加教师可无限制地获取研修需要的音频、视频、图像、动画、文本等资源，促使网络研修活动的形式和内容更加丰富多彩。低成本性体现在，网络研修对于教师个人来讲成本极低，只需要能够上网的计算机或手持终端。高便利性体现在，接触网络的大容量、便捷、低技术要求等特点，使得教师发表研修观点更加容易，与同伴交流沟通更快捷。此外，网络研修可以实现数字化教学资源的共建共享，促进教师缄默知识的线性化以及专家引领下的教师自主专业发展。

（2）网络研修的优势。相对于传统校本教研，网络研修在投入成本、研修范围、资源占有、资源复制共享、满足个性化需求、时效性、参与性、交互性等方面具有优越性，如表 2-2 所示。

表 2-2　传统校本教研与网络研修对比

对比项目	传统校本教研	网络研修
投入成本	投入低，效益低	网络设备投入中等，运行投入低，效益高
参与人员	少（本校教研组）	无限
资源占有	极少（教研组资源）	无限（网络资源）
资源共享	困难、有限（有限的资源在有限的空间且不容易共享）	容易、丰富（大量优质资源且较容易实现高度共享）
研修范围	内部范围（本校教师）	无限

续表

对比项目	传统校本教研	网络研修
个性化需求	较差、难以满足、形式内容单一	很好、个性化制定、形式丰富多样
时效性	较差，最新的信息不能及时得到传播	非常好，信息能够在第一时间得到共享
参与性	根据组织情况而定（整体一般）	根据组织情况而定（整体一般，但存在优秀）
交互性	单向，信息大部分只是从教研员、专家传递到教师，教师间交互较少	双向，教师与专家、教师、教研员充分互动，实现信息双向传递

也有学者认为，网络研修的优势主要集中在：①吸引不同地域的教师参与，提供与更多同行交流、学习的机会。②突破传统教研面对面交流的屏障，使教师大胆、直接表达真实的观点，不用过多考虑人际关系、行政关系，从而进行平等的交流。③网络研修的延续性，为教师提供思考、讨论、争鸣的广阔平台，完全记录教师研修的智慧结晶，给参与教师和后来者参与研讨提供可能。④采用灵活多样的研修形式，使教师的交流由单项传递变为多项的平等互动，同时设置极强的针对性和时效性的研修主题，促进教师的专业发展。

2.1.3 网络研修对于教师专业发展的意义

教师研修的范式经历了行为主义、认知主义与建构主义的发展阶段。网络研修作为教师专业发展的重要方式已经成为教育研究与教育实践密切关注的重要问题，已有很多研究基于不同角度对网络研修促进教师专业发展的作用进行了论述。

（1）激发教师专业成长的主体性。网络研修能够激发教师学习的主动性、积极性和自觉性，激发教师专业发展的主体意识，并在自我认识的基础上通过社区的交流互动协作不断提高自身素质完善专业知识结构。

（2）为教师同伴互助创设有效的空间。以互联网、网络研修社区为依托，促进不同地域、不同学校的教师开展跨越时空的研修活动，能够有效促进教师间知识、教学信息、教学资源的共享、传播，促进区际、校际、教师间的持续合作。

（3）更方便地开展自我反思与获得。现阶段网络研修主要是由教育行政管理部门组织，在专家的专业引领下，教师们积极参与网络研修，与教研员、教师同伴积极交流，发表自己的见解，最大限度地调动教师的主观能动性。

（4）网络研修相比传统环境研修氛围更加民主、活跃，能够促进平等教研文化的发展，有利于不同教师间智慧的碰撞与交流，有利于构建平等、真实、互助的学术性的研修氛围，吸引不同文化背景的教师积极参与，使教师能够明确自我的专业需求，也能够更快地实现专业成长。

（5）通过与不同范围、背景、类型的教师、教研员、专家进行交流互动、共建共享研修资源，能够缩小教师间、校际间、区际间教师专业能力发展的差距，促进教师教育质量提升。

2.1.4 利用社会性软件支持的网络研修

web2.0 所包含的共享、开放、参与、社会性等元素，能够契合建构主义学习理论提出的“情境”“协作”“会话”“意义建构”等要素。因此，web2.0 为教师有效开展远程自主学习和协作学习创造了条件和可能。社会性软件是学习者个体与网络、学习者之间连接的工具，能够突出学习的自主性和群体性，形成社会性网络，关注个人主体性的同时体现社会性。有相关学者对于交互软件特点作用进行了梳理，如表 2-3 所示。

表 2-3　社会性软件支持开展教师网络研修的特点

项目	BBS	BLOG	Wiki	资源网站	QQ 群
适用范围	群体	个人	群体	个人	特定群体
组织方式	以话题为主线松散、自由	以个人思想为主线，个性化强	以知识点为主线，注重知识的完整性	教育资源分类	实时交互
表现方式	注册用户在相应板块中发帖跟帖	个人日志主页	协作式写作	知识条目	文字、音频、视频、PPT
信息检索性	较弱	较强	较强	强	群组内弱检索
信息开放性	大	较大，但有一定私有性	大	因网站而异	群组内开放
信息量	较广泛	基于个人	较宽泛	广泛而较系统	基于群体
互动性	强	一般	强	弱	非常强
教师个人成长	兼顾	注重	兼顾	侧重个人	兼顾
教师团队成长	注重	兼顾	注重	—	注重
运行与维护	较简易	较简易	简单快捷	较负责	简单

从技术演变的角度看，web2.0 支持的网络研修走过了从论坛、贴吧（如 K12 各科教学论坛、中国国家地理贴吧），到教师主页（如蔡明主页、莫武动画），到教师工作室或博客（如早期名师工作室），到教学资源网站（如各地研训室、学校网站及一些商业性网站），到教师 QQ 群（如地理教师交流群），到 YY 群（如蓝月亮 YY 群）等等的过程，有学者对 BBS、SNS、Wiki、博客、即时通讯软件、Google 平台等流行社会性软件进行了深入分析，提出了各软件应用于教师网络研修的优势和途径。

（1）电子公告板系统（bulletin board system，BBS）。泛指网络论坛或网络社群，具有成员身份虚拟性、讨论时空异步性、成员地位平等性、交流内容广泛性、信息媒体丰富性、版面管理主题性、信息更新即时性、资源共享开放性、论坛功能的整合性、运行学习平民性等功能特点。由 BBS 构成的虚拟教研社区能够有效支持教研活动在平等、轻松的氛围中进行，网络教研具有教研延续性，交流媒体丰富多彩，教研活动集互动学习与自主学习为一体，教学信息的获得多、新、快，节约教研时间和经费等优势。

（2）社会性网络服务（social networking services，SNS）旨在建立基于社会性网络的互联网应用服务，优势在于多用户区分，多层面覆盖；数据跟踪，记录用户点滴；多样化的活动组织，丰富的评价手段；强大的信息聚焦，便捷的互动检索。利用 SNS 构建教师研修平台能够有效支持教师的专业发展。

（3）多人协作写作系统（Wiki），是一种知识共享与协作交流平台，满足网络时代知识共享与协作共创的要求，具有编辑简单、创建链接容易、内容更新及时、聚会功能便捷和检索开放便利等设计理念，体现了技术上的独有特点。Wiki 对网络研修的有效支持体现在：汇聚可信任的内容，网状的知识链接结构，知识共享与转化。Wiki 作为开放的知识百科，通过编辑平台，任何想参与的教师都可以参与进来，避免了传统模式中真实身份的限制。同时 Wiki 开放共享和自组织与可汇聚，教师可以根据自己的需要加以传播与应用，降低了知识传播的成本以及中小学教师的学习成本。基于 Wiki 平台的网络教研活动路径，主要包括主题论证阶段、协作共创阶段、评价反思阶段，个案分析表明该模式可以促进教师教学理念和教学行为的转变，促进教师专业发展。

（4）教育博客（BLOG）集博客、RSS、TrackBack 等技术，显著特点是零技术、个性化、协作性、交互性，并具备个人知识管理、资源分享、激励评价等功能。应用教育博客支持教师网络研修，为教师的专业发展构建互动平台、提供教师行动研究途径、为教师的知识管理和终身学习提供了工具，有利于教师专题研讨、教师集体备课、课堂教学微格研究、教育叙事和案例研究的有效开展。

（5）即时通讯软件。通过即时通信技术实现在线聊天、交流、互动的一类软件，比较常见的有腾讯 QQ、YY 语音、网易 POPO、新浪 UC 等。普遍具有好友管理与查找、文字聊天、视音频聊天、文件传输与共享、远程协作、发送邮件、发送短信、群组、个人空间、浏览共享等功能。即时通讯软件可以作为教研信息发布的平台，教师交流讨论的平台，共享数字化资源的途径，教师自我反思的平台等。QQ 作为典型的即时通讯软件，应用于教师网络研修，具有以下优点：交流及时，交互性强，可组建固定教研群，允许多人发言，突破传统教研活动只能一人发言的限制，突破地域限制，扩大教师视野，增加信息容量，交流记录可保存，方便及时反思，避免真实环境中的制约因素，实现畅所欲言。同时，QQ 网络研修存在对网络条件有一定的要求、教师信息技术水平对教研效果影响很大、教师教研效果难以评价等制约因素。

（6）Google 云服务平台。利用 Google 云服务开展网络研修，能够有效组织知识管理与教师个人知识管理，利用 GoogleSites 协作平台模块、Googledocs 文件模块和 Google 其他套件模块等开展网络研修，促进教师专业发展。

（7）播客（personal optional digital casting，Podcasting），是一种让用户自由地在互联网上发布文件，允许用户采用订阅的方式来自动下载文件的技术和理念，是一种全新的广播形式。具有弥补传统媒体的不足，简单易用、成本低，网络资源的共建与共享等优势。利用 Podcast 支持教师网络研修，能够实现形式多样的听课评课，使教师更好地解剖评析自己，做好教学反思。利用 Podcast 平台进行网络教研的策略可以加强教研团队的组织和管理，加强技术团队建设，邀请专家提供专业的在线指导，建立有效评价和激励机制，还可以将播客和其他教育媒体综合使用。

除利用单一社会性软件支持教师网络研修的开展，国内外学者还尝试将不同类型社会性软件综合使用，集成各类社会性软件的优点，弥补各自的缺点，构建教师网络研修平台支持教师网络研修开展，取得了一定的成效。将 Moodle 网络课程平台、WordPress 博客平台、BBS 网络论坛平台、专题网站自动生成系统集成构建成能够支持交流讨论、协作学习的“三人行”教师专业发展平台。教师在网络学习社区中展开充分的交流互动，分别利用 QQ 群开展主题讨论，利用论坛进行交流，通过写博客日志进行教学反思，老师们提出的问题通过专家组和骨干教师给予帮助，取得了较好的效果。

2.1.5　网络研修中存在的问题

随着网络研修逐步应用于教师专业发展实践，国内学者也从不同角度开始对其进行反思与审视，提出了在其发展过程中存在的一系列问题，主要如下。

1）网络研修平台方面

部分教研社区栏目功能设置随意性大，网络资源库更新不够及时，在管理上“技术”与“业务”分工不明确。重视资源的数量，但缺乏对资源的有效管理，并且研修配套的资源较少。缺乏“人-媒体-人”互动的功能。平台缺乏有效的反馈机制。研修平台大多复杂刻板，缺乏对共性问题的人文关怀。注重显性资源建设，忽视隐性资源建设。

2）网络研修的组织与管理方面

网络研修组织者（或主持人）没有充分发挥教研行政组织的作用，缺乏计划性和主动性。网络教研活动缺乏有效的质量监控机制和激励机制，缺乏引领教师进行深度教研的机制。

3）网络研修中教师自身方面

教师在网络研修社区中缺乏互动和深度互动。部分教师信息化应用水平制约了网络研修效果。部分教师前期热情高但缺乏持续参与的热情；部分教师急功近利，认为通过网络研修即可解决教中的问题，忽视对现实中网络实际价值的认识。活跃在网络研修中的往往只是部分的“常客”，而更多的教师则更愿意做“潜水者”，仅仅把网络当作获取信息和资源的平台，缺乏积极参与和同侪互助的意识。教师的学习风格和知识基础也参差不齐，对研修的主题和内容的理解程度和表述方式也不尽相同，导致对网络研修主题的展开散漫而凌乱，难以有秩序地回应和延展问题，容易偏离主题轨迹，导致讨论效果下降。

4）网络研修活动方面

重视教学设计交流，但缺乏针对具体教学内容、教学情景的深入分析、讨论、实践、再分析、再实践的过程；重视教学经验的分享，但缺乏理性层面的反思；深度交流互动不足，缺少深度互动的思想碰撞；协作共创资源缺失。

5）网络研修专家引导方面

重视一线教师的互动交流，但由于环境条件，缺乏教育教学领域专家的科学指导。在系统理论指导和研究中，专家引领不足，专家通过网络研修社区主动对一线教学改革的引导不够，在理论指导和教学实践之间不能建构充分沟通的桥梁。

经以上分析可以看出，学者从网络研修硬件环境、组织与管理、教师个人因素、网络研修活动、网络研修专家引导等方面，针对中小学教师参与网络研修中存在的典型问题进行了梳理和归纳。本研究在理论构建和实践应用过程中，以上问题为研究起点和实践出发点，通过构建网络研修社区、设计网络研修活动、开展网络研修设计应用解决教师网络研修中存在的典型问题，促进网络研修理论的完善和实践效益的扩大。

2.2　网络研修活动

2.2.1　网络研修活动模式（形式）

教师网络研修是在网络环境支持下，以一线教师为活动主体，在助学者（专家、研究者和管理者）指导下的，以发展教师实践性知识、改进教学行为为主要目的成人非学历远程学习活动。教师网络研修活动具有非正式、不受时空限制、开放性、形成多元化和以网络交流互动为基础等特点。教师网络研修是一种学习活动，已有学者对于网络研修中的活动模式（形式）进行了研究与实践。

2.2.1.1　教师网络研修活动类型

杨卉和冯涛（2012）综合考虑与网络研修利益相关的网络研修活动形式，将网络研修活动按组织形式进行了如下划分：①学科教研组，以促进教师群体的专业成长和发展为合作研修组织的目标，组织教师开展集体学习和研修，促进教师收集、管理与运用知识的能力不断改善和提升，优化知识结构；②跨学科的专业合作群体，来自不同地域、学科的教师通过自组织的方式组成研修团队，构建共同的价值追求和目标，使团队中的每一位教师都不可或缺，并且找到自己在集体中的位置，发挥应有的作用；③校际学科教学联合体，教学研究的问题不仅在本校进行，同时还拓展到校际合作的层面；④协同授课团队，来源于美国的“小组协同教学制”，由两个或两个以上的教师及若干助理人员共同组成，形成课程群组共同进行教学；⑤教学伙伴式合作研修组织；⑥集体备课小组；⑦课题研究小组等。

也有学者从共同体的视角出发，从成员结构方面进行划分，认为网络研修活动有两大基本模式：专家引领型和同伴互助式，其结构如图 2-1 和图 2-2 所示。

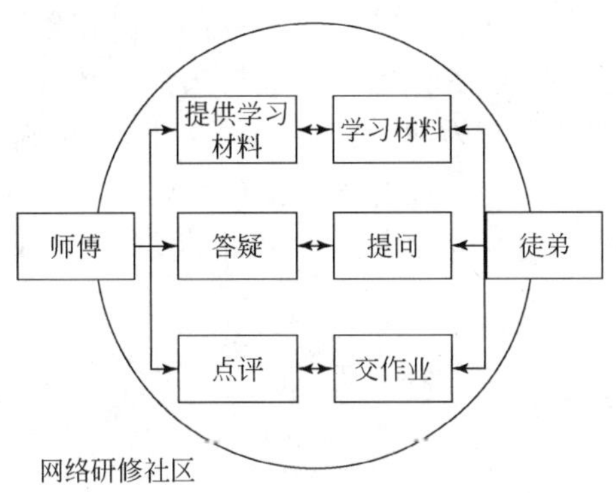

图 2-1　师徒互动（专家引领）网络研修模式

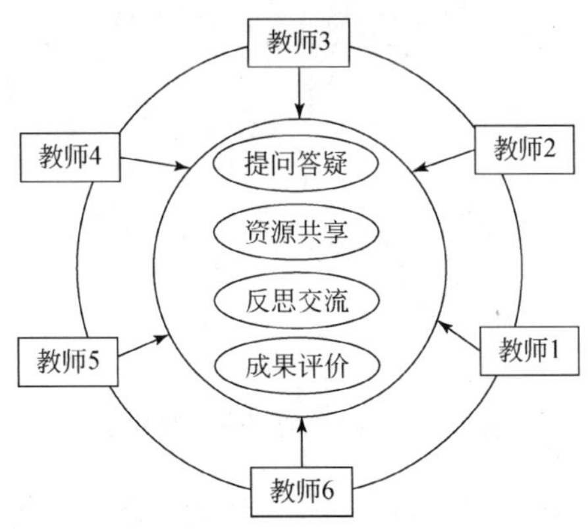

图 2-2　同伴互动（同伴互助）网络研修模式

（1）师徒互动（专家引领）模式。传统校本研究往往局限于学校内部教师之间，缺少专家引领和指导。专家引领型的网络研修活动，通过教师积极参与、互动，在领域内专家的带领和指导下，通过系统的、有针对性的研修，促进教学中实际问题的解决和教师专业能力的持续成长。

（2）同伴互动（同伴互助）模式。教师在自我反思的基础上，通过与附近同伴的交流协作、共享经验、相互学习，不断进行专业对话与分享，在相互协作和分享的基础上，实现教师群体和个体的发展和进步。

2.2.1.2 单一型网络研修活动

国内对于同课异构、案例（课堂教学实录）分析、集体备课、专题（问题）研讨、课题研究等网络研修形式有着较为深入广泛的研究。

（1）同课异构。不同地域、学校的教师分别执教相同教学内容，通过网络研修社区的视频同步录播功能进行网络直播，由不同区域、机构的专家、教研员进行点评和引导，区域内其他学校的教师通过社区开展教学观摩，并参与互动交流，通过这种实践对比、专家点评、教师参与的方式，提高教师积极参与网络研修的意识，增强对教学理念与方法的把握，促进教师将在网络研修中学习到的先进的教学理念转化为实际的教学行为和能力。“同课异构”网络研修能够提供真实可信的课堂情境、提高教研活动的针对性、提高教研活动的绩效、促进区域教育均衡发展并有利于提升教师的专业化水平。活动流程如图 2-3 所示。

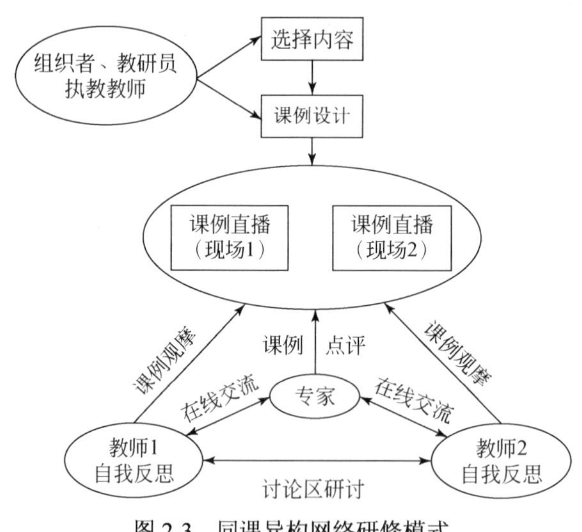

图 2-3　同课异构网络研修模式

（2）案例（课堂教学实录）分析。通过分享教学案例（课堂教学实录），教师与同伴之间或者在专家的带领下，针对案例进行深入分析、交流讨论，在此基础上反思自己的教学方法、教学策略、教学行为和教学手段中的优点和不足，借鉴优秀的教学案例，丰富自己的教学经验，提高课堂教学能力。活动流程如图 2-4 所示。

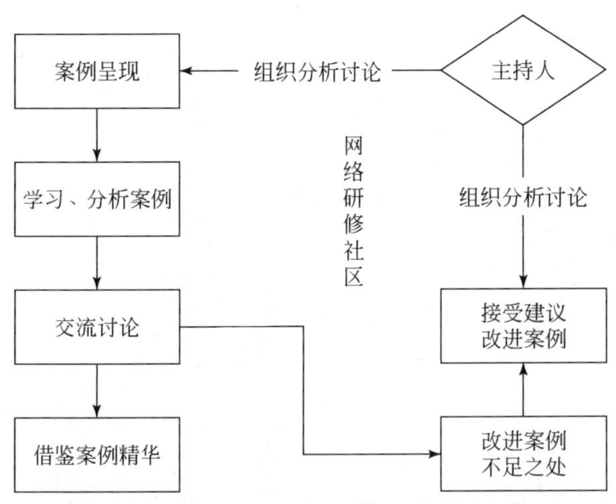

图 2-4　案例（课堂教学实录）分析网络研修模式

（3）集体备课。针对教学设计方案设计环节，教师群体利用网络研修社区集体讨论规划某一内容的教学目标、教学方案、教学重点难点、教学过程等内容，并进行教学时间、课堂反思进行修改完善。通过这种方式，逐步优化教学设计方案，将个人智慧转化为集体优势，实现教师个体知识的共同拥有与个性的全面发展。集体备课网络研修模式见图 2-5。

（4）专题（问题）研讨。针对教学实践或日常学习中经常遇到或非常受关注的教育教学问题，利用网络研修社区，在同伴之间开展针对专题（问题）的深入交流研讨，或者开展头脑风暴以期获得解决教育教学问题的综合经验，促进教师的专业成长，如图 2-6 所示。

（5）课题研究。将传统的课题研究中的制订课题研究方案、课题开题、实施课题研究和课题总结等过程利用网络研修社区完成。参与课题的教师在网络研修社区中共享资料，进行研究方案设计，将研究过程中的过程性资料在网络研修社区中进行共享，形成系统化的课题研究网络研修社区，促进研究资料的共享与分享；课题组成员可以及时发现研究中的不足，讨论总结研究中的成果与经验，通过行动学习的方式促进教师专业能力的发展，如图 2-7 所示。

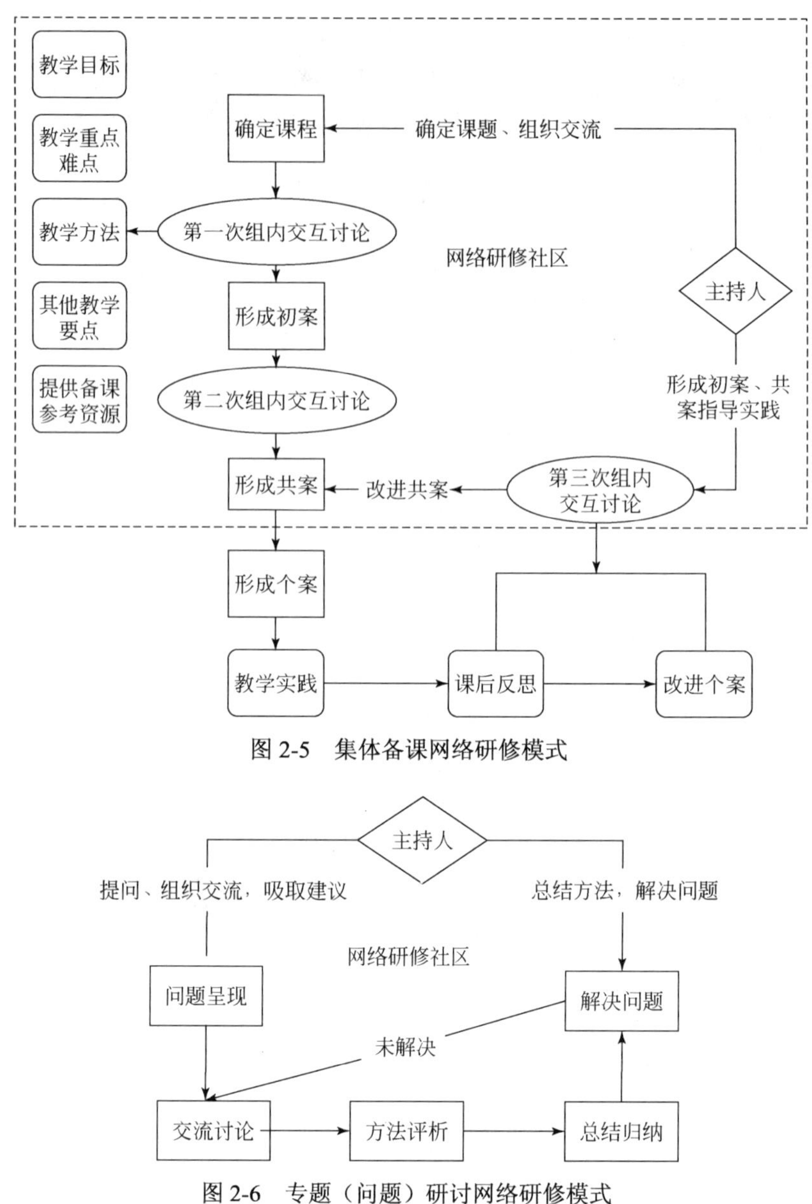

图 2-5　集体备课网络研修模式

图 2-6　专题（问题）研讨网络研修模式

2.2.1.3　混合型网络研修活动

在以上研究的基础上，我国有些学者提出了混合式网络研修活动。陈玲等（2013b）提出了“面向知识建构的教师区域网络协同备课模式”，尝试将知识协同建构理论引入到区域网络协同备课中，借助学习元所提供的协同编辑、微批注、

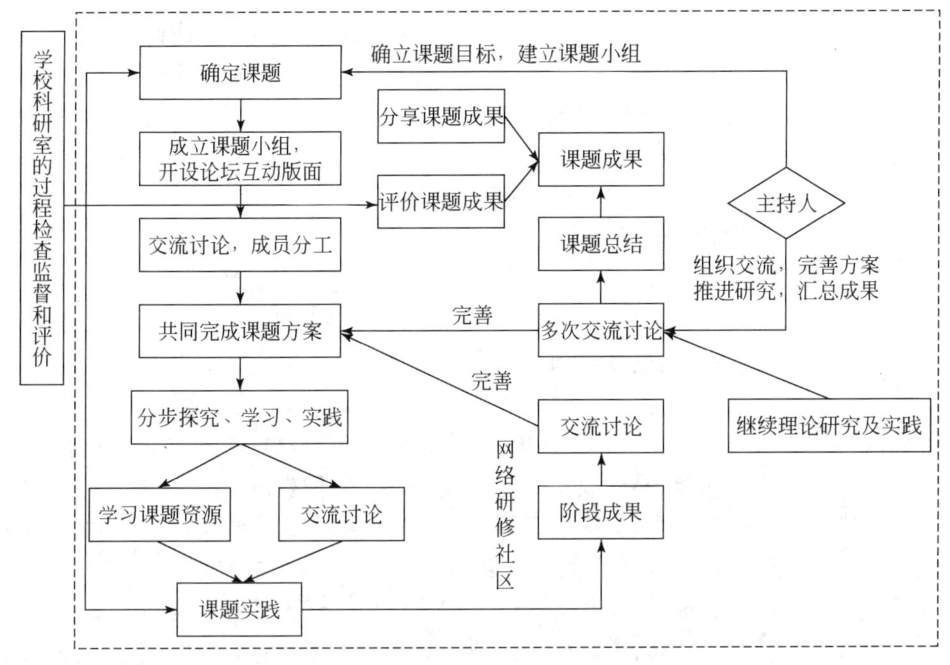

图 2-7　课题研究研讨网络研修模式

评论等功能，按照知识的外化协作知识的建构和社会化知识的实践化以及知识的内化和组合化过程，归纳出基于学习元的区域网络协同备课的一般模式，基本环节为：①编写方案、确定小组，参与备课的教师在线提交体现个体知识建构的教学设计方案，形成相应的协同备课知识群。②聚焦问题、理论提升，协同备课组织者诊断教师教学设计中的共性问题，确定本次协同备课的教研主题，并在线推送学习资源和材料，让教师进行拓展理论学习，并以微批注或评论的方式分享各自的阅读心得。③组内协同方案修订，同组教师通过协同编辑、微批注和评论等方式开展协同备课。④小组互访互评，不同组间对彼此协同方案进行评论，提出质疑或者分享自己的意见等。⑤组内协同、二次修订，根据组间交互过程中产生和形成的新的见解和观点，各小组回到组内重新审视自己的修改意见，并通过协同编辑方式做出进一步的修订。⑥教学设计方案实施，将教学方案应用于教学实践中，教师根据协同教学设计方案进行执教，同一小组的教师互相进行教学现场课观摩，在观摩的基础上开展评课，通过知识的实践化，反过来可以进一步验证、修正理论知识，从而实现理论和实践知识的互补。⑦反思实践完善方案，参考小组观摩建议，反思教学设计预设和生成的差异及原因，进一步完善方案，以教学反思的形式提交到学习元平台。

“基于教师实践性知识创生的网络教研活动”（汪晓凤等，2014）通过理论学习、案例研析、备课协商、观摩研讨和总结收敛五个阶段，促进网络研修深度开展：①理论学习阶段，解决情境创设的理论基础、设计原则及策略等问题。②案例研析阶段，通过案例积累情境创设的方法。③备课协商阶段，将前期学习的成果以教学设计方案的形式展现出来，查看教师对知识的内化和应用水平，再次促进集体智慧与个人智慧的深度转化。④观摩研讨阶段，利用情境创设提升课堂效率效果。⑤总结收敛阶段，记录教师收获，发展个体在教研过程中的知识笔记。

教师实践性知识管理模型（何晓青和柯和平，2014）从虚拟学习社区知识管理教师实践性知识的内涵与特点出发，包括：①兴趣激发与主题确认，挖掘教师关注高的焦点主题以及让更多教师参与社区活动。②社区发起与人员配备，收集整理与主题相关的信息资源，对教师进行普遍征询确定有足够的社区成员，尤其是核心成员。③知识共享与议题聚焦，结合主题发布信息，关注教师的帖子，点评收集总结质量帖，关注不同成员的参与度等。④知识提炼与升华，以典型案例经验、技巧、实践、原则、评价观点等为主，对其案例进行深层剖析，对其经验方法观点进行整理归纳，从而获得一些普适的规律方法模式。⑤成果评价与整理，总结经验指导以后的社区活动，实践性知识成果进行评价提升及发布，形成科学的问答知识库留待共享，将焦点性、创新性观点或方法进行整理，进行更为深入的探讨。⑥增值知识传播，关注发散讨论中形成的增值知识。

徐旭和瞿堃（2010）基于行动研究理论，提出网络研修活动的基本流程为：①组建共同体小组，学习者与学习资料之间的交互和学习者之间进行讨论，使交流更加集中和有效，在分组的基础上确定来源于教师自身实践的研修的主题。②在收集资料的基础上，小组成员共同讨论，集思广益，设计一份详细的行动探究方案。③小组成员之间展开交流互动、实施探究，在过程中进行相关数据的统计和分析，产生阶段性成果。④撰写探究报告、探究日志，进行交流讨论。促使小组成员回顾已完成的探究过程，与其他成员交流讨论的过程中产生新的思路、新的创意。⑤对成果进行自评、互评以及专家点评，并把结果反馈给小组成员，以便其进行及时总结和反思。模式整体流程体现“以活动为中心”的设计思想，强调了成员之间的协作交流。於晓东（2011）提出基于流程化的网络教研活动的基本流程：①确定目标，根据日常教学研究需要，制定教研目标。②设定流程，基于目标确定教研主题、制订教研计划，通过网络平台创设活动流程及支撑工具。③召集成员，通过活动公告、站内消息等方式发布信息、召集成员。④提供资料，基于研修要求，将教案、课件、课例、课题开题等资源上传到网络研修平台。⑤活动开展，开展基于线上与线下相结合的方式的备课磨课、讨论疑难、教材分析、学习课改、教学设计、教学反思、课题研究等活动。⑥发布成果，将教学教案、课件、课堂实录、课后反思、课题研究报告、其他教学辅助材料整理后作为成果发布到网络教研平台。

2.2.1.4　小结

本书将各学者已有的关于网络研修活动模型（形式）的研究区分为单一型网络研修活动和混合型网络研修活动，对网络研修活动的具体形式进行了划分，能够反映已有的网络研修的理论性的活动设计。

研究者认为，各种类型网络研修活动之间没有优劣之分，每种不同的网络研修活动形式在不同的时期、不同的环境、不同的条件和不同应用策略中能够满足教师专业发展的不同需求，集体备课类主要帮助教师教学设计方案的不断精炼和教学设计水平不断提升；专题（问题）研讨使教师进行不断的思想碰撞和交流，促进教师对于具体问题的理解和解决；案例分析帮助教师对优秀案例、教学设计方案、反思、课件等的观摩和研习，发现其中的值得自身借鉴和学习的地方，促进教师对于优秀案例的理解，在模仿的基础上，不断提升自身的能力；同课异构过程中，教师观摩同伴对于同一节课的授课，从中发现自己的不足和值得借鉴的地方，在此过程中提升自身的教学能力。混合型网络研修活动是单一型网络研修活动的有效汇聚和融合，并结合共同体理论，加入相应的管理和组织，主要目的是辅助教师对于系统的教学理论、知识的学习，以及在此基础上的教学实践应用反思，促进教师对程序性知识和实践性知识的系统掌握。

2.2.2　网络研修活动的设计

部分学者基于活动理论、教师网络实践共同体以“教师在线学习”活动为基础，设计教师网络研修活动。在网络研修活动系统层面，王陆教授基于库伯（Kolb）的经验学习圈模型、日本学者野中郁次郎和竹内弘高提出的学习型组织知识转换SECI 模型的基础上，从宏观层面提出了教师研修活动设计的三层模型：最外层为问题解决策略层，包括发现问题、分析问题、处理问题和解决问题四个自策略集合；最内层为经验学习圈，包括教师网络研修的四个典型阶段，即具体经验获取、反思性观察、抽象概括和积极实践；中间层为典型的教师研修活动层，包括四种典型的研究活动——课堂实践与观察、案例分析与教学反思、同侪互助与专家引领、同课异构与做中学。杨卉（2011b）提出基于活动理论和现代远程教育理论的教师网络实践共同体研修活动设计模型：纵向结构上以规范、统一的教师基本网络研修活动为基本构件，通过活动调用接口，形成多层次的教师网络研修活动流；横向结构上按对活动任务起直接或间接作用的因素进行区分，以完成活动设计过程中的主次问题，最终解决教师网络研修活动设计复杂、重复使用与共享难、实践性弱等问题。并将教师网络研修活动看作一个活动系统，教师网络研修活动设计建立在生产子系统、消耗子系统、分配子系统和交流子系统的设计基础上。

除此之外，学者普遍从以下几方面提出网络研修互动设计方法。①学习目标和学习活动任务的设计：明确学习的目标，进行分层设计、突出重难点，突出技能目标设计。②活动方式和组织形式的设计：突出知识的共享和个人经验挖掘，学习方式灵活简便。③活动步骤和活动规则的设计：经历“行为—讨论—修改—完成—评价”的步骤，设计教师应遵循的规则。④学习资源的设计和选取：依据支持学习活动任务原则，选择具有较强的针对性的知识建构支持。⑤活动评价的设计：注重学习过程、评价内容多元化和评价方式多元化。也有重点突出网络研修活动中的反思，提出的活动设计。①活动任务设计：以问题为核心、以团队成员个人反思活动任务设计为基础，实现教学反思目标的具体化。②反思活动策略设计：整合具有互动性的反思方法，建立不同子活动的反思内容间的延续性和子活动内在联系。③活动分工设计：清晰划分每位参与活动成员的角色和职责，促进成员主动积极参与活动，其中活动角色主要包括课堂被观察者、反思案例、主讲教师，同时要统筹考虑有利于教师在各个环节子活动中的工作是否具有连续性。④反思工具设计：包括反思支架、反思模板、反思日志范例等，其中工具和资源注重动态生成性，设计和利用连接线上线下活动的纽带工具。⑤反思活动评价设计：包括形成性评价和总结性评价，是反思活动改进的基础。

2.2.3 对本书的启示

网络研修活动设计在网络研修过程中不是单独存在的，而是和网络研修资源、评价等形成整体，相互作用和影响。因此在本书中小学教师网络研修保障体系设计过程中，应综合考虑网络研修主题、网络研修资源、网络研修内容等方面的系统设计和相互支撑。活动主题设计方面，有鲜明的活动主题、规定的活动时间、明确活动要求，具有吸引力的讨论话题，激发教师个人反思，提供及时恰当的反馈，维持教师的参与动机。研修任务设计方面，开展开放性、真实性、复杂性、趣味性的网络研修活动设计，促进学习者之间的协作和交流。研修资源设计方面，根据网络研修教师的需求、兴趣和网络研修的特点进行设计，辅助学习者完成网络研修活动。网络研修内容设计方面，以一线教育教学中真实的情景和问题为中心，教师通过不断发现问题，提出问题，研究问题，解决问题来实现教师个人知识与群体知识的相互转化与融合。

网络研修活动本身也不是简单的活动或者流程，而是以一种系统运行的方式存在。在网络研修活动设计过程中，针对教师的真实条件、环境，满足教师网络研修的需要和目标，以真实的教育教学中的问题和困惑为出发点，通过专题研讨、集体备课、案例分析、同课异构等协作交流方式，促进教师对于系统理念、知识的掌握及其教学应用，提升教师解决教学问题的能力和教学能力，促进教师专业发展。

2.3　网络研修社区

2.3.1　网络研修社区概述

2.3.1.1　网络研修社区含义

《辞海》中对社区的定义是，居住在一个地区共同生活的人群。也即在互相联系的经济和政治活动中，形成的一个具有一定程度上相同的价值观念和相属的认同意识以及相应的实体单位。要素包括：人口、地域、相联系的有组织的社会经济活动及与之相适应的管理机构、维持集体生活所必需的共同行为规范及其制裁制度。社区（community）一词进入英语体系是 14 世纪，由法语演变而来，它最初指固定生活于同一地域的一群人，该含义一直持续到 17 世纪左右。中文“社区”是在 20 世纪 30 年代经美国引进中国的，在由费孝通等燕京大学社会学系的部分学生首次将英文的“community”译为“社区”之后，才逐渐成为中国社会学的通用语。社会学家 King 和 Chan（1972）认为有关社区的认识和分析基本上存在三个基本的尺度：“第一是物质尺度，社区是一个有明确边界的地理区域；第二是社会尺度，在该区域内生活的居民在一定程度上进行沟通和互动；第三是心理尺度，这些居民有共存感、从属感和认同感”。我国学者甘永成（2005b）也认为，“社区一词虽然有许多不同定义，但是从总体上包含着三个理论分析角度：一是从人与社会的关系角度看，社会是指人们在一定位置上的互动和由这种互动产生的群体；二是从文化理论的角度看，社区是指一个特定空间的团体中的人们，由重要的社会行动联结，产生情感上的统一体；三是从空间理论角度看，社区是人们居住的物质空间”。一定数量的人口，一定的社会关系，一定的地域，一定的生活服务设施，特有的文化和社区组织，社区中的居民在心里、情感上对本社区的认同感等，是社区的几个基本要素。笔者采用我国著名社会学家郑杭生（2003）对社区的界定，作为研究的概念起点：“社区是进行一定的社会活动，具有某种互动关系和共同文化维系力的人类群体及其活动区域。”

关于网络社区（network community，web-base community），有很多名称，如虚拟社区（virtual community）、网上社区（online community）、数字社区（digital community）、电子社区（electronic community，e-community）、赛博社区（cyber-community）等，本书中统一使用“网络社区”一词。网络社区的创始者 Rheingold（1993）将其定义为，因网络而衍生出来的，一定规模的，人们以充沛的感情进行某种程度的公开讨论，在网络空间形成的个人关系网络的社会共同体。

正因为网络社区对人类社会有着巨大影响，自从诞生以来就成为人们普遍研究和关注的对象，导致了它有着多种多样的定义。

由于教师网络研修社区没有统一的定义，同时各学者普遍认为教师网络研修社区是教师网络学习社区的一种，因此在本节的综述中，笔者主要从教师网络学习社区的角度出发进行综述，寻找教师网络学习社区和教师网络研修社区的区别和关系，尝试梳理出教师网络研修社区的定义、特征等内容。网络学习社区的定义在网络社区的基础上形成，国内外也有众多学者开展相关研究，本书对其中的一些进行了摘录与分析，见表 2-4。

表 2-4　网络学习社区定义

学者	时间	概念
Hiltz & Wellman	1997	虚拟学习社区既是一个学生和教师共同完成目标的学习小组，又是一个学生们交流情感、信息、寻找支持和归属感的社区
Rusell	1999	虚拟学习社区是一个采用某些技术手段来协调其成员集体在学习方面需要的组织，即虚拟学习社区是一种网上学习组织
齐剑鹏	2001	网络学习社区是来自不同学历水平和知识层次的学习者在网络环境下组成的一种学习群体，社区成员自愿参加社区的各种活动，相互学习和交流学习经验，并自愿承担学习社区的责任和义务
Carlén	2002	虚拟学习社区是一个社区成员在网络环境下，通过获取、产生、分析和合作建构知识的对话与被指导的学习过程所形成的人际团体与学习环境
Kowch & Schwier	2003	虚拟学习社区是由自然意愿及共同的理念和理想而结合在一起的群体，即虚拟学习社区是一种网上的学习群
王陆	2004	虚拟学习社区是以建构学习理论为基础的，基于计算机信息处理技术、计算机网络资源共享技术和多媒体信息展示技术的新型远程教育网络教学支撑平台；同时也是一种新型的学习组织，不仅具有社会学属性，也具有人机系统的基本属性特征
甘永成	2005b	是由具有共同兴趣及需求的人们，利用网络传播的特性，通过网上社会互动满足自身需求而构筑的新型的生存与生活空间。参与者着重于相互的交流、沟通与互动，进而产生相互之间的生活空间
马红亮	2006	网络学习社区是指在某一特定的网络空间中，由学习者和助学者共同组成的，具有持续的师生、生生互动关系的社会集合体及其网络活动区域
张立国和郭箭	2009	虚拟学习社区是指在某一特定的网络空间中，由学习者和助学者共同组成的，相互间具有持续交互关系的学习共同体及其网络空间，其中学习者和助学者是虚拟学习社区中的交互主体，网络空间是使交互活动得以展开的环境。合理的学习交互网络的形成和发展是虚拟学习发展的决定性因素；网络空间的科学构建是虚拟学习社区得以存在和发展的物质基础
马秀峰和李晓飞	2009	通过 Internet 虚拟空间媒体，一组共享共同语言和价值的人们基于一定的教学策略进行交流和合作学习的形式
梁林梅和孙俊华	2004	虚拟学习社区，又称在线学习社区，是以计算机网络和通信技术为支撑的教与学平台，是借助于网络和通信工具以现实协作和合作学习为目的，通过探究协作与交流等活动形式建立的虚拟学习共同体，其特性为技术性共同的兴趣和目的互通的学习领域交汇的时空社群认同合作探索

Bauman（2001）指出，在社区成员之间的理解、公共价值观、归属感、责任、深思熟虑和合作是社区的典型特征元素。综合以上学者关于网络学习社区的定义，本书认为网络研修社区应该具备以下特征：①和其他网络社区相区别，网络研修社区首先强调教师教育属性。②强调开放性，是高度开放“社会”，包纳了具有共同属性与目标的成员，是教育由封闭走向开放的途径之一。③边界和排他性，网络学习社区有明确的成员类，明确地界定哪些人是社区成员而哪些人不是。④社区成员都遵循一定的准则，有一定的管理和评价机制。⑤群体构建，强调交流、沟通的互动过程中，构建相互之间的学习共同体。

教师网络研修社区作为基于网络的一种教师研修环境，其名称也多种多样，如教师在线实践社区、教师在线学习社区、教师教研社区、教师互动交流学习社区等。甘永成（2005b）认为，网络教研社区是指基于跨时空的、开放的、自由的网络虚拟环境，社区成员之间进行专题研修、交互协作、资源共享，从而相互影响、相互促进，最终形成的具有共同社区文化心理的、生态式的社会关系共同体。也有学者认为“网络研修社区”是信息化背景下教师继续教育的新模式，以区县或地市为基本单位，以网络学习平台为技术支撑，组织教师开展常态的网络研修。在研究过程中，上述定义名称通过百度搜索引擎进行关键字搜索，得出了不同名称概念的搜索结果：教师网络研修社区 44 500 000 条记录，教师在线学习社区 5 500 000 条记录，教师在线实践社区 43 800 000 条记录，教师教研社区 24 300 000 条记录，教师互动交流学习社区 19 500 000 条记录。基于上述分析，综合国家相关文件和文献研究中相关表述，本书使用“教师网络研修社区”的统一名称进行研究。教师网络研修社区是网络研修有效开展的物质保障和环境条件，也是网络研修活动、资源、评价等的载体和运行环境。本书提出了教师网络研修社区的概念：教师网络研修社区是指基于跨时空的、开放的、自由的，能够有效支持教师个体进行在线学习，教师群体间进行交流、互动、协作、共享的教师专业化发展网络支撑环境。

2.3.1.2　网络研修社区的特征元素

参考 Ludwig-Hardman（2003）博士论文中对虚拟学习社区文献综述的理解和首都师范大学王陆（2011）教授、陕西师范大学张立国（2009）教授、甘永成（2005a）博士等人的研究成果，总结出以下网络研修社区的特征元素。

（1）共同的目标。拥有共同的目标是教师参与网络研修的群体属性和基本条件。网络研修社区中学习者处于平等地位，拥有共同的目标和意愿，在社区成员间建立相互支持和相互依赖的亲密关系，达到研究活动的目标，解决教学中存在的问题而积极地交流，不断发现新知识，不断提升个体的智能和集体的智慧。

（2）紧密的交互。交互是虚拟社区的重要特征之一，人们在社区中往往会通过自我展现与社会互动获取社会认同。这里的交互指的是教师之间的双向或多向、教师与网络研修社区（平台）的交互，实现教师之间、教师与助学者之间沟通以及传递各种反馈信息和评价信息。根据社会认同理论，个人的自我概念的建立来自于对群体的认同，网络研修社区的互动的增加有助于个体维持积极的自我概念，巩固其对网络研修的信念与认同感。

（3）互惠互利。互惠互利指社区中包括教师和学习者在内的所有成员之间的双向互惠互利性质的学习。

（4）共享知识和资源。共享知识和资源是网络研修社区的主要目的之一。学习者共享他们的知识和资源，共同解决问题，共同承担学习任务，逐步形成可随时访问的共享的知识库和资源库。知识和资源包括某一学科的专业知识、教学知识、经验总结、教学课件、教学反思等资源。

（5）注重协作与反思。反思是传统教师研修中的重要的方式，网络环境中的研修注重教师参与式的协作与反思。网络环境跨越了时空限制，提供了各种同步异步的交流工具，扩展了协作与反思的范围、深度和广度。教师在协作中碰撞灵感与激发智慧，在反思中得到鼓励和支持，促进深度学习。

（6）共同实践/行动。网络研修社区不仅仅是共享知识，更重要的是把学到的知识应用到实践中去，应用到教学中去，应用到问题解决过程中去，这也是教师参与网络研修的最初动力和最终目标。教师通过网络研修社区，参与共同的学习活动和项目，进行交流和合作，使学习更加深入，从而加深对知识的理解和掌握。同时也为某一项任务培养团队协作精神和工作能力，同时避免了网络学习的孤独感。

2.3.1.3 网络研修社区的发展阶段

Ruth 和 Brown（2001）利用扎根理论，通过对教师、学生在网络课程中的过程进行分析，提出了社区建立的三个阶段：①认识他人或结交朋友。学习者在网上寻找有“共同特征的人”，如地理位置、学术背景、动机等彼此吸引的人。②社区赋权（community conferment），学习者之间相互交互，提出想法并得到他人的认可，同时也对其他参与讨论的人有亲切感。③友谊，通过长时间、广泛的人际交流，学习者之间逐渐建立友谊关系，是社区发展的最高级别。Lewis 和 Allan（2005）在研究的基础上提出了网络学习社区发展的六个阶段：①建立阶段，基于特定的目的或目标，建立共同的社区。②引导阶段，社区建立起来之后，辅助者借助技术手段帮助引导成员进行交互，进行信息的交换。③孕育阶段，社区成员逐步开始交互，群体逐步培养信任感，参与者更加关注讨论的主题。④提高绩效阶段，群体共同处理基于实际工作的真实问题，分享资源、知识和经验。⑤执行阶段，注重实践的阶段，将社区中的知识迁移到工作场所的情景，并以产品、结果等形式出现。⑥结束或改变阶段，社区生命周期的终点，并且达成了最初的目标，形成新的目标。

2.3.1.4　网络研修社区角色

Kester 等（2007）提出三类成员会影响社区的发展。

（1）老手（veteran）：Ruth 和 Brown（2001）研究发现，新手不太信赖群体的其他成员，遇到问题时不愿意及时地向教师求助；偏爱类似传统教室的紧凑型社会结构，希望与教师有频繁交互并从教师那里获得有用的评价；相比新手，社区的老手具有良好的社区行为，他们会支持和鼓励同伴，与同伴分享知识和经验，反思自己过去的学习，维持友谊并能很快与他人打成一片。因此，老手为新手树立了良好的社区行为典范，新手可以向他们而不是向教师寻求帮助和鼓励。但老手一般仅在开始阶段尽自己的职责，一段时间后他们倾向于把自己的交流局限于老手内部，显然这会妨碍社区的发展，因而老手需要有与新手进行持续交互的动机。

（2）意见领袖（trendsetters）：分为连接者（connetors）、内行（mavens）、推销者（salesman）三类。连接者是社区凝聚力形成的来源，他们善于社交，富有亲和力，具有结交朋友的本领。内行是信息专家，擅长搜集和传播信息。推销员是说服者，他们能与那些不服气的人取得联系并说服他们参与社区活动。一个社区如果缺少意见领袖，就会给社区带来负面影响，如削弱社区成员的归属感、彼此之间的信任和社会交换等。

（3）发帖者（poster）：Preece 等（2004）认为，在线新闻组的参与者对于是否在社区中潜水或者发帖存在差异。根据定义，潜水者虽然从不发帖，但也属于社区。发帖者和潜水者加入社区的原因类似，但发帖者感到他们的需求得到了更好地满足，获益更大，具有更强的成员感。不过发帖者没有必要把潜水者看成是社区的低级成员。如果没有大量关键的发帖者，一个社区绝不可能繁荣。如果不发帖，参与者就不能证明他们在网络学习过程中的存在，因而也很难被其他参与者视为社区成员。

笔者认为 Kester 的理论中社区中存在的“老手”“意见领袖”“发帖者”三类角色，只能满足基本社区的角色分类，并不能代表教师学习社区，尤其是教师网络研修社区的角色及界定。首先，“发帖”已经不能代表现阶段教师网络研修的所有活动，除了“发帖”之外，教师还可以参与在线讨论、案例分析、实时交互等多种活动，综合运用多种方式促进知识的获取；其次，除上述三种角色外，教师网络研修社区中，助学者（包括专家、管理人员、辅助人员）是帮助学习者进步、解决过程中遇到的困难不可或缺的一类角色。因此，教师网络研修社区中的角色应该分类界定为“学习者”“助学者”“意见领袖”。

2.3.1.5　网络研修社区类型

国内外学者对于虚拟学习社区（网络研修社区）进行了分类研究，对于网络研修社区的分类具有借鉴意义，本书也对其中的一些进行了分析整理。

Kowch 和 Schwier（1997）根据社区发展重点的不同，将虚拟学习社区分为关系虚拟学习社区、场所虚拟学习社区、思想虚拟学习社区、反思虚拟学习社区和礼仪虚拟学习社区。Luppicini（2007）将虚拟学习社区划分为①知识建构虚拟学习社区，特征在于共同的兴趣和个体对社区知识建构的责任；②探究虚拟学习社区，特征在于共同的目的和主动寻找问题的解决方案；③实践虚拟学习社区，特征在于主动参与和反思；④文化虚拟学习社区，具有强烈的身份认同和传承感；⑤社会化虚拟学习社区，强调社会交互和娱乐；⑥咨询和发展虚拟学习社区，强调关系的建立和关心人类的福祉。

Ala-Mutka（2009）根据参与动力（participation driver）对在线社区进行了分类，认为人们参与社区的动机主要有共同任务和协同创作、对某个话题的共同兴趣和建立社会联系等。其中，基于共同任务和协同创作的社区主要有创作社区，包括开源软件开发社区、协作创新平台、公共协作资源。王陆（2009）从教育性要素、专业性要素、兴趣要素、边界要素和环境要素等角度，将虚拟学习社区划分为教育虚拟学习社区，专业虚拟学习社区，兴趣虚拟学习社区，研究、发展和创新虚拟学习社区和有限虚拟学习社区。Riel 和 Polin（2004）从成员资格、任务特征、学习目标、参与结构、后续成长和再生产机制的角度，将虚拟学习社区划分为基于任务的学习社区、基于实践的学习社区和基于知识的学习社区。其中，学校情境的学习社区绝大多数都是基于任务的，工作场所的社区一般都面向实践，研究者团体所构成的社区一般都面向知识。这个分类主要以实践者和实践对象的性质作为划分社区的依据。

2.3.1.6 小结

网络研修社区包括共同的目标、紧密的交互、互惠互利、共享知识和资源、注重协作与反思和共同实践/行动。这为研究中如何判断构建是否合理、实用的网络研修社区提供标准和要达成的目标。除此之外，本书认为国内网络研修社区的发展阶段主要经历或正在走过四个主要的阶段：第一阶段是以资源、新闻信息汇聚为代表的教师专业发展网站，教师登录网站进行资源的下载和相关教研活动信息的查阅；第二阶段是以社会性软件作为网络研修社区支持教师开展发帖、回帖、提交作业等形式开展网络研修的平台；第三阶段是以“工作室”“工作坊”为代表的汇聚相关资源、开展封闭研修活动，使教师在一个较为封闭的虚拟社区中在专家或教研员的带领下开展网络研修活动；第四阶段是专门的“虚拟研修社区”，以虚拟技术等构建专门的网络虚拟学习社区。国内的网络研修社区应处于第二阶段向第三阶段过渡的时期，本书力求针对网络研修社区发展的第三阶段，进行相应的功能框架设计，探寻能够有效支持教师网络研修的社区功能。

2.3.2　网络研修社区设计

2.3.2.1　网络研修社区设计理念

国内外学者从不同角度提出了网络研修社区的设计理念：Palloff 和 Pratt（2007）较早地提出了建设虚拟学习社区的基本步骤：①清晰地界定群体的目的或目标。②营造一个独特的聚集场所。③从内部促进有效的领导。④制定规范和明确的行为守则。⑤允许成员扮演不同的角色。⑥允许并促进不同的小群体出现。⑦允许成员解决他们自己的争端。秦亚玲（2010）提出网络研修平台设计的四个原则：①操作简便、管理方便，充分考虑平台用户主体教师对于简便操作社区的需求。②平台界面友好，具有可操作性、可控制性、导航简明、符合教师学习特征。③功能齐全、具有实效，满足教师研修需求，能进行交流、共享、协作与互动。④扩展性强，满足对于后续研修变化的需求，能够方便地修改和扩展。单举芝和刘述（2009）提出基于 web2.0 研修平台设计的指导思想：①以人为本，构建和谐网上学习环境，为教师搭建平等交流的环境，强化交互功能，使教师能够及时获得帮助、找到志同道合的学习研讨伙伴，产生对虚拟研讨环境的归属感，使教师在研修过程中获得平等与尊重。②适合成人学习，支持自适应和自组织，社区设计应充分考虑教师成人学习特点，支持在任何时间和地点开展研修活动，为过程中的同步、异步交流提供便利，学习资源设计“模块化”，内容设计“微内容”，便于教师及时获取。梁银英和王海燕（2011）基于社会资本理论视角对网络学习社区进行了分析，提出结构维度、关系维度和认知维度：①结构维度，主要衡量社会网络中各种关系的总和，包括网络关系的强弱网络密度连通性、中心性等结构特征。②关系维度，从外部和内部两个方面进行学习约束，外部方面利用规范和惩罚，内部方面增加互惠性，减少单方面知识获取义务和期望。③认知维度，指社区的共同愿景和成员理解一致的共享语言，包括共享的语言、意义符号、编码，共同的经历共享、文化和价值共享。基于以上分析，研究者认为网络学习社区社会网络的构建包括环境构建、结构维度构建、关系维度构建和认知维度构建四方面，环境构建包括虚拟学习社区平台的设计、学习任务设计和学习资源的选择；结构维度的构建从学习者和助学者两种角色类型着手；关系维度的构建包括建立快速信任，制定规范与惩罚和明确义务与责任；认知维度的构建从培养共同愿景和共享语言两方面进行。李胜波等（2010）提出在线实践社区环境设计要素：①以问题为导向，驱动教师同伴互助，通过教师参与解决问题，主要关注教师的问题解决、帮助他人解决问题、解决问题的过程中获得满足等。②以六度空间为纽带，利用六度空间的理论与社会性软件密切结合，增强同伴交互和互助，促进交互。③构成要素分析，活动主线，主动建构的、有意义的、真实的、合作的活动；关系维系，维系彼此的关系，建立相关的规范；行为聚焦，建立合作机制和信任，关注同伴互助机制；交互核心，包括同伴间的信任、活动或行为要素；机制动力，机制是各要素间的相互作用过程和方式，是推动社区发展的动力；工具支架，支持社会建构、同伴观点理念和评论、创造问题情景、探究问题信息工具等。④迭代式的设计过程，各要素构成微迭代过程，整体设计框架构成宏观替代，契合分析真实的“问题情境—提出解决方案—与真实问题进行比较—修正设计框架”的设计过程。

从已有研究可以看出，已有研究从不同的层面和范围对网络研修社区设计理念进行分析和梳理，有专门针对网络研修技术方面提出的相关设计原则，如导航清晰、界面友好，功能齐全等，也有从宏观层面，围绕网络研修社区的环境、关系、结构、认知等维度进行设计。本书中网络研修社区的构建重点关注功能层面对于研修教师的支持和辅助，提出教师参与网络研修社区的功能定义和设计；对于教师知识建构、关系维持等方面，虽然大部分发生在网络研修社区中，但是本书中通过网络研修活动、支持服务策略等方面进行重点关注，在网络研修社区中不再关注。

2.3.2.2 网络研修社区功能设计

（1）网络研修社区框架。应包括：①知识导航模块，分为平台导航和名师知识地图，其中平台导航由站点知识地图和平台使用视频说明构成，平台导航将研修过程中的知识流动（知识的获取、存储、共享、应用）形象地展现出来，名师知识地图帮助教师快速找到所需的知识来源。②知识获取整理模块，包括知识获取和知识整理，教师通过关键字便捷获取所需知识，按照分类目录进入资源中心和知识展区，教师进入个人知识空间后，进行资源汇总、整理、查看。③知识共享交流模块，通过论坛研讨、BBS 交流、视频评课、站内邮件、个人 BLOG 等，促进教师间知识的交流；通过知识圈子、在线系统备课，促进教师知识协作。④管理模块，主要包括用户权限管理、系统文章管理、公告发布、邮件系统管理、BLOG 使用管理。

（2）网络研修社区交互设计。有研究者提出了网络研修中交互设计原则：①同步交互和异步交互相结合，增加了交互场景的真实感和交互信息的时效性，方便教师随时学习，还提供给教师更多的思考空间。②交互工具的采用，根据交互类型、同（异）步交互方式和具体的网络教研活动选择合适的交互工具，更好地发挥其特点和作用。

（3）网路研修社区中资源库设计。网络学习社区中学习资源个性化推荐框架，框架分为资源应用层、推荐服务层、数据支撑层。①资源应用层，为社区学习者提供资源定制、浏览、学习和评价个性化界面，系统识别并调取学习者偏好模式，呈现符合学习者个性化需要的资源界面。②推荐服务层，即核心功能层，根据学习者偏好模式构建学习者模型，为推荐引擎提供推荐依据，根据学习者偏好模式构建资源模型。③数据支持层，提供所需数据源，包括学习者基本信息、偏好模式数据、学习资源数据等用于个性化资源推荐匹配服务。除此之外，张敏霞和房彬（2011）提出教师在线实践社区中资源建设理论：①教师在线实践社区中的资源以案例式资源为主。②教师在线实践社区中资源分为初级资源、再生资源和高级资源，初级资源是尚未作任何开发的原生态资源；再生资源是通过对初级资源的开发加工，形成的延伸资源；高级资源，也称知识资源，结果对再生资源的继承、重组及耦合，对社区成员们的公共知识进行知识萃取之后所形成的新的实践性知识。有学者将在教师研修社区设计为具体经验阶段、反思性观察阶段、抽象概念化阶段、积极实验阶段，并针对每个阶段的不同进行了资源应用策略设计。具体经验阶段，实现个人初级资源向群体资源的转化活动，即由隐性知识向隐性知识的转换过程，通过相互之间的观察、模仿和亲身实践等途径完成了知识的社会化。反思性观察阶段，实现群体初级资源向再生资源的转换活动，即隐性知识向显性知识的转化过程，通过比喻、比较、演绎、推理和深度会谈的方式表达成显性概念，促进个人隐性知识的外化。抽象概念化阶段，实现的是群体再生资源向群体高级资源的转化活动，即显性知识向显性知识的转换，通过对外化了的显性知识碎片进行整理、归类、萃取、组合等转化为更系统的新的显性知识，促进知识的组合化。积极实验阶段，实现的是群体高级资源向个人初级资源的转换，即显性知识向隐性知识的转换，实现了知识的内化。

综上所述，网路研修社区的设计和开发一直是研究的热点领域，网络研修社区的功能设计不仅仅局限在具体活动和管理的实现，而是要从系统角度，以有效支持教师网络研修活动开展、绩效评价等为目标，从网络研修社区框架功能框架设计、交互设计、资源设计、评价设计、管理设计等方面在详细设计的基础上进行合理构建。具体设计层面，要重点考虑网络研修社区功能有效支持教师网络研修活动有效开展。网络研修社区与其他社区和平台最为明显的区别在于有专门针对教师研修活动的功能模块，如集体备课、观课评课、课题研究等相关模块。

2.3.2.3　网络研修社区建设策略

（1）虚拟学习社区的支撑平台应能为学习者提供学术性支持，提供学习资源，引导示范，反馈评价，协助构建学习者身份，认知性支持，共享学习资源，成员合作，分享个人心得和成果和人际性支持以实现学习者的知识构建和认知成长。

（2）打造易用多能的网络社区平台，发挥各种交流技术优势，尽可能满足网络教研交流需要。完善研修平台的功能，为教研活动的开展提供稳定、便捷的技术支撑与服务。

（3）运用色彩设计界面增加交互的可视化效果。在线学习环境中软件要解决的是“人-机-人”交互的问题，软件设计人员最终目标是能吸引更多的用户进入他们所设计的系统进行学习。

（4）资源推送服务。资源推送服务是指虚拟助理按照一定的技术标准或协议，自动地选择用户所需要的信息和资源，在合适的时间以最优方式将资源传递给用户的服务。资源包括：基于用户兴趣的推送、基于学习内容的推送、基于知识情境的推送以及基于社会网络分析的推送。

（5）安全性和可靠性：在虚拟学习社区中，参与者之间社会网络关系的形成，除了参与者自身彼此信任外，社区网站也需要从技术层面保证网络信息的安全性和可靠性。

（6）虚拟学习社区的支撑平台应能为学习者提供学术性支持，提供学习资源引导示范，反馈评价，协助构建学习者身份，认知性支持共享学习资源，成员合作，分享个人心得及成果和人际性支持以实现学习者的知识构建和认知成长。

（7）丰富交互方式。活动平台建立区域教研平台，或依托教育网站构建网络教研活动支撑平台，信息工具包括 BBS、Wiki、博客、QQ、思维导图等基于 web 2.0 技术的认知学习工具在虚拟学习社区建设过程中，应该提供多样的交流工具，如博客、微博等，以满足不同风格学习者的需要，激发学习者在自主学习过程中交互的积极性，提高虚拟学习社区中人际交往的可达性，改善学习者在虚拟学习社区中的人际关系。

（8）自我监控调节的自组织机制。通过系统角色与功能的设置赋予各个主体因子职责，发挥主体因子各自的作用从而保证讨论活动的有序开展和系统的有序运行。

2.3.3 对本书的启示

本章节主要探索了网络研修社区的相关概念、社区功能框架及设计。从已有研究来看，网络研修社区一直是教师网络研修研究领域的热点问题，各学者主要从网络研修社区功能设计有效支持教师网络研修的角度进行相关研究和实践。从以上综述中发现，教师网络研修社区不是单纯网站的教师发展应用，不仅仅局限在具体活动和管理的实现，而是要从系统层面设计、交互设计、资源设计、评价设计、管理设计等方面在详细设计的基础上，有效支持教师网络研修活动开展、绩效评价等目标的实现。本书的保障体系的构建过程中，网络研修社区作为重要的支撑环境，对于教师网络研修的有效性具有重要的影响，在具体设计中，应重点考虑提供丰富的交互方式，激发教师研修过程中的积极性，改善社区中的人际关系，突出网络研修社区的易用性，发挥各种技术优势满足不同类型教师网络研修发展的需要。

2.4　网络研修评价

评价是教师网络教研效率效果的保证。通过文献研究发现，目前国内学者对教师网络研修的评价研究主要集中在网络研究评价维度、网络研修评价方法和网络研修评价内容这几个方面。

2.4.1　网络研修评价维度

不同的研究者认为教师网络研修效果应从不同的维度进行评价。整体设计方面，李克东（2012）提出从社区的活动质量、社区的网络特征、社区中角色表现、社区形态的变化、问题发现与解决、教师的专业发展等六个方面来评估活动的绩效，具体包括：①社区的活动质量，表现为共享性资源的上传、浏览、利用率如何；互动的程度、发问、回应、辩论及跟进；是否有团队领袖、凝聚力及合作是否密切。②社区的网络特征指标，主要回答多少人参与帖子、帖子总数多少、被阅读帖有多少、互动回应帖子有多少、深度互动（往复三次以上）帖子有多少等。③社区中角色分为问题提出者、话题回应者、第三旁观者，在网络社区中重点培养话题的抛出者和善于发问的教师。④从社区形态的变化过程来评估网络教研活动的发展过程，包括教师、话题数量变化、话题变化内容、教师角色变化、群组变化等。⑤发现与解决教学问题的数量及质量。⑥教师的专业发展经历从教育观念更新、专业素养提升、信息素养提升、教学素养提升四个方面，最终促进教师教学方式转变。还有学者探究依据柯氏培训评估方法的四个维度——反应评估、学习评估、行动评估、成果评估对教师网络研修活动进行绩效评估。提出了三方面的评估指标：教师对教师网络研修活动的满意度评价、教师网络研修活动对教师的实践性知识发展影响的评估以及教师网络研修活动对项目学校发展的影响评估。根据评估模型和评估指标指出了一种教师网络研修活动的绩效评估的流程。

2.4.2　网络研修评价方法

网络研修评价方法有问卷调查、访谈等一般研究常规之外，还包括社会网络分析等方法。问卷调查法，对网络研修平台的功能、界面设计、参与网络研修教师研修情况、态度倾向、参与程度、研修效果等进行调查研究。访谈法，了解教师对网络研修的需求、进行网络研修的方法、网络研修的具体情况、存在的困难和问题等。社会网络分析法，对网络社区中成员的互动情况进行量化分析，用图论法和矩阵法描述网络研修社区中的各种关系。内容分析法，将协作知识建构过程分为观点表达、观点联结、观点建构三个阶段，对发帖内容的知识建构归类指标。结构化方程，对教师在社区中的采纳内容、采纳时间、教学能力三个变量之间的相互作用关系进行了研究。除此之外，有研究者采用混合式的方法对教师网络研修社区效果进行评价。胡小勇（2011）运用“总体设计—数据采集—网络分析—结果阐释—反馈完善”的研究路线动态结合问卷调查、内容分析、SNA 等方法创新性地构建了整合现实网络与虚拟网络的混合式区域教研协作分析框架，使用该框架对天河区小学英语学科组进行案例研究，发现在该团队中虚拟教研对现实教研起到了有益补充作用。王陆（2012a；2012b）在深入开展教师实践社区（communities of practice，COP）的基础上，针对网络社区中教师专业发展的绩效评估问题，提出 COP 绩效评估的方法与技术，包括：基于真实性评估的方法与技术、基于情境视角的绩效评估方法与技术、课堂教学行为分析方法与技术。白继芳（2009）将半衰期理论引入到虚拟学习社区对于首帖的研究中，提出首帖半衰期的相关概念，对不同半衰期的首帖文本编码分析，并对于如何在学习论坛中发帖提出建议。

2.4.3 网络研修评价内容

1）网络社区中的成员关系

覃学健和李翠白（2009）借助社会网络分析软件 Ucinet 研究了一个班级社区，从网络密度中心性小团体等角度探讨了该虚拟学习社区的特点并提出了建议。刘敏等（2014）对教师虚拟社区意见领袖的社会网络位置及角色进行了分析。邱均平和熊尊妍（2008）通过 SNA 中的网络密度等方法分析了论坛交流的活跃度，用中心度统计总结出论坛的活跃成员，用因子分析法则归纳了论坛所讨论的主要话题，对 BBS 上信息交流的特点进行了研究。

2）教师网络研修表现性评价

吕萍（2011）借助网络技术自动跟踪记录和统计的功能优势，介绍了网络环境下教师专业发展表现性评价设计，对教师利用网络进行专业学习的能力或倾向的表现和过程进行分析和判断。彭敏军等（2011）等对在线学习参与度进行考量，并针对数据和质量制定了具体的实施方法。黄伟（2010）以海盐教师博客为对象，重点关注教师网络学习的参与度、参与方式和学习深度等问题。

3）网络研修社区交互评价

网络研修的效果的核心体现在于研修共同体的互动情况，因此针对网络研修交互的评价一直以来都是网络研修评价的主要维度。严亚利和黎加厚（2010）采用社会网络分析和内容分析法量化分析了教师博客交互的状况和深度，提出了教师博客交互程度编码方案。王竹立（2009）按照交互程度的不同，把交互分为浅度交互、中度交互和深度交互。

4）网络研修临场感

何苗等（2010）通过内容分析法对研修论坛中学院间的社会临场感和人际关系进行评价，认为社会临场感激发动机，减轻压力、环节学习孤独感等具有重要作用。

2.4.4　对本书的启示

综上分析，国内学者对于网络研修评价研究采用的主要方法为问卷调查、访谈、社会网络分析、内容分析（话语分析）、实验研究等，对网络研修成员关系、论坛交流程度、表现性评价、交互评价、参与度评价、整体效果评价等方面进行网络研修效果评价研究。尤其注重运行社会网络分析的方法对研修社区中学习者和意见领袖交互、位置、关系等的评价。同时也清楚地认识到，研究者对于网络研修社区的交互相关评价关注较多，对于研修社区中学习积极性、贡献度等方面有待进一步深入。本书构建中小学教师网络研修保障体系中，在网络研修评价部分，设计混合式的网络研修评价方式，针对教师自身、教师网络研修社区、网络研修共同体、教师网络研修知识的实践应用等方面展开系统评价，客观科学评价网络研修成果，促进保障网络研修效果的提升。

2.5　促进网络研修发展策略

网络研修发展策略主要从促进交互策略、支持服务策略和组织氛围及管理策略三个维度展开论述。

2.5.1　支持服务策略

（1）助学策略。杨卉和冯红（2012）提出了以教师的认知支持、情感支持、学术支持为目标的七种助学策略，包括：活动前的促进教师适应环境策略；活动中的引领研修活动深化策略；培育实践共同体共享文化策略；促进教师教学行为改进策略；活动总结阶段的以真实评价促进研修质量发展策略；用评价奖励机制提高教师研修动机策略；研修作品加工展示促进教师实践性知识共享策略等。教师网络实践共同体在线助学活动设计应注意将多种助学支持作用有机结合，可促进助学效果最大化。在活动开展不同阶段需要的认知支持情感支持和学术支持力度不同，助学策略和方法选择上应给予充分考虑，并提出了教师网络实践共同体在线助学者基本专业能力和素质要求。

（2）反馈策略。及时的反馈能够促进教师网络学习活动参与度的提升。在网络研修平台中在线时间长、发帖回帖数高、研修活动中表现积极活跃的教师，与助学者在网络中的交流沟通相对较多，获得的助学者平台回复率相对较高，助学者在网络平台中的积极反馈能够影响研修教师网络活动中心度的提升。

（3）情绪调节策略。在教学策略上应该充分注意对学习者情绪的引导。第一，引导学生将精力集中在学习任务上，而不是因对失败的恐惧而分心；第二，引导发题求解失败时，通过回溯步骤发现错误，或调整思路，而不是选择放弃；第三，引导学生把失败归结于努力程度不够、缺少信息或错误的解题策略，而不是能力不足。助学的情感人际支持、认知支持能够有效促进教师完成网络研修任务，加强对研修教师的情感人际支持和认知支持，能够帮助其提高学习效率、促进其专业水平的发展，指导研修教师有计划地进行研修活动，能够在研修方法上给予相应的指导。

（4）助学者支持策略。徐磊和王陆（2013）通过研究发现：助学者所提供的情感人际支持和认知支持与研修教师的学习效率具有较高的相关性；助学者的网络平台回帖率与研修教师的网络中心度具有较高的相关性；通过进一步的回归分析得出，助学者的助学支持对提高研修教师的学习参与度起到了积极的促进作用。因此，无论采用哪种教师网络实践共同体，都离不开助学者和教师间的交流，助学者要与教师进行社会交往，提供持续关注和及时反馈，确保其积极主动地参与到学习活动中来。助学者要提供及时有效的反馈信息。通过形成性评价对研修活动开展过程中教师的表现、所反映的情感、态度等做及时评价，达到激励和改进研修行为的作用。指导研修教师制定研修计划，对研修过程提供全方位的支持。研修活动设计要与教师的实际教学背景紧密结合。

2.5.2 促进交互策略

（1）发挥意见领袖的作用。虽然虚拟学习社区的成员流动性很大，但是还是存在着较为稳定的“精英型”的成员，他们知识丰富、文字表达能力强、分析问题深刻、有独特见解、对其他成员会产生很大影响，是构成虚拟学习社区社会网络信息通路的重要人物，可以担任助学者的角色，或者担任小组的组长、各个讨论区的版主等，组织组内成员积极参与互动，激发社区整体的积极性。

（2）发挥指导小组作用。成立网络指导小组，实现专业引领，网络研修需要进行有效引导和适当鼓励，需要在信息技术教育教学方面有丰富经验的骨干教师来主持。应该鼓励教育领域的专家积极地参与到网络教研的队伍中来，形成一个有层次、有步骤的领导团队，定期组织教师针对某一教学具体教学内容作深入分析、实践检验、再分析实践的教研活动。

（3）发帖回帖策略。①在内容的选择上，选择论证类、协商类、创作类、反思类的发帖，发帖内容应该是基于问题的思考，针对某一言论的质疑，提出自己的新观点，对学习过程的感知和评估等，这样其他的学习者更加有兴趣参与讨论，并且能够在讨论中产生思维的碰撞，有利于意义的建构。②对于共享类的发帖，发帖者不仅提供资料，还需提出自己的观点，这样更能促进讨论与学习。③鼓励学习者浏览和阅读论坛中的发帖，对已经讨论过或者已经有了相关发帖的问题，应该采取跟帖等方式。④将具有重要意义的帖子置顶显示、标记显示，或者采用将内容总结重新发布的方法等，进一步引起学习者的关注，促进学习的深入开展。

（4）教学互动服务。虚拟助理作为教学引导者或者学习活动组织者与远程学习者之间进行对话和交流的服务。虚拟助理具备三项功能：调整教学过程中传递的信息量；点明或分享需要重点关注的地方；调整教学进度和学习氛围。注意交互频度的适当性，做到自主和交互的均衡。

2.5.3　组织氛围及管理策略

（1）建立良好研修氛围，制定规范与惩罚约定交互，激励参与者产生知识共享意愿。营造信任、共享的社区文化。通过建立起合理的激励机制，激发成员的知识转移意愿，促进和激励组织成员相互学习，营造有利于知识转移的开放、协作、信任、互利的组织文化，以促进成员之间的交流，使其愿意与他人共享知识，知识转移效果。吸引孤立者，主动寻找形成孤立者的原因以及采取相应对策，吸引他们加入到社区的知识圈中来。建立快速信任，制定规范与惩罚约定交互。频繁沟通信息预先分类，从而向团队成员提供及时的反应，任务清晰界定成员遵守时间表和截止日期，提供经常性的积极反馈，成员彼此支持，个体和群体的期望明确，成员遵守承诺。加强参与者的主观行为规范，营造一种尊重知识、提倡共享的良好氛围，对于那些积极共享自己知识的参与者给予表扬。帮助参与者获得成功的体验，即便参与者获得很小的进步时也及时给予鼓励和赞扬。引导参与者端正态度，引导其把社区看作是所有成员共同成长进步的空间，而不是竞争的场所，打消其共享知识将会使自己失去优越性的顾忌。

（2）加强网络研修组织管理，明确各级义务与期望，培养研修支持团队。在网络研修过程中加强引导、进行及时总结，有机结合同步和异步研修方式，发挥两种教研方式各自的优势，提高教研质量。明确各类人员义务与责任，建构合理身份。培养研修组织者，充分发挥组织者作为研修过程的管理者、引导者、协调者、促进者的作用，引领、推进、促进教师知识建构。

（3）促进共同体建设，重视弱连接在知识网络中的作用。加强网络研修社区中共同体建设，不仅能够增进成员间的深入交流，也能强化社会归属感和文化归属感。学习者在教师的帮助下与专家或同伴交流各自的经验感受，不仅能共同建构和分享知识，完成特定的学习任务，而且还可以体验到彼此的接纳和支持，从而增强克服困难的信心和学习的动力。加强弱连接在知识网络中的作用，弱联结能在知识结构不同的群体之间起到信息桥的作用，将两个知识领域不相关或关系疏远的局部团队网络联系起来，将不同局部团队的知识带给对方，有利于改善组织的知识结构，提高群体的转移或吸收能力，扩大知识转移的范围，在获取新知识方面更有优势。

2.5.4 对于本书的启示

通过上述分析发现，研究者已经提出了众多网络研修促进策略，主要集中在意见领袖、组织氛围、团队建设、助学者策略、情感支持等方面。在本书中，将意见领袖、助学者、组织氛围等也列为网络研修影响因素，并通过专家咨询、教师问卷填答等方式确定影响程度，最终在本书中的保障体系中，针对意见领袖、助学者、组织氛围等方面进行系统设计，并进一步提出可操作的实施策略，促进教师网络研修的效果提升。在本书保障体系阶段，重视组织氛围、共同体方面对于教师网络研修的促进作用，明确网络研修共同体各角色的定义与作用，通过提出网络研修共同体构建策略、重视教师博客社群中意见领袖的作用，提出网络研修保障策略。

第 3 章　网络研修影响因素

本章内容主要探讨中小学教师网络研修因素，通过理论梳理、已有相关研究、专家咨询等环节，凝练出中小学教师网络研修的核心因素。从 TAM 模型、计划行为理论、自我效能感等理论中梳理出网络研修影响因素的理论支持。同时对已有相关研究中网络研修构成要素、网络研修（在线学习）效果影响因素、网络研修（在线学习）社区影响因素、网络学习影响因素、技术接受影响因素等开展研究，结合理论基础和已有相关研究提出本书中教师网络研修影响因素初拟指标。然后选择领域内相关专家针对初拟指标，开展三轮专家咨询，进一步凝练指标，形成教师网络研修影响因素教师问卷指标体系。本过程如图 3-1 所示。

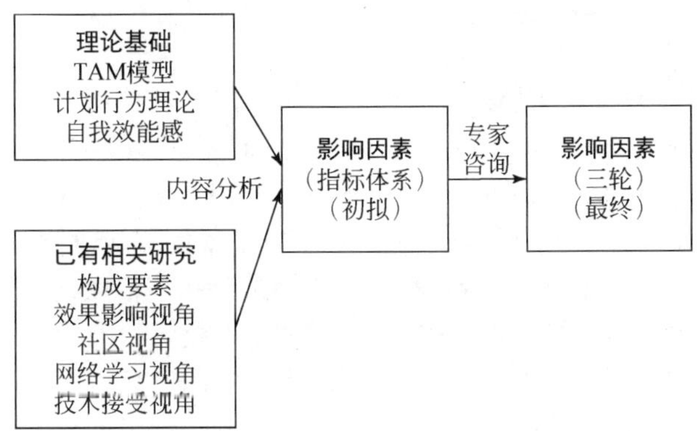

图 3-1　教师网络研修影响因素模型研究过程

3.1　影响因素指标

3.1.1　理论假设基础

3.1.1.1　技术接受模型

技术接受模型（technology acceptance model，TAM）是 Davis 在 1989 年提出

的专门用于解释和预测用户对信息系统和信息技术接受程度的理论模型，该模型提出后，他的学生 Venkatesh 以及其他研究同事在 2000 年又提出了技术接受模型 2（TAM2），在 2003 年提出了整合性技术接受与使用模型（unified theory of acceptance and use of technology，UTAUT），2008 年提出了技术接受模型 3（TAM3），这些模型对个人信息技术接收领域产生了重大而深远的影响。Davis 在 1989 年提出的技术接受模型包含了外部变量感知有用性、感知易用性、使用态度、行为意愿及使用行为 6 个部分，如图 3-2 所示。

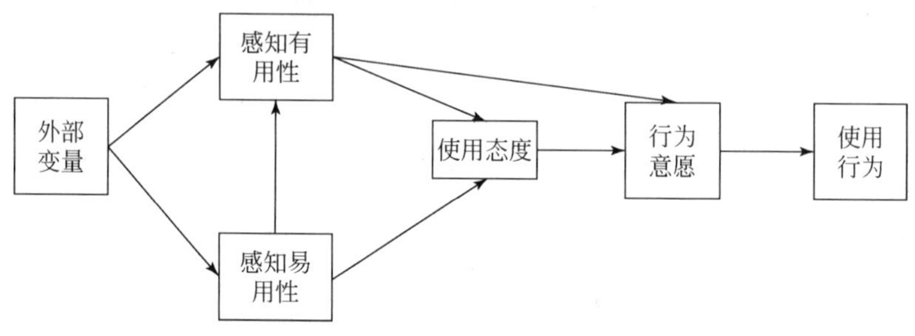

图 3-2　技术接受模型（TAM）

其中，使用行为（actual system use）是用户对某种新技术的实际操作行为。行为意向（behavioral intention to use）指的是用户是否采用技术的意愿。使用态度（attitude toward using）是指用户对技术所表现出来的评价和感受。感知有用性（perceived usefulness）指用户认为一个信息系统能使用户减少所付出努力的程度。感知易用性（perceived ease of use）指用户使用某一特定系统的感知容易程度。外部变量是其他可能影响用户接受系统的因素，如系统设计的特征、开发过程、用户的培训等外部影响因素。技术接受模型认为用户的信息技术使用行为由行为意向决定，而行为意向受使用态度和感知有用性影响。使用态度由感知有用性和感知易用性决定，同时，感知易用性还会影响感知有用性，感知有用性和感知易用性都受到外部变量的影响。

通过以上分析发现，TAM 明确地把行为信念分成感知有用性和感知易用性两个独立的变量。研究者可以更容易地识别决定行为的各个行为信念的相对影响，并通过控制外部变量来测量对各个行为信念的影响，因而具有更好的解释度（Davis，1989；Davis et al.，1989）。因此在本书中，将技术层面（网络研修社区）的外部影响因素归纳为感知有用性和感知易用性，考察它们对教师网络研修社区使用态度、行为意愿、使用行为的影响程度。

3.1.1.2　计划行为理论

计划行为理论（theory of planned behavior，TPB）起源于认知框架下的多属性态度理论（theory of multiattribute attitude，TMA）。Fishbein（1963）的多属性态度理论认为行为意向由行为态度所决定，而行为态度又受到预期的行为结果及结果评估的影响。在多属性态度理论基础上，Fishbein 和 Ajzen（1975）提出了理性行为理论（theory of reasoned action，TRA），该理论认为行为意向受行为态度和主观规范的影响，是决定实际行为的直接因素。随后，Ajzen（1985，1987，1988，1991）对理性行为理论的模型进行了拓展研究，在模型中增加了新的预测变量——感知行为控制变量（perceived behavior control，PBC），提出了计划行为理论，如图 3-3 所示。

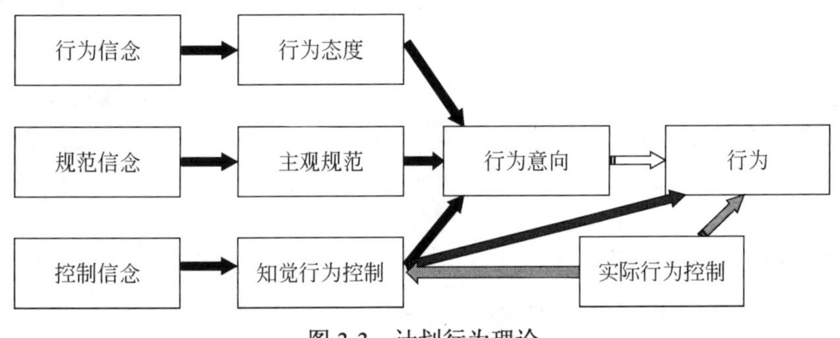

图 3-3　计划行为理论

计划行为理论认为个体行为（behavior）是个体在特定时间和特定环境内，对特定目标所作出的可观测的反应，包括对象（target）、行动（action）、环境（context）和时间（time）四个要素（段文婷和江光荣，2008；Ajzen，2006），个体实际行为不仅受其行为意向（behavioral intention）的影响，还会受到诸如机会、资源、个体能力等实际控制条件的约束，在实际控制条件准备充分的情况下，个体实际行为直接由其行为意向所决定，行为意向越强烈，越有可能采取实际行为（Ajzen，1991）。决定行为意向的主要变量包括行为态度（attitude toward the behavior，AB）、主观规范（subjective norm，SN）和知觉行为控制（perceived behavioral control，PBC），变量与行为意向呈正相关关系，态度越积极、他人支持越大、知觉行为控制越强，行为意向就越大，态度越不积极，他人支持越少，知觉行为控制越弱，行为意向就越小。个体的行为态度受到行为信念（behavioral beliefs）的影响，主观规范主要受到规范信念（normative belief，n）和顺从动机（motivation to comply，m）的影响，知觉行为控制受到控制信念（control beliefs，c）和知觉强度（perceived power，p）的影响。

根据计划行为理论，个体实际行为直接由其行为意向所决定，决定行为意向的主要变量包括行为态度、主观规范和知觉行为控制，本书中将态度作为因变量进行考虑；知觉行为控制指个体感知到执行某特定行为容易或困难的程度，研究中影响因素已经包含了 TAM 模型中的感知易用性，因此也不予考虑；主观规范反映的是外部环境对个体行为决策的影响，在研究中作为影响因素进行分析。

3.1.1.3 自我决定理论

自我决定理论（self-determination theory，SDT）是一种关于人类自我决定行为的动机过程理论，强调自我决定在动机过程中的能动作用，解释人们如何形成自己的行为和动机意识,从而分析个人情绪动机和行为。它是由美国心理学家 Deci 和 Ryan 在 20 世纪 80 年代提出的。自我决定理论描绘了人类动机和人格研究的一个宽泛的框架，关注的焦点是人类行为在多大程度上是自愿的和自我决定的，强调自我在动机过程中的能动作用，重视个体的主动性与社会情境之间的辩证关系。自我决定理论认为，动机是人类有效活动的核心环节，因此有效社会活动的关键是如何有效且充分地调动行为主体的内在动机。自我决定的潜能可以引导人们从事感兴趣的、有益于能力发展的行为，这种对自我决定的追求就构成了人类行为的内部动机。人是积极成长定向的有机体，人类具有追求心理成长和发展的倾向，也具有很强的主观能动性，可以通过努力最大限度地实现和发挥自己的潜能（Deci and Ryan，2004）。Deci 认为自我决定理论包括四个子理论，即基本需要理论、认知评价理论、有机整合理论和因果定向理论。不同的理论可以解释来自不同领域的、针对不同问题的研究结果。基本心理需要理论解释了基本心理需要的涵义以及心理需要和主观幸福感的关系，是自我决定理论的核心理论。认知评价理论主要解释社会情境中的各种因素对于个体内部动机的影响，认为社会和环境因素通过支持或阻碍基本心理需要的满足来增强或削弱内部动机。有机体整合理论把动机分为不同的调节类型并探讨影响行为调解内化的环境因素。因果定向理论（causality orientations theory）主要描述人们的先天倾向中的个体差异以及这些差异怎样影响个体对于环境的选择和适应。

基于自我决定理论的认识，本书中认为基本需要理论提出的基本心理需要是影响中小学教师网络研修的核心因素，根据因果定向理论提出的个体差异以及这些差异影响对环境的选择和适应，提出中小学教师网络研修的自我效能感也是中小学教师网络研修核心影响因素。

3.1.1.4 沉浸理论模型

心理学家 Csikszentmihalyi 博士于 1975 年提出沉浸理论（flow theory），描述了人们在活动中完全被吸引并投入情境当中，过滤掉所有不相关的知觉，而进入一种沉浸状态。沉浸理论中的核心概念是沉浸体验（flow，也称心流），Csikszentmihalyi 指出沉浸体验是当人们全情投入时，获得的一种贯穿全身的感觉，在这种状态下，动作与动作之间似乎受到一种内在逻辑的指引，而无须行为主体进行有意识的干预。他感受到的是贯穿各种动作间的一股整体的流，并受控于自己的行为。此时，自我和环境之间、刺激与反应之间、过去和现在以及未来之间的差异微乎其微。沉浸理论指出影响沉浸体验（flow）的主要因素是挑战（challenges）与技能（abilities），并提出了关系模型，如图 3-4 所示，如果技能较低而挑战太高，参与者对环境缺少控制能力，会产生焦虑或挫折感；反之，如果技能较高而挑战太低，参与者会觉得无聊甚至失去兴趣，沉浸状态则主要发生在技巧和挑战两者平衡的情况下。

基于沉浸理论模型，教师在网络研修中达到沉浸的状态应该发生在技巧和挑战两者平衡的情况下，因此技巧和挑战被认为是影响中小学教师网络研修的核心因素，以及教师的自我效能和网络研修社区的感知易用性是影响中小学教师网络研修的核心因素。

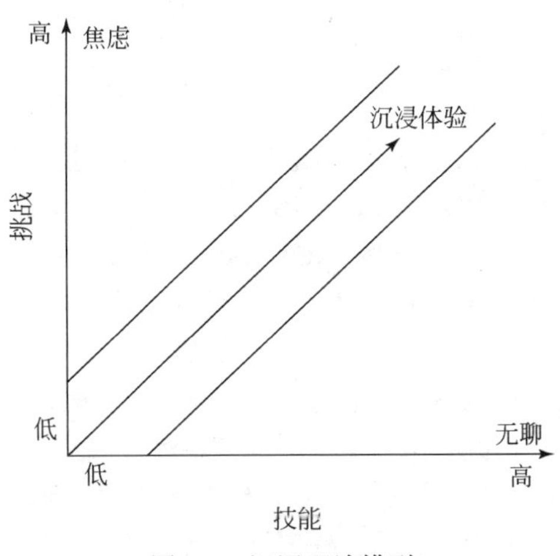

图 3-4　沉浸理论模型

3.1.2　已有的相关研究

根据文献综述，国内外直接针对网络研修影响因素的研究较少，且都聚焦于理论的归纳和梳理。同时，和教师网络研修密切相关的教师在线学习、网络学习、网络教研、网络虚拟社区、网络实践社区中教师知识构建等方面，已有大量研究。本书也对这些研究进行梳理与分析，借鉴研究方法和理论建设，综合提出本书中的教师网络研修的影响因素及作用关系。

3.1.2.1　网络研修（在线学习）构成（制约）要素

宋燕（2011）在其博士学位论文中提出了影响传统面对面研修效果的主要因

素有话语权的归属问题；缺乏人性化的关怀；合作成员的业绩评定方法欠妥；合作形式化严重；缺乏合作氛围与意识，教师更宁愿独自工作，不能积极地面对有益的批评，害怕其他教师指出自己教学方面的不足；缺乏研讨时间和空间匮乏；不重视数据形式的行动结果。马立等（2011）提出了教师网络研修要素框架，分别是技术支撑（网络研修平台）、活动主体（学习共同体）、核心内容（混合式学习）、关键因素（资源与互动）、保障机制（评价与管理）。李慧（2011）认为科学和专业的研修由“四性”构成：研修的专业性、研修的需求性、研修的设计性和研修的生成性。在此基础上，乜勇和史俊霞（2014）提出了网络研修的基础是丰富的优质资源；网络研修的支持是交互平台；网络研修的形式是教研共同体；网络研修的保证是教研团队。徐小为（2007）针对农村教师网络研修模式的影响因素进行了理论研究，从主观、客观两个层面提出了影响因素。主观因素层面，教师自身忽视教育教学基本理论学习，,抽象思辨能力的薄弱、理论水平的低下、不愿意进行高水平的脑力劳动、缺乏分析和综合问题的习惯等。客观层面因素有学校财力有限、缺乏专业引领、区域发展不平衡等。澳大利亚学者 Brook 和 Oliver（2003）从在线学习社区角度出发，提出了在线学习社区的核心要素，包括系统因素（system factors）、课程因素（course factors）、指导者因素（instructor factors）、小组因素（group factors）、个人特点（student characteristics）。乔爱玲和田润（2014）提出中学教师远程研修障碍影响因素，包括远程研修能力、远程研修心理、远程交流、远程研修支持服务、远程研修资源五个维度。①远程研修能力因素，包括知识获取因素、知识筛选因素、知识吸引因素和知识传播因素。②远程研修心理因素，包括认知因素、情绪因素、意志因素和个性因素。③远程交流因素，包括学术交流因素和感情交流因素。④远程研修支持服务因素，包括学术支持因素、情感支持因素和组织管理因素。⑤远程研修资源因素，包括质的因素和量的因素。

综上，教师网络研修（在线学习）构成（制约）要素方面来看，教师网络研修（在线学习）的制约因素主要包括教师个体自身因素、平台环境因素、资源因素（课程、资源）、互动因素、指导者因素、管理机制等。

3.1.2.2 网络研修（在线学习）效果影响视角的影响因素

（1）知识共享。加拿大学者 Alajmi（2012）针对在线学习社区的知识共享行为影响因素利用 SEM 方法进行了实证研究，提出了影响因素的 7 个假设，包括知识共享意愿（intention to share knowledge）、知识共享行为（knowledge sharing behavior）、知识共享态度（attitude toward knowledge sharing）、知识共享主观规范（subjective norms concerning knowledge sharing）、知识共享主观描述（descriptive norms concerning knowledge sharing）、知识共享（knowledge sharing）、可控性（controllability）。胡凡刚和鹿秀娥（2009）对教育虚拟社区知识共享影响因素进

行了实证分析，提出了教育虚拟社区知识共享影响因素的分析模型：知识影响包括共享内容（隐性知识的表达性、隐性知识的情景性）和社区成员整体（知识文化背景的差异、表达能力的差异）；动力因素：教师的行为，主要包括教师的及时反馈、教师的积极参与；环境因素：共享的环境（共享的氛围、成员间及时反馈、和谐的关系、成员间的相互信任、人性化的平台、多样化的交流工具、社区及时整理知识）和教师的角色（平等的师生关系、教师的引导、教师的鼓励）。王贵和李兴保（2010）以计划行为理论和人本主义理论为支撑，构建虚拟社区知识共享影响因素，提出概念模型：行为态度，包括信任度、内在动机和需求；主体规范，包括人性化的信息技术、社区文化和范围；知觉行为控制，包括知识水平和效能（团队和自我）。

（2）团队（集体）效能感、存在感、归属感。胡凡刚（2012）对教育虚拟社区的团队集体效能感影响因素进行了实证分析，提出了基于教育虚拟社区的团队集体效能感的因素主要有目标认知信念、经验直觉信念、团队合作信念、能力技术支持、努力坚持毅力、组长领导风格。李肖锋等（2012）针对虚拟学习中社会存在感影响因素，通过问卷调查选取 CSDN、Ucenter 以及 Moodle 三个学习社区中的 209 名成员进行了问卷调查，得出了虚拟学习社区社会存在感的七个影响：导向性、融入性、交流、关系、技术、表达方式、批判性。张立国等（2009）针对虚拟学习社区中学习者归属感的影响因素进行了分析，提出：①学习者对虚拟社区的满意度。学习社区的质量决定了学习者在社区内的学习质量，学习者的学习质量又决定着他们对虚拟学习社区的满意度。②学习者对虚拟学习社区进步的认知度。学习者对于学习社区充满信心和希望，就会增加社区喜爱程度，就会更愿意长期学习交流。③学习者在虚拟学习社区中的参与度。个体参与社区活动越多，就越有主人翁的责任感和自豪感，同时也就越容易在社区内建立起良好的社会关系，进而增强其社区归属感。④学习者在虚拟学习社区中的社会关系。包括学习者之间、学习者与助学者、助学者之间的关系。⑤学习者在虚拟学习社区中的学习时间。强调持续性的学习过程，即不断更新知识和技能技巧。⑥学习者在虚拟学习社区中的互动与交流使学习者形成强烈的归属感。

（3）学习动机（使用意向）培养。胡凡刚等（2013）针对虚拟社区中学习动机激发影响因素进行实证分析，提出了四大影响因素：①教师因素，包括社区中教师行为和线下教师角色。②学习者因素，包括信息素养、学习兴趣、自我效能感、成败归因、活动价值。③环境因素，包括资源（目标内容、学习资源）和技术（平台功能、评价方式）。④文化因素，包括社区中成员、社区中尊重、社区归属感、社区中自由氛围、社区的情感联系等。Liu 等（2010）探讨了在线学习社区使用意向的影响因素：①在线课程设计（online course design，OCD）。②用户界面设计（user interface design，UID）。③个人在线学习经验（previous online learning experience，POLE）。④感知有用性（perceived usefulness，PU）。⑤感知易用性（perceived ease of use，PEU）。⑥感知互动（perceived interaction，PI）；⑦使用在线学习社区意向（intention to use an online learning community，IUOLC）。

（4）网络研修（在线学习）参与度。李文文（2014）以技术接受模型（TAM）为理论基础，从高校用户参与度的三个主要的决定因素——感知有用性、感知愉悦和重合度以及三个外部因素——信息性动机、社会交互和自我展示入手，运用结构方程模型，分析影响社交网络高校用户参与度的决定因素和外部因素以及它们之间的关系，主要影响因素包括信息机动性、社会交互、自我表现、感知愉悦、感知有用性、重合度、参与度。

（5）网络研修（在线学习）行为。张豪锋和赵耀远（2012）针对虚拟学习社区中影响参与者共享行为的因素进行探究，提出了影响因素及作用关系：①知识共享意愿与实际行为是正相关关系。②主观规范与社区知识共享是正相关关系。③态度与共享知识的意愿是正相关的关系。④知觉行为控制。⑤社会网络关系与在线知识共享意愿正相关。张敏等（2014）以效价理论为研究视角，结合依恋理论构建了行为研究模型，以 8 所高校 50 多个研究团队的在校研究生为测评对象，采用问卷法展开调查并进行数据分析，提出虚拟学习社区在线求助行为的影响因素：感知收益会积极影响求助意向、依恋焦虑积极影响寻求帮助的意向、感知风险会消极影响求助意向、依恋规避消极影响寻求帮助的意向。Lai 和 Chen（2011）针对教师使用教学博客影响因素进行了实证研究，利用 SEM 提出影响因素及作用关系，包括编写效度（codification effort）、知识损失（loss of knowledge power）、声誉（reputation）、帮助他人的乐趣（enjoyment in helping others）、知识的自我效能感（knowledge self-efficacy）、个人创新（personal innovativeness）、有用性感知（perceived usefulness）、易用性感知（perceived ease of use）、兼容性（compatibility）、享受感知（perceived enjoyment）、学校支持（school support）、学校奖励（school incentives）、管理者的影响（supervisor influence）、同辈影响（peer influence）14 个方面。马卫民（2009）针对网络教研行为影响因素，利用 SEM 方法调查教师，形成影响因素及作用关系：①需求动机，包括成就需求、能力需求、亲和需求、权利需求；②教师思考风格，包括自由型、保守型、外向型；③网络研修社区满意度，包括支持服务、社会交往、技术构建、社区规范、内容表现、主题设计；④主观规范，包括心理预期、外部规范等；⑤对网络教研行为，包括贡献行为、收益行为、行为经验、登录频率的影响。

（6）网络交互效果。李建生和张红玉（2013）针对网络学习社区中教师参与程度和交互模式对社会性交互的影响进行了实证研究，提出影响因素及作用关系：①教师参与程度，包括教师主导作用、教师指导作用、自由讨论。②交互模式，包括同步交互、异步交互。③社会性交互数量，主题帖数、回帖数、阅读数。④社会性交互内容，包括问题引导类、资源检索类、解决问题类、反思反馈类。其中的作用关系为教师参与程度对网络学习社区中社会性交互数量有促进作用；教师参与程度影响网络学习社区的社会性交互内容；交互模式影响网络学习社区的社会性交互数量；交互模式影响网络学习社区的社会性交互内容。余明媚等（2010）利用解释结构模型法对学生投入在线讨论的影响因素进行了实证研究，总结出 11 个学生投入在线讨论影响因素，分为直接因素、中层次因素、根本因素。①直接因素是讨论平台和讨论社区成熟度。②中层次因素是教师的反馈、教师的评价、学习者的学习能力、学习者的个性特征、讨论话题；深层次因素是教师教学组织方法、讨论的预期教学目标。③根本因素是教师对待在线讨论的态度。吴筱萌等（2011）对混合式学习环境下学生网上讨论的成效及影响因素进行了探讨，提出个体对网上讨论的态度、讨论话题的设置、讨论中教师的引导、对讨论的激励机制、技术影响因素、个人能动性 6 个影响因素。

（7）认知。郑生勇等（2014）从网站特征、参与需求与行为对虚拟社区认知的影响角度进行了实证研究，提出了研究假设：①网站特征对认同起到显著作用。②网站特性对参与需求有积极影响。③使用者参与需求对社区认同起显著积极作用。④社区特性对使用者参与行为有显著积极影响。⑤使用者参与需求对行为有显著影响。⑥使用者参与行为对社区认同有显著影响。杨丽娜等（2012b）以社会建构主义理论、群体动力理论、计划行为理论与技术接受模型理论为基本框架，从行为研究视角识别并分析了影响虚拟学习社区有效学习发生的主要因素，提出以下维度。①行为维，包括社区认同和社区参与。②技术维，主要指系统质量。③认知维，包括学习资源、学习任务、学习活动。④制度维，主要为社区规范。⑤学习过程，包括学习过程和学习效果。

经以上梳理发现，已有网络研修（在线学习）效果研究主要集中在对教师网络研修态度、行为、交互、认知、团队效能感、知识共享等方面。从以上方面综合来看，影响教师网络研修（在线学习）的因素在于：教师个人特征（包括对于社区的认同、参与网络研修的态度和意愿、思考风格、自我效能感等方面），网络研修社区（包括支持服务、社会交往、技术构建、社区规范、内容表现、主题设计等方面），研修活动过程（持续性学习、活动设计等），主观规范（心理预期、外部规范等）4 个主要方面。

3.1.2.3　网络研修（在线学习）社区（平台）视角的影响因素

网络研修（在线学习）社区（平台）作为网络研修（在线学习）的支持环境和主要活动空间，有学者以此为视角，专门提出了影响因素。张文兰和牟智佳（2013）认为网络学习动机的影响因素涉及学习平台、辅导教师、学习者和课程学习 4 个维度，具体包括平台功能与设计、辅导教师、学习活动设计、虚拟奖励、感知有用、感知易用、同伴交流与反馈、同伴协作与竞争、课程要求、学习任务难度、讨论主题、学习资源 12 个因素。西班牙学者 Sánchez 和 Hueros（2010）利用 SEM 方法，在 TAM 模型的基础上，提出使用 Moodle 平台动机的影响因素包括 5 个方面：①技术支持（technical support）；②感知有用性（perceived usefulness）；③感知易用性（perceived ease of use）；④计算机自我效能（computer self-efficacy）；⑤态度（attitude）等对系统使用（system usage）的影响。朱珂和刘清堂（2013）利用 TAM 模型，探讨了 Sakai 网络教学平台应用的影响因素，主要分为教师的有用性感知；对学生学习方式的兼容性感知；培训，利用网络平台前的培训，包括培训内容，培训效能等；有用性感知，使用网络平台获得更多交流机会、提高学习成绩、提高学习效率、解决难点问题；易用性感知，网络平台交流方便、认知负荷低、误操作较少；使用意愿，愿意深入使用平台，选择平台进行学习。马凌等（2014）针对国家精品课程网站用户使用意向进行影响因素实证研究，提出辅导教师、感知有用、感知易用、学习活动设计、学习资源、虚拟奖励、同伴协作与竞争 7 个方面因素。戴卓和郑孝庭（2014）对网络教学平台满意度的影响因素进行了实证研究，从 3 个层面提出了影响因素假设：①平台维度：平台的可靠性、系统的导航性、内容的丰富性、界面的友好性和页面的美观性分别与用户的满意度正相关。②方式满意：学习者对教育的多方式满意与网络教学平台这一特定方式的满意负相关。③学习风格：CE-AC 型、RO-AE 型、外向性、宜人性、尽责性、神经质、开放性等类型学习风格分别对学习者满意度与平台维度的关系有调节作用。路兴等（2011）根据混合式学习及科技接受理论（TAM），以北京大学教学网为案例，对混合式学习的教师接受度构建出分析模型，包括技术特点、教师特点、课程特点、主观规范和服务品质 5 个维度，以认知有用性和认知易用性为中间变量。①技术特点，包括媒介丰富性、系统可靠性、系统灵活性。②教师特点，包括对网络的态度、电脑经验、电脑自我效能。③课程特点，包括适用性和交互性。④主观规范，包括政策、示范和学生促进。⑤服务品质，包括培训和支持。⑥认知有用性，包括效率和效果。⑦认知易用性，包括使用和操作。Ngai 等（2007）探讨了使用 WebCT 的影响因素，利用 SEM 方法提出了影响因素及作用关系，包括技术支持（technical support）、感知有用性（perceived usefulness）、感知易用性（perceived ease of use）、态度（attitude）、使用目的（intention to use）等方面对于系统使用（system usage）的影响。

通过以上分析发现，影响网络研修（在线学习）社区（平台）的因素主要集中于教师自我效能、使用态度、使用目的、学习风格、感知易用性、感知有用性、社区（平台）本身的可靠性、丰富性、友好性等方面。

3.1.2.4　网络（在线）学习视角的影响因素

李锋亮等（2010）对远程教育学习者学习成绩影响因素进行了实证分析，提出了 6 个层面的影响因素：①学习风格与初始能力，包括持续学习能力、对学习媒体的偏好、对教学方法的偏好、计算机的操作能力、网络操作能力；②学习动机，包括对学习感兴趣、使自己生活更充实、想换更好的工作、评职称需要、领导要求、获得他人认可；③外界支持，包括来自家庭的支持、来自领导的支持；④教学机构与教师因素，包括学习资源、网络平台、教辅人员支持服务、教师教学方法；⑤学习交互因素，包括师生互动、生生互动；⑥个人基本因素，包括性别、年龄、婚姻、是否有小孩、工作情况。常玮和马玲（2012）对网络教学效果影响因素进行了实证研究，提出了影响因素假设模型证明绩效预期、易用预期、计算机自我效能、获取价值、效用价值、内在价值、焦虑等因素对网络教学效果具有显著影响。肖爱平和蒋成凤（2009）探讨了网络学习者网上学习的影响因素，进行了原因分析：网络环境方面为网速、链接有效性、平台安全性和稳定性；课程资源方面有学习资源匮乏、内容和表现差、更新不及时、无统一描述；网上交互方面有在线辅导缺乏、交互工具有限；学习者自身原因为无关诱惑多、缺乏内部动机、其他（学习时间、计算机操作水平、个人家庭）等。胡勇（2014）探讨在线协作学习对感知学生的影响，提出影响因素及影响结果：个体协作学习态度对感知学习和预测感知学习有显著影响；学习风格对感知学习没有显著影响；交流风格对感知学习有显著影响；社会临场感知对感知学习有显著影响；小组成员差异对感知学习没有显著影响；小组任务积极依赖与感知学习正相关，即学习者在完成任务时，小组成员相互间的任务依赖程度越高，其主观的感知学习程度就越高；小组任务有效分配对感知学习有显著影响；在线时长对感知学习有显著影响。

3.1.2.5　技术接受视角的影响因素

新加坡学者 Teo（2009）利用 TAM 模型，针对职前教师群体技术接受进行影响因素研究，提出影响因素及作用关系的 4 个主要维度：①TAM 模型：包括感知有用性（perceived usefulness，PU）、感知易用性（perceived ease of use，PEU）、计算机使用态度（attitude towards computer use，ATCI）、行为意向（behavioural intention，BI）。②技术复杂性（technological complexity，TC）。③计算机自我效能（computer self-efficacy，CSE）。④便利条件（facilitating conditions，FC）。新加坡学者 Teo（2011）针对教师教学和专业发展过程中使用信息技术影响因素，利用 SEM 进行了实证研究，提出了影响因素及作用关系：①感知有用性，教师们认为使用技术提高绩效的程度。②感知易用性，教师们认为使用技术的容易程度。

③主观规范，大部分人认为使用技术的重要性。④知觉行为控制，教师们认为使用技术的难易程度。⑤便利条件，教师应用技术的便利条件。⑥使用态度，教师对于使用技术的情感。⑦使用行为意图，教师愿意利用技术的程度。美国学者 Yi 和 Hwang（2003）针对应用基于 web 的信息系统影响因素，利用 SEM 提出了预测模型，包括学习目标取向（learning goal orientation）、自我效能（self efficacy）、喜好（enjoyment）、易用性（ease of use）、有用性（usefulness）、行为意向（behavioral intention）等方面对使用（use）的影响。高峰（2010）对教师接受网络教育技术的影响因素研究进行了研究，认为感知有用性是决定使用意向的关键因素，直接显著地影响使用意向，而感知易用性、主观规范间接地影响使用意向，并为感知的有用性的中介，同时主观规范对感知易用性也有显著的影响。杨丽娜等（2012a）以理性行为理论和技术接受模型作为个体行为影响因素研究的理论框架，从行为视角识别和分析影响学习者采纳虚拟学习社区的主要因素建立虚拟学习社区采纳行为前因模型：个体特征，包括社区熟悉和自我效能；技术环境，主要指系统质量；社区特征，包括资源质量和社区声望；采纳意愿行为，包括采纳意愿和采纳行为。柏宏权（2013）提出中小学教师使用虚拟学习社区的影响因素：绩效期望对教师使用虚拟学习社区意愿有直接正向影响；易用期望对教师使用虚拟学习社区意愿有直接正向影响；社群影响对教师使用虚拟学习社区意愿有直接正向影响；配套情况对教师使用虚拟学习社区行为有直接正向影响；使用意向对教师使用虚拟学习社区的行为有直接正向影响；性别会影响虚拟学习社区的使用意向；教龄会影响虚拟学习社区的使用意向；网络自我效能会影响虚拟学习社区的使用意向。周园和王念新（2011）针对成人使用社会网络服务的影响因素进行了研究，提出了影响因素及作用关系：网络外部性，连接到网络的价值取决于已经连接到该网络的其他人的数量，与感知易用性、感知有用性、实际使用成正相关；孤独感、愉悦的心理感受可能会直接影响其对技术有用性作出主观判断，进而影响他的使用意图，与实际使用成正相关；感知易用性，用户认为容易使用一个具体的系统的程度，与实际使用、感知有用性正相关；感知有用性，反映用户认为使用一个具体的系统对其工作业绩提高的程度，与感知有用性正相关；沟通有效性，沟通能够满足信息交流的需要并且能够以较低的成本和较快的速度实现沟通的目标，与感知有用性、实际使用成正相关；使用成本，与实际使用成正相关。

从总体上看，对于教师网络研修（在线学习）的影响因素研修中，国内学者往往偏重于演绎，例如借用社会学、心理学等学科的成果得到促进网络研修效果的机制，这些机制听起来很有道理，但难以与实际情况接轨，被认为是既高不可攀又没有多大用处的理论，这同时也是导致国内有很多相关研究但在实践方面仍然没有好的进展的原因。国外学者和国内部分学者，普遍注重借鉴已有成熟理论，运用数学模型进行科学归纳分析，提出影响因素间的数量关系，进而厘清发展策略，对症下药，这种方式值得研究者学习。但是，无论是国内研究还是国外研究，大部分研究将研究对象割裂为平台、技术、环境、制度、评价等分别进行探讨，或者只是从平台的角度进行实证分析，导致研究整体性不高，缺乏理论指导实践的可操作性。本书在借鉴国外学者注重量化研究这种科学的研究方法的同时，将教师网络研修整体作为研究对象，确定影响教师网络研修有效开展的核心要素及之间的相互作用、制约关系。

3.1.3　提出影响因素指标

在文献研究的基础上，笔者尝试利用二维矩阵对各研究学者提出的影响因素进行归纳梳理，横坐标主要对各研究中出现的影响因素关键词进行群举并归类，主要包括研修主题、研修活动、资源工具、评价激励、研修内容、学习课程、组织管理，归纳为研修设计；环境条件、研修社区、感知有用性、感知易用性，归纳为环境及社区；互动参与、共同体、指导者，归纳为共同体及互动；情感支持、支持服务、技术支撑，归纳为支持帮助；主观规范独立作为一个类别；个体整体、意愿态度、自我效能、行为、目标动机、经验直觉、感知有用、焦虑风险、学习风格，归纳为个人因素；学习时间、使用成本，归纳为其他；纵坐标为相关研修学者和影响因素指标提出时间，由此得出教师网络研修（在线学习）影响因素已有研究统计表，如表 3-1 所示。

通过分析发现，各学者提出的影响教师网络研修（在线学习）的因素最多的为研修社区（提及 20 次），其次为共同体（16 次）、意愿态度（15 次）、自我效能（15 次）等；提出最少的影响因素为使用成本，即只有 1 位研究者认为会影响网络研修（在线学习）的效果（表 3-2）。

进一步对影响因素进行分析，对个人因素、环境及社区、共同体及互动、研修设计、支持帮助、主观规范等进行研究，关注比例分别为 34%、20%、16%、16%、9%和 4%，如图 3-5 所示。由此可以确定研究者对于教师网络研修（在线学习）影响因素的关注维度。同时也发现，文献中已有的影响因素研究也重点关注了本章理论假设基础上梳理分析的 TAM（技术接受模型）、行为计划理论和自我效能感等理论。

表 3-1　教师网络研修(在线学习)影响因素已有研究统计表

主要研究者（第一作者）	时间	研修设计							环境及社区				共同体及互动			支持帮助			主观规范	个人因素									其他	
		研修主题	研修活动	资源工具	评价激励	研修内容	学习课程	组织管理	环境条件	研修社区	感知有用性	感知易用性	互动参与	共同体	指导者	情感支持	支持服务	技术支撑		个体整体	意愿态度	自我效能	行为	目标动机	经验直觉	感知有用	焦虑风险	学习风格	学习时间	使用成本
马立	2011		*	*	*			*		*			*	*																
李慧	2011		*	*	*		*	*									*													
乜勇	2014			*						*				*			*													
徐小为	2007																*			*										
Brook	2003						*			*				*	*					*										
乔爱玲	2014			*				*					*			*	*			*										
Alajmi	2011																		*		*		*							
胡凡刚	2009			*		*				*				*	*					*										
王贵	2010																		*		*	*	*							
吴筱萌	2011	*			*					*					*					*		*								
胡凡刚	2012													*	*			*						*	*					
李肖锋	2012		*											*			*													
张立国	2009									*			*	*												*			*	
胡凡刚	2013									*					*	*				*										

续表

主要研究者（第一作者）	时间	研修设计							环境及社区				共同体及互动			支持帮助			主观规范	个人因素									其他	
		研修主题	研修活动	资源工具	评价激励	研修内容	学习课程	组织管理	环境条件	研修社区	感知有用性	感知易用性	互动参与	共同体	指导者	情感支持	支持服务	技术支撑		个体整体	意愿态度	自我效能	行为	目标动机	经验直觉	感知有用	焦虑风险	学习风格	学习时间	使用成本
Liu	2010			*						*	*	*	*								*				*					
李文文	2014		*										*					*				*			*	*				
张豪锋	2012													*					*		**		*							
张敏	2014																									*	**			
Lai	2011											*		*	*	*						*				*				
李建生	2013					*							**																	
余明媚	2010									*					*					*	*	*		*						
郑生勇	2014									*											*									
杨丽娜	2012a		*	*	*					*			*						*											
张文兰	2013			*						*					*					*										
Sánchez	2010										*							*	*		*	*								
朱珂	2013									*	*	*					*				*					*				
马凌	2014		*	*	*						*	*		*	*													*		
戴卓	2014					*				*																		*		
路兴	2011						*			*		*					*		*		*	*			*	*				

续表

主要研究者（第一作者）	时间	研修设计							环境及社区				共同体及互动			支持帮助			主观规范	个人因素									其他	
		研修主题	研修活动	资源工具	评价激励	研修内容	学习课程	组织管理	环境条件	研修社区	感知有用性	感知易用性	互动参与	共同体	指导者	情感支持	支持服务	技术支撑		个体整体	意愿态度	自我效能	行为	目标动机	经验直觉	感知有用	焦虑风险	学习风格	学习时间	使用成本
Ngai	2007										*	*						*			*					*				
王珠珠	2006		*						*	*				*															*	
沈忱	2012		*	*					*	*				*								*					*	*		
邹应贵	2009												*	*	*															
李锋亮	2009												*		*		*					*		*			*	*		
常玮	2012											*										*				*	*			
肖爱平	2009			*			*		*	*			*					*		*		*		*						
胡勇	2014													**														*		
Teo	2009										*	*					*				*	*	*							
Teo	2011										*	*					*		*		*		*	*						
Yi	2003										*	*									*	*	*	*						
高峰	2010										*	*							*	*		*								
杨丽娜	2012b								*	*											*		*							
柏宏权	2013											*		*			*			*	*	*				*				
周园	2011								*		*	*														*	*			*
马卫民	2009	*				*				*			*				*		*							*		*		
总计		2	8	11	5	4	4	3	5	20	10	13	12	16	11	3	12	5	9	11	16	15	7	6	4	11	6	6	2	1
		37							48				39			20			9	82									3	

表 3-2　教师网络研修（在线学习）已有研究影响因素（独立）排序统计表

排序	因素	计数	排序	因素	计数
1	研修社区	20	16	目标动机	6
2	共同体	16	17	学习风格	6
3	意愿态度	16	18	焦虑风险	6
4	计算机自我效能	15	19	评价激励	5
5	感知易用性	13	20	环境条件	5
6	支持服务	12	21	技术支撑	5
7	互动参与	12	22	内容	4
8	资源工具	11	23	课程	4
9	指导者	11	24	经验直觉	4
10	个体整体	11	25	组织管理	3
11	感知有用	11	26	情感支持	3
12	感知有用性	10	27	研修主题	2
13	主观规范	9	28	学习时间	2
14	研修活动	8	29	使用成本	1
15	行为	7			

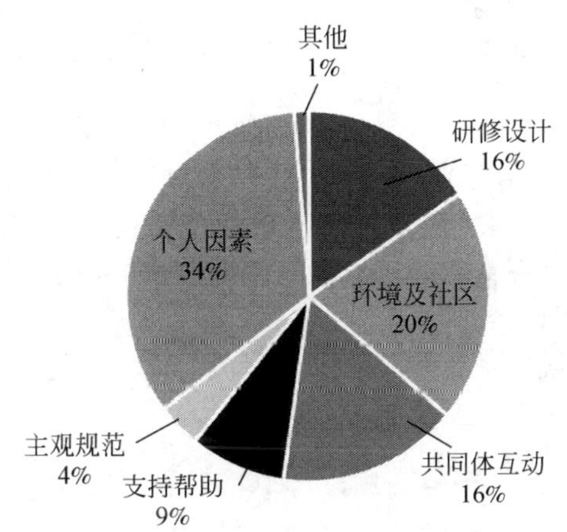

图 3-5　文献研究教师网络研修影响因素（分类）

结合理论假设基础和已有相关研究分析结果，在已有研究的基础上，笔者尝试提出教师网络研修影响因素指标（初拟），如图 3-6 所示。

指标由 7 个部分组成，分别为①个人因素，指教师个人因素对参与网络研修的影响，包括态度意愿、计算机自我效能、行为、目标动机、经验直觉、感知有用、焦虑风险、学习风格等。②研修设计，主要指研修主题设计、活动设计、资源工具设计、评价激励、研修内容、学习课程、组织管理等。③环境及社区，指网络、计算机配备等外部物理环境和网络研修社区设计对教师参与网络研修的影

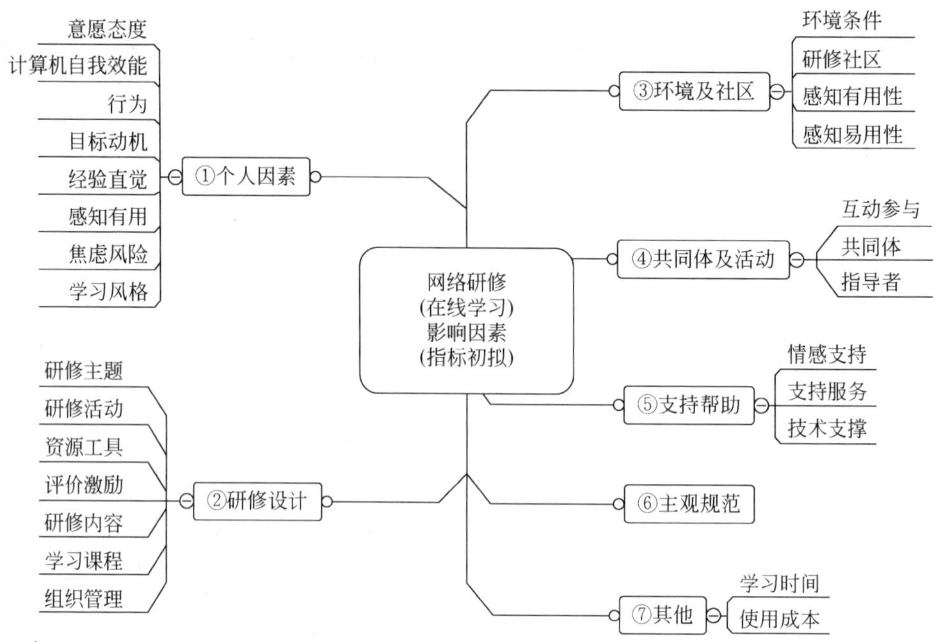

图 3-6 教师网络研修（在线学习）影响因素指标（初拟）

响，主要内容包括环境条件、研修社区、感知有用性、感知易用性等。④在线学习共同体和互动，指在教师线学习共同体及共同体内部角色间的互动对于参与网络研修的影响，包括互动参与、共同体、指导者。⑤支持帮助，指教师在研修过程中能够获得的支持服务、帮助等对参与网络研修的影响，包括情感支撑、支持服务和技术支持。⑥主观规范，主要是外界要求和压力对于教师参与网络研修的影响。⑦其他方面，学习时间和使用成本对教师网络研修的影响。

3.2 专家咨询

针对上述提出的教师网络研修影响因素指标（初拟），笔者采用专家咨询的方法对指标进行了修订。

3.2.1 确定专家组成员

3.2.1.1 专家人数

关于专家组的最佳人数并没有定论。Parenté和 Anderson-Patenté（1987）提出专家组成员最少要10人，而同质性的专家组有 10～15 人就足够。Delbecq 等（1975）

认为专家组成员最多应为 20～25 人。McCoy（2001）为了确定商业教育教师应具有的计算机技术能力水平，使用了 23 位成员的专家组。也有专家选择大规模的专家组开展研究，如 Murry 和 Hammonds（1995）选择了 35 位社区学院和专科学校的校长担任专家组成员，Parker 和 logan（1999）确定了 182 位成员构成的跨国组专家。随着专家组规模的扩大，信度提高到某一点就不再增加，尽管某些研究中专家组成员相当多，但一般认为 10～30 人就可以基本保证研究信度和效度。综合以上各学者的研究，本书选择 25 人作为咨询专家组成员，在实际研究过程中，有部分专家没有反馈专家咨询表，最终人数为 21 人。

3.2.1.2　专家来源

专家组的质量是保证专家咨询阶段信度和效度的关键因素，本书选择专家的条件如下。

（1）教育技术学专家：职称为副教授以上，在技术支持教师专业发展、教育信息化、网络社区（平台）研究方面有较强理论水平和丰富的实践经验。

（2）教育行政人员：教育行政管理者、中小学校长、教师网络研修组织负责人。

（3）教师培训机构负责人：组织、管理、技术等相关负责人。

（4）愿意参与并且能够全程参与此项工作。

3.2.1.3　专家组成员

基于以上设计原则和要求，本书中选取 19 位专家开展专家咨询。其中教育技术学专家 14 人，分别来自北京大学、清华大学、华中师范大学、华南师范大学、西北师范大学、浙江大学、辽宁师范大学、首都师范大学、山东师范大学、河南大学、聊城大学、广州大学、浙江师范大学等大学教育技术学领域内资深教授和副教授。教育行政部门专家 4 人，分别来自教育部教师工作司、中央电教馆教师培训部、海南省教研培训院、兰州市城关区，分别代表“国家-省-县”教育行政人员对网络研修影响因素的意见。教师培训机构 3 人，分别来自中国教师研修网、北京大学继续教育学院、高等教育出版社，代表了培训机构对于网络研修影响因素的意见和思考。

在实际研究过程中，将专家分为两组，一组专家参与第一轮专家咨询，主要通过专家咨询会议的形式开展，参与者有教育技术学专家、教育行政人员和教师培训机构相关负责人等。另一组专家参与二、三轮专家咨询，主要采取函询（网络网络问卷）、网络访谈等方式，收集专家对于网络研修影响因素的反馈意见。在三轮专家咨询的基础上，形成教师网络研修影响因素问卷指标体系。

3.2.2 第一轮专家咨询

首轮专家咨询采取专家咨询会议形式开展。把基于文献研究和理论梳理提出的教师网络研修（在线学习）影响因素指标（初拟）（图 3-6）在专家咨询会议中向全体专家呈现，各专家提出意见。此阶段具有一定的开放性，提供给专家组成员的是一些初步生成的信息，加工较少。图 3-7 为专家咨询会议现场。

图 3-7 第一轮专家咨询会议现场

在专家咨询会议中，部分专家提出意见如下。①教师网络研修社区影响因素要考虑社区发展与培训问题，整个培育过程需要考虑多方面因素，包括资源配置、研修团队、社区管理与服务等。②对网络研修社区的内涵和外延要明确界定，厘清教师网络研修和教师专业发展的关系，对于影响因素，应考虑技术、非技术、内部、外部、团队、个人、网络环境等方面的内容。③充分考虑网络研修社区的中心教师个人因素，重点梳理研修资源和教学资源、教师专业发展和教师网络研修等机制体制。④抓住混合式研修的关键因素，强调网络研修活动是一个从理论到实践的过程，网络研修社区建设从产品研发角度出发，在评价过程中引入第三方力量评估。

综合上述专家意见，发现各专家在考虑网络研修影响因素的时候，都是从宏观层面对教师网络研修核心要素进行梳理，主要包括网络研修社区、资源、教师个人、研修活动设计、研修支持服务团队、社区管理和评价等维度。同时，也有专家针对教师网络研修影响（在线学习）因素指标（初拟）提出具体修改意见：①指标体系结构性不足。②项目表述清晰程度有待提高。③指标体系不够细化、深入，应进一步深化指标体系。④进一步区别教师网络研修和教师在线学习因素，提出专门针对教师网络研修的指标体系。

针对专家修改意见，结合参考文献中的影响因素指标体系，笔者在教师网络研修（在线学习）影响因素指标（初拟）的基础上，修改提出教师研修影响因素指标（专家第一轮咨询结果），如图 3-8 所示。相比较网络研修（在线学习）影响因素指标（初拟），教师网络研修影响因素指标（第一轮专家咨询结果）更加细化、深入，对每个一级指标进行了进一步分解，形成了二级、三级指标。修改后的指标主要包括：①个人因素，包括基本情况、意愿、经验、教学情况（教学经验、教学方法、教学水平）、自我效能（信息技术能力、使用网络研修社区能力）、个人环境限制（工学矛盾、使用成本）、学习风格、作用认知。②平台及硬件环境，包括研修环境（网络情况、计算机拥有、平台稳定）、网络研修社区辅助（界面、导航、操作简便、具备搜索功能）、网络研修社区管理（个人管理、得分查看、去除无效信息、知识搜索与管理）、网络研修社区评价（合理评价激励机制、虚拟奖励）、网络研修社区其他（表情符、实名注册）、网络研修社区功能（多种研修活动、提供网络课程、实时交互）、网络研修采用技术（技术种类、移动 APP 支持）。

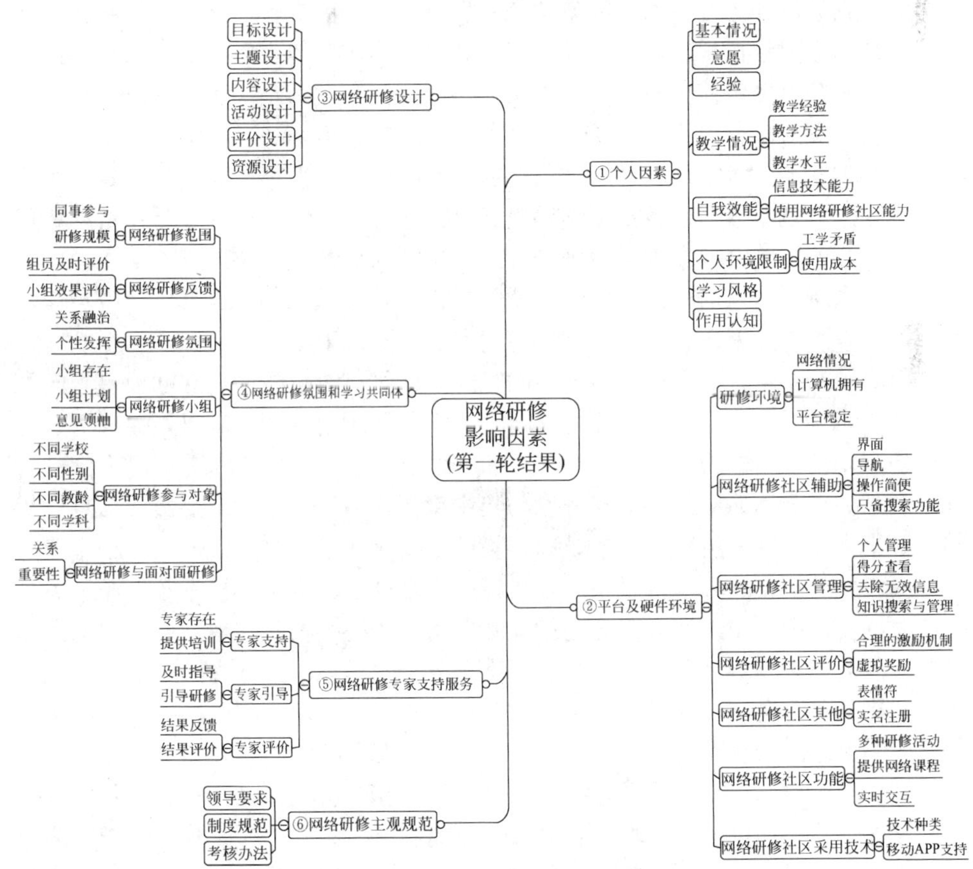

图 3-8　教师网络研修影响因素指标（第一轮专家咨询结果）

③网络研修设计，主要包括目标设计、主题设计、内容设计、活动设计、评价设计、资源设计。④网络研修氛围和学习共同体，包括网络研修范围（同事参与、研修规模）、网络研修反馈（及时评价、效果评价）、网络研修氛围（关系融洽、个性发挥）、网络研修小组（小组存在、小组计划、意见领袖）、网络研修参与对象（不同学校、不同性别、不同教龄、不同学科）、网络研修与面对面研修（关系、重要性）。⑤网络研修专家支持服务，包括专家支持（专家存在、提供培训）、专家引导（及时指导、引导研修）、专家评价（结果反馈、效果评价）。⑥网络研修主观规范，包括领导要求、制度规范、考核办法。

3.2.3 第二轮专家咨询

第二轮专家咨询采取函询（网络问卷）的方式开展，用量化的方法来统计和分析专家意见，并通过对问卷的设计来实现专家之间的交流，最后形成共识。网络问卷结构主要包括说明、指标项、修改意见等内容。前言主要对专家说明问卷的目的及任务，并将前一轮的问卷结果反馈给专家，使其全面了解情况。指标项是网络问卷调查的核心内容，采用李克特量表（Likert-scale）的形式，让专家根据实际情况勾选“很不重要”“不重要”“不确定”“重要”“很重要”等选项。修改意见是专家对于各指标项提出意见，包括“删除”“修改后保留”“保留”等。此外，网络问卷主题明确、问题集中，对问卷中的关键术语给予说明，使各位专家对这些术语在问卷中达成统一认识。在以上基础上，形成“中小学教师网络研修影响因素研究问卷（专家咨询表）”（附件 1）。

第二轮专家咨询问卷以网络问卷的方式发送给 18 位专家，共回收有效问卷 15 份，回收率为 83.3%。确定指标必要度，可从集中度（即专家对该指标适合度评价的平均值）、离散度（即专家对该指标适合度评价的分散程度、可用标准差 SD 衡量）、变异系数 C.V（即离散度与集中度的比值）三个方面的数据信息进行判断。集中度、离散度和变异系数都是指标必要度在某一方面的反映，集中度越大、离散度越小、变异系数越小，则指标必要度越高。由于变异系数来源于集中度和离散度，故集中度和离散度是指标必要度的主要判据。其中，以集中度最为重要，因为当专家群体对某一指标适合度评分一致很低时，其离散度很小，但不代表该指标高度必要，此时专家给出的是指标缺乏必要性的判断。因此，就指标必要度的上述三个表现层面而言，集中度是主要表现层面。

具体操作方面，李克特 5 点量表每个指标的重要性和相关性确定有两种方法：一是被评定的指标集中度（均值）达到 4 分或者更高；二是指标被至少 75%的专家组成成员评定为 4 或 5，都可以被判定为重要的和相关的。对每个指标的专家打分和意见进行分析，确定指标的重要性和相关性。此外，变异系数 C.V 是确定专家意见协调程度的重要指标，通过计算可以判断专家对每项指标的评价是否存在较大分歧，或找出高度协调专家组和持异端意见的专家。

3.2.3.1　“教师个人因素”指标统计结果与意见分析

分析发现，整体上各指标项的均值 $M>3.0$，证明专家认为各项指标都对网络研修存在一定的影响。其中，“教师参加网络研修的意愿”“教师智能水平（计算机操作水平、熟练使用网络教研社区能力）”“教师参加网络研修的动机（能力提升、解决教学问题、获得荣誉、得到晋升机会、与他人交流）”“教师对网络研修作用的认知”均值（M）>4.0，分别为 4.73、4.60、4.40、4.08，且标准差 SD 分别为 0.458、0.739、0.632、1.165，前三项均小于 0.8，证明专家认为前三项指标对于“网络研修中教师个体因素”比较重要和相关，并且专家意见也较为统一。对于“教师对网络研修作用的认知”，专家意见集中度较高（$M>4$），但专家意见离散程度也较大（SD>1），说明专家对于这一项重要性的意见存在较大差异，但从变异系数（C.V<0.3）较小来看，仍然认为这一项对于“教师个人因素”来讲，相关性较高。另外几项，“教师参加网络研修的经验（以前是否参加过）”“教师个人教学情况（教学水平、教学方法、教学经验）”“教师个人制约因素（工学矛盾、参加费用）”“教师学习风格”，均值 $M<4.0$，分别为 3.20、3.67、3.30、3.53，且离散度 SD 分别为 1.014、0.900、0.862、0.834，前三项均大于 0.8，依据评价标准删除相关指标。此外，依据专家意见，将“教师智能水平（计算机操作水平、熟练使用网络教研社区能力）”的描述修改为 TAM 理论中提到的“教师自我效能”。“教师个体因素”指标专家评价意见的集中度、离散度、变异系数，对部分指标的修改意见，以及依据专家意见所进行的修改情况见表 3-3。

表 3-3　“教师个人因素”指标统计结果与意见分析

序号	指标描述及修改意见	均值 M	标准差 SD	变异系数 C.V	修改结果
1	教师参加网络研修的意愿 *保留	4.73	0.458	0.10	保留
2	教师参加网络研修的经验（以前是否参加过） *建议删除	3.20	1.014	0.32	删除
3	教师个人教学情况（教学水平、教学方法、教学经验） *1.建议删除；2.好像没有必然联系；3.教师个人因素建议从内在因素（知、情、意）和外在因素两个方面组织	3.67	0.900	0.25	删除

续表

序号	指标描述及修改意见	均值 M	标准差 SD	变异系数 C.V	修改结果
4	教师个人制约因素（工学矛盾、参加费用） *删除	3.30	0.862	0.26	删除
5	教师智能水平（计算机操作水平、熟练使用网络教研社区能力） *建议改为教师技能水平	4.60	0.739	0.16	修改保留： 教师自我效能
6	教师参加网络研修的动机（能力提升、解决教学问题、获得荣誉、得到晋升机会、与他人交流）	4.40	0.632	0.14	保留
7	教师学习风格 *建议删除	3.53	0.834	0.24	删除
8	教师对网络研修作用的认知 *很多教师认识不到网络研修的作用，因此不愿意参与	4.08	1.165	0.29	保留

*表示专家修改意见

3.2.3.2 “平台及硬件环境因素”指标统计结果与意见分析

分析发现，整体上各指标项均值 M>3.0，证明专家认为各项指标都对网络研修存在一定的影响。其中，“网络研修社区支撑环境（网速、拥有计算机、平台稳定）”“网络研修社区界面、导航、操作简便、搜索功能”“网络研修社区功能（多种研修活动、提供网络课程、实时交互）”均值 M>4.0，分别为 4.33、4.00、4.13，且离散度 SD=0.617、0.926、0.834，均<0.8，证明专家认为这三项指标对于“网络研修中平台及硬件环境因素”比较重要和相关，并且专家意见也较为统一。“网络研修社区管理（个人管理、得分查看、去除无效信息、知识搜索与管理）”的专家意见集中度也比较高（M=3.939），且专家意见离散度不大（SD<1），并且有专家提出“可以合并，减少答题负荷”，鉴于指标描述内容主要是帮助教师方便进行个人管理，参考专家意见，归于指标“网络研修社区界面、导航、操作简便、搜索功能”中；有专家提出“修改表述，方便易用”，鉴于此，参考 TAM 模型，将指标 2、3 合并，并同意修改为“感知易用性”。指标“网络研修社区评价（合理的激励机制、虚拟奖励）”，专家意见集中度较低（M=3.47），专家意见离散度较大（SD>1），并且有专家提出“放在本模块下不合适”的修改意见，因此将指标修改，并从“平台及硬件环境因素”中删除。其余指标，“网络研修社区其他（表情符、实名注册）”“网络研修社区采用的技术”“教师网络研修终端可访问（支持 APP）”，专家意见集中度较低（M =3.07、3.13、3.83<4），且离散度较高（SD=1.10、0.83、0.94>0.8），同时结合专家“（对于技术）用户是不关注的，也感受不到，只关注功能”等修改意见，删除上述三项指标。在整体意见方面，有专家建议“（社区）方便、清晰、易上手即可，不需要太多的功能”，同时参考 TAM 模型，将“平台及硬件环境因素”整体分为“社区支撑环境”（原始保留）、“感知易用性”（合并 2、3 并进行适当修改）、“感知有用性”（合并 3、6 并进行适当修改）3 个指标。“平台及硬件环境因素”指标专家评价意见的集中度、离散度、变异系数，对部分指标的修改意见，以及依据专家意见所进行的修改情况见表 3-4。

表 3-4　“平台及硬件环境因素”指标统计结果与意见分析

序号	指标描述及修改意见	均值 M	标准差 SD	变异系数 C.V	修改结果
1	网络研修社区支撑环境（网速、拥有计算机、平台稳定） *保留	4.33	0.617	0.14	保留
2	网络研修社区界面、导航、操作简便、搜索功能 *保留；修改表述，方便易用	4.00	0.926	0.23	修改表述 感知易用性
3	网络研修社区管理（个人管理、得分查看、去除无效信息、知识搜索与管理） *可以合并，减少答题负荷	3.93	0.884	0.22	保留与 3、6 合并
4	网络研修社区评价（合理的激励机制、虚拟奖励） *放在本模块下不合适	3.47	1.060	0.31	修改后 放到研修设计
5	网络研修社区其他（表情符、实名注册） *删除	3.07	1.100	0.36	删除
6	网络研修社区功能（多种研修活动、提供网络课程、实时交互） *保留	4.13	0.834	0.20	合并修改后 保留
7	网络研修社区采用的技术 *表述模糊	3.13	0.834	0.27	删除
8	教师网络研修终端可访问（支持 APP） *对于用户是不关注的，也感受不到，只关注功能	3.83	0.937	0.24	删除

*表示专家修改意见

3.2.3.3 “网络研修设计因素”指标统计结果与意见分析

分析发现，整体上除“网络研修主题设计”外的各项指标均值 $M>4.0$，证明专家们普遍认为“网络研修目标设计”“网络研修活动设计”“网络研修内容设计”“网络研修资源设计”“网络研修评价设计”对于“网络研修中网络研修设计因素”比较重要和相关，并且专家意见也较为统一（离散度 SD<1）。但是针对“研修目标设计”“研修主题设计”“研修活动设计”，有多位专家提出 “厘清目标、主题、活动间的关系”“主题和目标、活动间的区分不是很大”等建议，可以看出专家们普遍认为研修活动、主题、活动、内容等密不可分、环环相扣。基于此，研究指标中将“研修目标设计”“研修主题设计”合并到“研修活动设计”，并且在设计中提出宏观层面大概念的“研修活动设计”。也有专家提出“明确内容和资源间的关系”，参考专家意见，将研究内容和研究资源合并，统称为“研修资源”，在定义时将“研修资源”包括教师参与研修的内容资源和辅助资源。基于数据结果和专家结果，将“网络研修设计因素”整体分为“网络研修活动设计”（综合目标、主题、内容、活动）、“网络研修资源设计”（综合内容和资源）和“网络研修评价设计”（保留）3 个指标。“网络研修设计因素”指标专家评价意见的集中度、离散度、变异系数，对部分指标的修改意见，以及依据专家意见所进行的修改情况见表 3-5。

表 3-5 “网络研修设计因素”指标统计结果与意见分析

序号	指标描述及修改意见	均值 *M*	标准差 SD	变异系数 C.V	修改结果
1	网络研修目标设计 *厘清目标、主题、活动间的关系	4.07	0.799	0.20	保留与 3 合并
2	网络研修主题设计 *主题和目标、活动间的区分不是很大	3.80	0.676	0.18	保留与 3 合并
3	网络研修活动设计	4.53	0.640	0.14	保留
4	网络研修内容设计 *内容和资源间的关系	4.17	0.916	0.22	保留与 3、6 合并
5	网络研修评价设计	4.27	0.802	0.19	保留
6	网络研修资源提供 *研修资料的设计和开发（很重要）	4.20	0.714	0.17	保留与 6 合并

*表示专家修改意见

3.2.3.4　“主观规范因素”指标统计结果与意见分析

分析发现，“网络研修主观规范”指标均值 *M*>4.0，证明专家们认为此项指标比较重要，但是离散度 SD=0.997<1，证明专家对于此项这边的意见比较分散。从专家的意见也可以看出，提出修改意见为 “删除”“保留”的专家都存在，也有专家认为“有制度要求强制参加的网络研修都不是好的研修”，同时有专家认为本项表述存在问题，应该区别不同的规范类型。综合各专家意见，同时参考“计划行为理论”中关于“主观规范”的描述，本书中认为“主观规范”对于我国教师参与网络研修具有积极的影响，因此本项指标将继续保留，但是修改为两个主要方面：①外部规范，主要包括领导要求、政策等。②群体影响，主要指教师群体的行为对个体参与网络研修的影响。主观规范因素指标专家评价意见的集中度、离散度、变异系数，对部分指标的修改意见，以及依据专家意见所进行的修改情况见表 3-6。

表 3-6　“主观规范因素”指标统计结果与意见分析

指标描述及修改意见	均值 *M*	标准差 SD	变异系数 C.V	修改结果
网络研修主观规范（领导要求、考核办法要求、研修制度） *删除；保留	4.37	0.997	0.32	修改后保留

*表示专家修改意见

3.2.3.5　“专家支持服务因素”指标统计结果与意见分析

分析发现，“网络研修专家支持（专家存在、提供培训）”“网络研修专家引导（及时指导、带领研修）”“网络研修专家评价（反馈结果、评价效果）”指标均值 *M*=4.47、4.40、4.20，且离散度 SD=0.834、0.632、0.862，说明专家们普遍认为该指标项比较重要且相关（*M*>4），并且专家们的意见一致性也较高（SD<1），因此指标都进行保留。但是对于“网络研修专家引导（及时指导、带领研修）”指标项，有专家提出修改意见和“网络研修专家支持（专家存在，提供培训）”区分度不大，所以在保留指标的同时，与“网络研修专家支持（专家存在，提供培训）”进行合并。“网络研修专家评价（反馈结果、评价效果）”一项有专家认为与网络研修设计中评价设计的区别度不高，因此在“专家支持服务因素”删除。“专家支持服务因素”指标专家评价意见的集中度、离散度、变异系数，对部分指标的修改意见，以及依据专家意见所进行的修改情况见表 3-7。

表 3-7 “专家支持服务因素”指标统计结果与意见分析

序号	指标描述及修改意见	均值 M	标准差 SD	变异系数 C.V	修改结果
1	网络研修专家支持（专家存在，提供培训）	4.47	0.834	0.19	保留与 2 合并
2	网络研修专家引导（及时指导、带领研修） *和 1 区分度不大	4.40	0.632	0.14	保留
3	网络研修专家评价（反馈结果、评价效果） *专家评价与网络研修设计中评价的区别	4.20	0.862	0.21	删除

*表示专家修改意见

3.2.3.6 “研修氛围和学习共同体因素”指标统计结果与意见分析

分析发现，整体上各指标项均值 $M>3.0$，证明专家认为各项指标都对网络研修存在一定的影响。其中，“网络研修范围（不同学校、性别、教龄、学科）”“网络研修与面对面研修（关系、重要性）”均值 $M<4.0$，分别为 3.13、3.19，离散度 SD=1.187、1.223，证明专家们总体认为这两项指标不重要，但是专家意见存在较大差距。从专家修改意见上看，对于“网络研修与面对面研修（关系、重要性）”指标，专家也给出了“删除”的意见。另外“网络研修互动（组员及时反馈、评价效果）”“网络研修氛围（关系融洽、个性发挥）”“网络研修小组意见领袖（意见领袖存在、引导言论）”几项均值 $M=4.00$、4.00、4.08>4.0，离散度 SD=0.926、0.845、0.876<1，证明专家认为这几项指标比较重要和相关，且专家意见比较集中。“网络研修组织（同事参与、研修人数）”“网络研修小组（小组存在、小组计划）”指标 $M=3.93$、3.93，非常接近 4.0，且离散度 SD 在 1.0 附近，专家们认为也比较重要，但是意见不统一。同时根据专家意见，“网络研修组织（同事参与、研修人数）”和“网络研修氛围（关系融洽、个性发挥）”密切相关，可以合并；“网络研修小组（小组存在、小组计划）”也是在“网络研修氛围（关系融洽、个性发挥）”中，可以修改后进行合并。除此之外，专家认为“网络研修互动（组员及时反馈、评价效果）”与其他指标不在同一个层次，“可以单列”，形成新的一级指标。综合专家意见，将“网络研修互动”形成一级指标，并列包括“专家支持服务因素”指标中的“专家引领”和“研修氛围和学习共同体因素”中的“网络研修互动（组员及时反馈、评价效果）”。修改后的“研修氛围和学习共同体因素”指标主要包括“网络研修氛围（关系融洽、个性发挥）”。“网络研修分为和学习共同体”指标专家评价意见的集中度、离散度、变异系数，对部分指标的修改意见，以及依据专家意见所进行的修改情况见表 3-8。

表 3-8　“研修氛围和学习共同体因素”指标统计结果与意见分析

序号	指标描述及修改意见	均值 *M*	标准差 SD	变异系数 C.V	修改结果
1	网络研修组织（同事参与、研修人数） *与 3 区别不大，可合并	3.93	1.033	0.26	与 3 合并
2	网络研修互动（组员及时反馈、评价效果） *保留；和专家也是交流互动；考虑单列	4.00	0.926	0.23	修改后保留
3	网络研修氛围（关系融洽、个性发挥） *保留	4.00	0.845	0.21	保留
4	网络研修小组（小组存在、小组计划）	3.93	0.961	0.24	与 2 合并
5	网络研修小组意见领袖（意见领袖存在、引导言论） *和 4 合并	4.08	0.876	0.21	修改后保留
6	网络研修范围（不同学校、性别、教龄、学科）	3.13	1.187	0.38	删除
7	网络研修与面对面研修（关系、重要性） *删除	3.73	1.223	0.33	删除

*表示专家修改意见

对于指标体系整体，专家也给出了修改意见：“似乎缺乏网络研修的交互、技术支撑等内容”“缺少技术层面对于网络研修的支持服务”“总的感觉系统性、结构性仍然不足”。针对专家提出的“网络研修交互（指标设计）不足”，本书在“专家支持服务因素”和“研修氛围和学习共同体因素”中均有所涉及，其中提到的“网络研修专家引导（及时指导、带领研修）”和“网络研修互动（组员及时反馈、评价效果）”代表网络研修中两种角色间的互动。同时，参考专家的意见，在第二轮专家咨询后，对“专家支持服务因素”和“研修氛围和学习共同体因素”进行结构调整，将“网络研修交互因素”单独提出，包括“网络研修小组意见领袖（意见领袖存在、引导言论）”“专家支持及引导（专家存在、及时指导、带领研修）”“专家和学习者之间的互动（组员及时反馈、评价效果）”。新增“支持帮助因素”一级指标，合并“研修氛围和学习共同体因素”中“网络研修氛围（关系融洽、个性发挥）”，新增“技术支持（技术问题解决、帮助）”。

3.2.4　第三轮专家咨询

在第二轮专家咨询的基础上，仍然采取函询（网络问卷）的方式，发放“中小学教师网络研修影响因素研究（专家咨询表）”（第三轮），请专家组专家填答并收集问卷。第三轮专家咨询问卷发送给 15 位专家，共回收有效问卷 11 份，回收率为 73.3%。统计结果从集中度（即专家对该指标适合度评价的平均值）、离散度（即专家对该指标适合度评价的分散程度、可用标准差 SD 衡量）、变异系数 C.V（即离散度与集中度的比值）三个方面的数据信息进行判断，量化的方法来统计和分析专家意见。统计结果如表 3-9 所示。

表 3-9 第三轮专家咨询指标统计结果与意见分析

序号	指标描述及修改意见	均值 *M*	标准差 SD	变异系数 C.V	修改结果
1-1	教师参加网络研修的意愿	4.83	0.408	0.08	保留
1-2	教师自我效能（计算机操作水平、熟练使用网络教研社区能力）	4.00	1.095	0.27	修改后保留
1-3	教师参加网络研修的动机（能力提升、解决教学问题、获得荣誉、得到晋升机会、与他人交流）	4.17	0.753	0.18	保留
1-4	教师对网络研修作用的认知	4.23	0.983	0.23	保留
2-1	网络研修社区支撑环境（网速、拥有计算机、平台稳定）	4.50	0.548	0.12	保留
2-2	网络研修社区易用性（导航清晰、操作简便、个人管理）	4.83	0.408	0.08	保留
2-3	网络研修社区有用性（多种研修活动、提供网络课程、实时交互）	4.67	0.516	0.11	保留
3-1	网络研修活动设计	4.33	0.816	0.19	保留
3-2	网络研修资源设计	4.50	0.837	0.19	保留
3-3	网络研修评价设计	4.00	0.894	0.22	保留
4-1	网络研修外部规范（领导要求、考核办法要求、研修制度）	4.33	0.516	0.12	保留
4-2	网络研修群体影响（同事参与、及时反馈）	4.00	0.894	0.22	保留
5-1	网络研修小组意见领袖（意见领袖存在、引导言论）	4.00	0.894	0.22	保留
5-2	网络研修专家支持及引导（专家存在，及时指导、带领研修）	4.67	0.516	0.11	保留
5-3	网络研修学习者之间互动（组员及时反馈、评价效果）	4.50	0.548	0.12	保留
6-1	网络研修情感支持（关系融洽、个性发挥）	4.17	0.753	0.18	保留
6-2	网络研修技术支持（技术问题解决、技术帮助）	4.00	0.632	0.16	保留

分析发现，整体上各指标项均值 M>4.0，证明专家认为各项指标对于“教师参与网络研修”比较相关和重要；标准差 SD 除“1-2 教师自我效能（计算机操作

水平、熟练使用网络教研社区能力）”外均小于 1，可见专家们的意见也非常集中。专家评语方面，有专家提出，在个人因素方面，“认知和意愿是递进关系，建议放到题号临近位置”，考虑到 1-2“计算机自我效能（计算机操作水平、熟练使用网络教研社区能力）”SD=1.095>1，同时参考专家意见，将 1-2“计算机自我效能（计算机操作水平、熟练使用网络教研社区能力）”表述修改为计算机自我效能（计算机操作能力、网络操作能力），并将题号调整为 1-4，后面的题目依次提前。同时，有专家提出意见，支持帮助影响方面，“感觉与其他题项有重叠的地方，好像独立性不强，又很难说清楚”。支持帮助因素包括“网络研修情感支持（关系融洽、个性发挥）”和“网络研修技术支持（技术问题解决、技术帮助）”，其中情感支持在“主管规范”和“网络研修交互”中有稍微体现，但并不明显，技术问题帮助在“网络研修社区”中有所体现但并不明显。专家意见中关于两项指标的“重叠、独立性不强”的修改意见也较为中肯，但研究者仍然认为“支持帮助”作为网络研修影响因素的一级指标非常重要，同时考虑到两项指标专家评分均值 M=4.17、4.00，标准差 SD=0.753、0.632，专家意见集中也统一，因此指标项保留，不予修改。经过三轮专家咨询修改后的网络研修影响因素指标如图 3-9 所示。

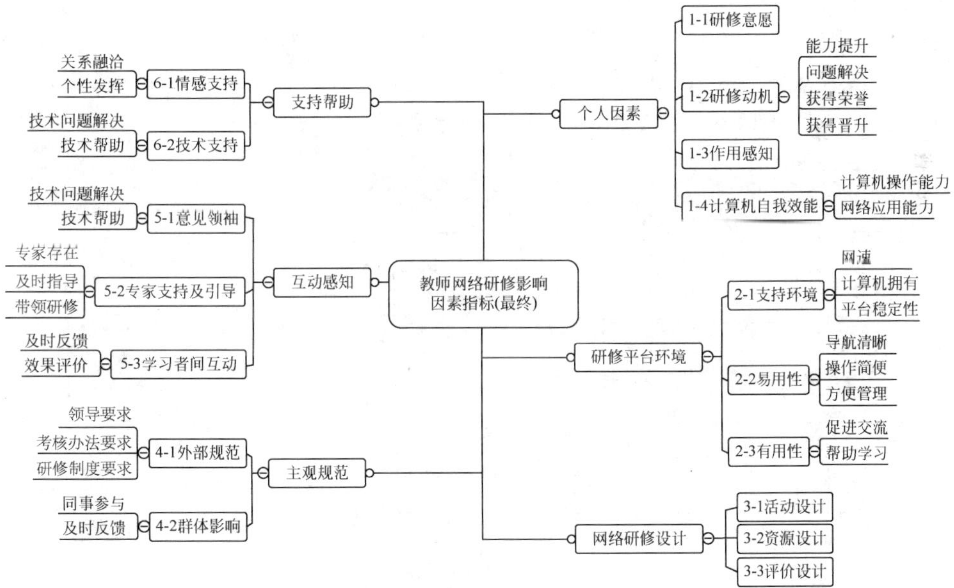

图 3-9　教师网络研修影响因素指标（第三轮专家咨询结果）

3.3　网络研修核心影响因素框架

在三轮专家咨询的基础上，构建教师网络研修影响因素框架，如图 3-9 所示。包括 7 个要素：个人因素、研修平台环境、网络研修设计、主观规范、互动感知、支持帮助、教师网络研修。①个体因素，由研修意愿、研修动机（能力提升、问题解决、获得荣誉、获得晋升）、作用感知和计算机自我效能（计算机操作能力、网络应用能力）4 个子要素构成。②研修平台及环境，由支撑环境（网速、计算机拥有、平台稳定性）、易用性（导航清晰、操作简便、方便管理）和有用性（促进交流、帮助学习）3 个子要素构成。③网络研修设计，由活动设计、资源设计和评价设计 3 个子要素构成。④主观规范，由外部规范（领导要求、考核办法要求、研修制度研究）和群体影响（同事参与、及时反馈）2 个子要素构成。⑤互动感知，由意见领袖（意见领袖存在、引导言论）、专家支持及引导（专家存在、及时支持、带领研修）和学习者间互动（及时反馈、效果评价）3 个子要素构成。⑥支持帮助，由情感支持（关系融洽、个性发挥）和技术支持（技术问题解决、技术帮助）2 个子要素构成。所有要素和子要素共同对于“教师网络研修”这一个核心要素之间存在影响。此外，TAM 模型、计划行为理论以及相关文献等对于网络研修结果表征等多从网络研修态度、行为等方面进行阐述，教师专业发展结果也可以从态度、行为、能力等方面进行阐述。基于以上认识，提出网络研修影响因素及关系框架图，如图 3-10 所示，可以概括如下。

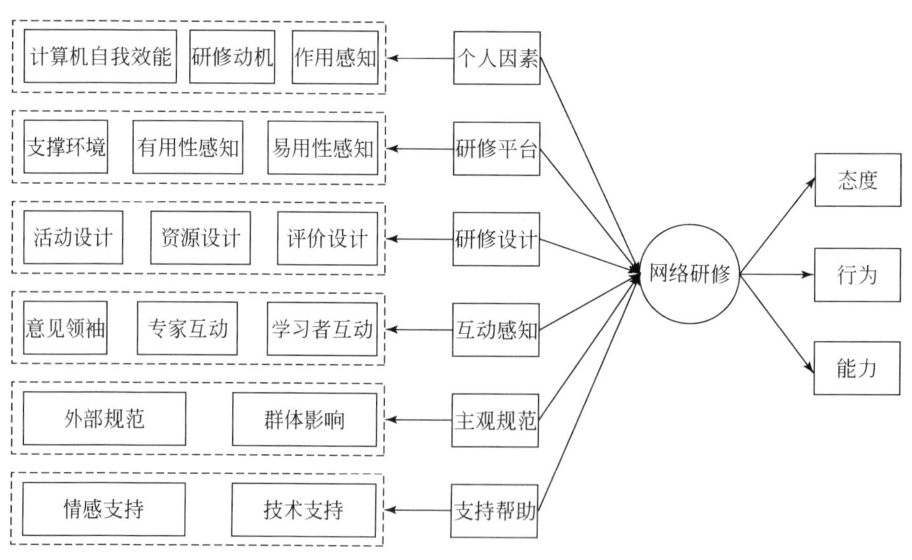

图 3-10　教师网络研修核心影响因素

（1）教师个人因素对于教师网络研修存在显著影响：包括教师人口学特征等基本情况、计算机自我效能、研修动机、研修意愿、研修作用感知。

（2）研修社区设计对于教师网络研修存在显著影响：包括支撑环境、网络研修社区有用性感知、网络研修社区易用性感知。

（3）研修设计对于教师网络研修存在显著影响：包括网络研修活动设计、网络研修资源设计、网络研修评价设计。

（4）互动感知对于教师网络研修存在显著影响：包括意见领袖、专家互动、学习者互动。

（5）主观规范对于教师网络研修存在显著影响：包括外部规范和群体影响。

（6）支持帮助对于教师网络研修存在显著影响：包括情感支持和技术支持。

第 4 章　网络研修影响因素的作用关系分析

本章内容是在第 3 章的基础上，通过问卷设计、问卷调查、数据分析探讨中小学教师网络研修因素对于中小学教师网络研修态度、行为、能力的作用程度。在三轮专家咨询的基础上，进一步凝练指标，形成教师网络研修影响因素教师问卷指标体系。在此基础上，通过已有文献中关于网络研修影响（教师在线学习）因素的问卷题项，进行相应的删除、修改、新增，开发教师问卷，并利用 SPSS 进行科学分析，最终形成教师网络研修影响因素及作用关系，如图 4-1 所示。

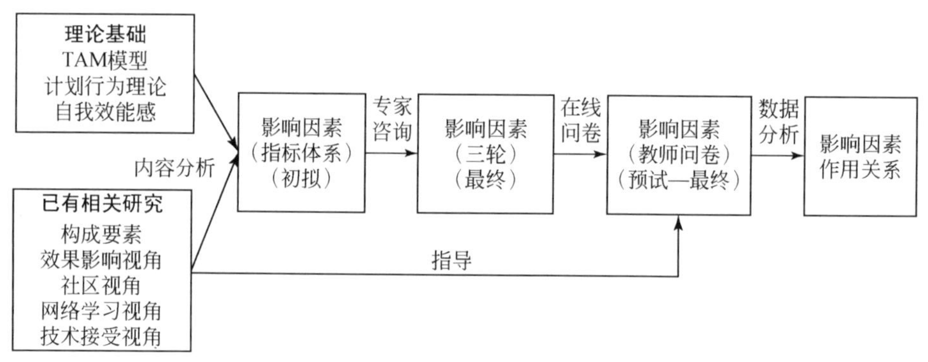

图 4-1　教师网络研修影响因素模型研究过程

4.1　问 卷 设 计

4.1.1　问卷项目来源

问卷设计是问卷调查研究的基础和关键。弗洛德 • J • 福勒（2010）提出有四个因素可能会导致被试回答不准确：①被试不了解问题答案信息。②被试无法回忆问题答案信息。③被试不愿意回答问题。④被试无法理解问题。马庆国（2004）提出，从四个角度来评价问题：①研究目的，问题的内容效度问题。②文献综述，从已有的文献相关调研中，找到相应的问题，对比加以衡量。③假说的提出，即针对各变量，提出其间关系的假说。④数据处理，确定对问题的测量方式。诺曼·布拉德伯恩等（2011）提出了问卷设计的步骤：确定需要的信息；检索有关的文库，查找有关感兴趣主题的显存问题和量表；草拟新的问题或修订现有的问题；把问题按顺序排列；确定问卷的格式；对可能预先编码的回答选项作预编码；对问卷初稿进行前测性访谈，并征求同行的意见；修订问卷初稿，并由自己、朋友或合笔者对修订后的问卷进行测试；为访谈员准备一份简单的访谈说明，无论是从说明文字中发现的问题，还是在访谈员培训过程中发现的问题，都要针对发现的问题对问卷作相应修订；在一个与我们对之作正式抽样的全域或总体相似的小样本上（20～50）做测试；从访谈员对回答人的书面评语或访谈员的工作报告中收集意见；删除那些无法对回答人做出区别或无法提供研究所需要的专门信息的问题；修订那些可能存在困难的问题；如果修订量很大，需要再次进行试调整；如果发现访谈员说明文字有问题，就需要进行修订与最终定稿；在访谈员的培训以及最初访谈过程中，务必对任何可能出现的新问题保持警惕，在问题确实很严重的时候，还需要立即停止调查，在修改后的新说明分发给访谈员之后，调查方可重新开始；访谈完成后，分析访谈员的报告表，并征询访谈员和编码员，以确定是否存在可能影响分析的问题；将从该调查问卷中得到的经验用于未来的调查研究计划。

按照以上要求和原则，笔者对问卷进行了设计。①文献阅读，阅读大量相关文献，尽量引用已经成型的问卷项目，根据本书需要进行修订。②通过小规模访谈和专家咨询，确定已有文献中没有的测量项目。③开展预测试，通过预测试来测试问卷的有效性。④修订原有的测试项目，确定最终的问卷。

对教师网络研修影响因素及作用关系中各影响因素的维度构建，主要通过对文献中已经成型的问卷项目、专家咨询、通过访谈自拟等方式进行问卷项目设计。其中，通过文献研究，已有的成型问卷项目和本书的对应关系如表 4-1 所示。

表 4-1　问卷项目参考来源

一级指标	二级指标	参考来源
个人因素	基本信息	李锋亮等（2010）
	研修动机	李锋亮等（2010）
	作用感知	朱珂和刘清堂（2013）、柏宏权（2013）、李文文（2014）、Chiu 和 Wang（2008）
	计算机自我效能	李锋亮等（2010）、Yi 和 Hwang（2003）、Gong 等（2004）、Collis 等（2000，2001）、路兴等（2011）

续表

一级指标	二级指标	参考来源
研修社区	支撑环境	—
	有用性感知	朱珂和刘清堂（2013）、Davis（1989）、Davis 等（1989）、Teo（2011）、Yi 和 Hwang（2003）、Teo（2009）、Sánchez 和 Hueros（2010）、Ngai 等（2007）、Lau 和 Woods（2008）、路兴等（2008）
	易用性感知	朱珂和刘清堂（2013）、Davis（1989）、Davis 等（1989）、吴筱萌等（2011）、李肖锋等（2012）、柏宏权（2013）、Teo（2011）、Yi 和 Hwang（2003）、Teo（2009）、Sánchez 和 Hueros（2010）、路兴等（2008）
研修设计	活动设计	吴筱萌等（2011）、Wang 和 Reeves（2007）、杨丽娜等（2012a，2012b）
	资源设计	李锋亮等（2010）、Gefen 等（2003）、杨丽娜等（2012a，2012b）
	评价设计	—
互动感知	意见领袖	李肖锋等（2012）
	专家互动	李锋亮等（2010）、吴筱萌等（2011）
	学习者互动	李锋亮等（2010）、胡凡刚和李文波（2011）、李肖锋等（2012）、马凌等（2014）、李文文（2014）、Dholakia 等（2004）、Wang 和 Fesenmaier（2004）、Razak 和 See（2010）、Xie 和 Ke（2011）
主观规范	外部规范	李锋亮等（2010）、杨丽娜等（2012a，2012b）、马凌等（2014）、Lai 和 Chen（2011）、路兴等（2011）
	群体影响	Teo（2011）、Lai 和 Chen（2011）、路兴等（2011）
支持帮助	情感支持	胡凡刚和李文波（2011）、李肖锋等（2012）
	技术支持	Teo（2009）、路兴等（2011）、李锋亮等（2010）
网络研修	态度	朱珂和刘清堂（2013）、杨丽娜等（2012a，2012b）、柏宏权（2013）、马凌等（2014）、Teo（2011）、Compeau 和 Higgins（1995）、Teo（2009）、Sánchez 和 Hueros（2010）、路兴等（2011）、Ngai 等（2007）
	行为	杨丽娜等（2012a，2012b）、柏宏权（2013）、马凌等（2014）、Teo（2011）、Teo（2009）、Sánchez 和 Hueros（2010）
	能力	—

4.1.1.1 “个人因素”各项目来源

朱珂和刘清堂（2013）、路兴等（2011）、Lai 和 Chen（2011）、李锋亮等（2010）、Teo（2009）、柏宏权（2013）等对“个人因素”进行了调查设计，通过归纳主要有以下内容。

（1）教师网络研修有用性感知：①增加了我能力提升的机会。②帮助教师高效利用学习资源。③帮助教师灵活开展教学活动。④提高工作效率。⑤提升教学效果。⑥是有用的学习方法。⑦使我更快地完成自己的学习任务。⑧对我的工作有用。

（2）个人基本因素：①性别。②年龄。③婚姻。④是否有小孩。⑤工作情况。

（3）学习动机：①对学习感兴趣。②使生活更充实。③想换更好的工作。④能力提升的需要。

（4）计算机自我效能：①我有信心可顺利地使用教学平台。②我有信心可顺利地使用教学平台进行课后答疑辅导。③我有信心可以使用教学平台的各种功能进行教学。

为了使调查内容更加符合教师参与网络研修的情况，笔者对以上题目内容进行了修改、删除。

（1）教师网络研修有用性感知中第①、⑧项保留，第③项修改为“能够获得更多交流机会”，第⑥项修改为“解决了教学中存在的困难和疑惑”。

（2）第①、②项保留，其余项删除，新增“学校所属市”“学校所在地（城市、农村）”“民族”“教龄”“使用网络的时间”“最高学历”“任教学科”“接触网络研修时间”“参与网络研修频率”项目。

（3）学习动机中第③、④项保留，第①、②项删除，新增“解决教学问题”和“与其他教师交流”。

（4）计算机自我效能：已有问卷表述都不符合本书的需要，即删除第①～③项。新增“我能够熟练使用计算机”“我掌握使用计算的基本方法和技能”“我能够利用计算机辅助我完成工作”“我认为上网是一件容易的事情”“我对网络使用较为熟练”“我感觉离不开网络”“我经常使用网络，如聊天，购物等”项目。

4.1.1.2　“研修社区”各项目来源

朱珂和刘清堂（2013）、吴筱萌等（2011）、李肖锋等（2012）、柏宏权（2013）、Teo（2011）、Yi 和 Hwany（2003）、Ngai 等（2007）、Teo（2009）、Sánchez 和 Huero（2010）、Liu 等（2010）等对“研修社区因素”进行了调查设计，通过归纳主要有以下内容。

（1）有用性感知：①使用平台获得更多交流机会。②使用平台提高学习成绩。③使用平台解决难于处理的学习问题。④使用平台提高教学效率。⑤促使我更快地完成工作。⑥提高我的表现。⑦提高我的创造性。⑧提高我的效率。⑨很有用。⑩帮助学习。⑪学习更加有效。⑫学习更加容易。⑬提高我的有效性。⑭提高我的学习表现。⑮增加我的生产力。

（2）感知易用性：①社区的操作界面友好。②社区容易使用。③社区对我来说很容易。④社区登录方便。⑤社区使用起来非常便利。⑥我能熟练使用社区进行讨论。⑦使用平台时不会误操作。⑧使用平台时没有使用帮助文件。⑨使用平台时认知负荷较低。⑩社区的安全性我很放心。⑪社区中功能并不复杂，比较容易掌握。⑫社区界面很美观，功能很好用。⑬我所使用的社区网站比较稳定。⑭社区中的资源是容易获得的。⑮社区中的活动是清晰且容易理解的。

为了使调查内容更加符合教师参与网络研修的情况，笔者对以上题目内容进行了修改、删除。

（1）有用性感知：第①、⑨、⑩项保留，其余项删除，新增项“我希望网络研修社区能够分享我的知识”。

（2）感知易用性：第①、②、④项保留，将第⑬项“我所使用的社区网站比较稳定”修改为“我认为网络研修社区性能稳定、响应速度快很重要”。

4.1.1.3 “研修设计”各项目来源

李锋亮等（2010）、杨丽娜等（2012a，2012b）、吴筱萌等（2011）对“研修设计因素”进行了调查设计，通过归纳主要有以下内容。

（1）研修活动设计：①社区活动主题性很强。②社区学习活动与学习任务很相关。③社区学习活动交互性很强。④社区讨论话题可以让我从多个层次思考问题（比如：分析、评价），发挥余地比较大。⑤社区讨论话题难度适中，容易引起讨论。⑥我对社区讨论话题感兴趣，想发表自己的看法。

（2）研修资源设计：①社区资源与我的学习需求很相关。②社区资源主题能满足我的学习需要。③社区资源新颖并易于理解。

（3）研修评价设计：没有找到文献参考项目。

为了使调查内容更加符合教师参与网络研修的情况，笔者对以上题目内容进行了修改、删除。

（1）研修活动设计：第②项保留，将第⑥项修改为“我认为网络研修活动形式丰富多样很重要”，其余项删除，新增“我认为网络研修活动的设计很重要”。

（2）研修资源设计：第①、②、③项保留，新增“我希望网络研修资源能够帮助我进步”项。

（3）研修评价设计：通过专家咨询，新增“我认为网络研修评价合理很重要”“我认为网络研修有合理的激励规则很重要”“我认为网络研修评价很重要”三项。

4.1.1.4 “互动感知”各项目来源

李肖锋等（2012）、李锋亮等（2010）、马凌等（2014）、吴筱萌等（2011）、胡凡刚和李文波（2011）、李文文（2014）对“互动感知因素”进行了调查设计，通过归纳主要有以下内容。

（1）意见领袖：①社区某些成员具有明显的权威。②社区中，某些成员所讨论的问题经常会起到引导社区言论的作用。③喜欢引用社区成员的观点。④管理员在引导社区成员言论导向的作用很重要。⑤社区灵魂人物对在线学习有很大影响。

（2）专家-学习者互动：①我在意能够在课程网站上实现和老师之间的互动交流。②我在意能够在课程网站上实现和同学等其他成员之间的交流。③在讨论中，同学对某个问题提出疑问时，老师会提供自己的观点和相关知识链接，增强学生对问题的理解。④当同学在讨论中出现分歧时，老师会引导学生发表不同意见或建议进行自我反思。⑤老师在讨论中，及时对学生的讨论进行反馈、评价和总结。⑥老师鼓励学生在讨论中说出自己的真实感受，促进学生之间有意义的沟通。

（3）学习者-学习者互动：①明确的社区交往目标有利于社区归属感的形成。②他人及时的反馈有利于社区归属感的形成。③他人的积极跟帖对社区交往影响很大。④我可以结识到新朋友。⑤我可以与朋友保持联系。⑥我可以拓展人际关系网络。

为了使调查内容更加符合教师参与网络研修的情况，笔者对以上题目内容进行了修改、删除。

（1）意见领袖：第①项保留，第③项修改为“我在发表言论时会考虑核心成员的意见”，新增“核心成员对我参与网络研修活动影响比较大”。

（2）专家-学习者互动：第①项修改为“我愿意与网络研修中的辅导专家进行交流”，第⑤项修改为“我希望能够得到专家的指导和反馈”，其余项删除。新增“我会根据专家的要求进行网络研修活动”项目。

（3）学习者-学习者互动：第④项保留，将第⑤项修改为“我愿意和同伴进行沟通和交流”，第⑥项修改为“我可以从同伴那里获得有用的信息”，新增“我希望得到同伴的及时反馈”项目。

4.1.1.5　“主观规范”各项目来源

李锋亮等（2010）、马凌等（2014）、路兴等（2011）、杨丽娜等（2012a; 2012b）、Teo（2011）、Lai 和 Chen（2011）等对“互动感知因素”进行了调查设计，通过归纳主要有以下内容。

（1）外部规范：①我校目前有一些促进教师在教学中使用平台的鼓励性政策。②我认为，我所在院系/部门的领导非常支持在教学中应用。③学校承诺在教学中使用博客的意愿。④学校承诺支持我用博客进行教学的努力。⑤学校大力鼓励利用博客进行教学。⑥学校将认可我使用博客教学的努力。⑦使用博客教学对于学校是很重要的。

（2）群体影响：①对我有重要影响的人（老师、同学等）认为我应该使用课程网站。②对我有重要影响的人（老师、同学等）赞同我使用课程网站。③我所在的群体都倾向于认为使用课程网站是个好主意。④我认为，我周围的同事们很支持在教学中使用。⑤我认为，我的学生非常赞同我在教学中使用。⑥我的教师同事们认为，使用教学博客是有教学价值的。⑦我的同事教师的意见对我很重要。⑧如果我的大部分同事都开始使用教学博客支持自己的教学，会促使我也这样做。

为了使调查内容更加符合教师参与网络研修的情况，笔者对以上题目内容进行了修改、删除。

（1）外部规范：第①项修改为“我认为网络研修有明确的文件要求很重要”，第②项修改为“我认为网络研修中领导能够重视很重要”，其余项删除，新增“我认为网络研修中获得领导认可很重要”“如果有明确的要求和规范，我就会参与网络研修”项目。

（2）群体影响：第⑦项保留，第④项修改为“我会参考同事的意见”，第①项修改为“参与网络研修能够获得同事的认可”，第②项修改为“我的教师同事们认为，参与网络研修是有价值的”。

4.1.1.6 “支持帮助”各项目来源

李锋亮等（2010）、胡凡刚和李文波（2011）、李肖锋等（2012）等对“支持帮助因素”进行了调查设计，通过归纳主要有以下内容。

（1）情感支持：①社区中的整体的学习氛围对我影响很大。②社区的个性特色对学习有很大影响。③网络社交活动中，我认为信任、尊重、坦诚是最重要的。④你和社区中其他成员的关系相处很融洽。⑤社区给你的感觉就像一个大家庭。⑥你喜欢在社区里发布一些图片分享自己的快乐。⑦你经常得到社区其他成员的回帖。

（2）技术支持：没有找到文献参考项目。

为了使调查内容更加符合教师参与网络研修的情况，笔者对以上题目内容进行了修改、删除。

（1）情感支持：第③、⑤项保留，将第①项修改为“如果身边网络研修的同事很多，会吸引我参与”，其余项删除，新增“我认为团队中信任、尊重、认可很重要”项目。

（2）技术支持：通过专家咨询，自编新增“当有技术问题存在时，技术支持很关键”“当有技术问题存在时，技术支持 QQ 群很重要”“当有技术问题存在时，研修社区帮助文档很必要”“当有技术问题存在时，研修社区技术支持很有用”。

4.1.1.7 “网络研修结果表征”各项目来源

朱珂和刘清堂（2013）、马凌等（2014）、Ngai 等（2007）、Teo（2009）、Teo（2011）、柏宏权（2013）等对“网络研修结果表征”进行了调查设计，通过归纳主要有以下内容。

（1）使用意愿：①我喜欢基于虚拟社区的学习方式。②我愿意使用虚拟学习资源来促进学习。③愿意探索平台丰富的功能。④我认为使用课程网站是个好主意。⑤我赞成使用课程网站。⑥我对使用课程网站很感兴趣。⑦我会推荐别人使用课程网站。⑧如果还没使用过课程网站，我打算使用。⑨如果已经使用过课程网站，我会继续使用。⑩如果已使用过课程网站，我会更加频繁使用。⑪我愿意在虚拟学习社区中分享学习经验。⑫教师专业发展虚拟社区使工作变得更有趣。⑬我赞成使用课程网站。⑭使用基于 Web 的学习是一个好主意。⑮总之，我很喜欢基于 Web 的学习。

（2）使用行为：①我打算将来继续使用。②我期望在将来能够继续使用。③我有机会继续使用。④一旦我使用技术，我发现难以停止。⑤我期待这使用技术能够解决我工作中的问题。

（3）能力提升：没有找到文献参考项目。

为了使调查内容更加符合教师参与网络研修的情况，笔者对以上题目内容进行了修改、删除。

（1）使用意愿：第①、⑪、⑫、⑮保留，并适当修改表述。其余项删除。

（2）使用行为：第①、②项保留，并适当修改表述。将第⑤项修改为“我今后会继续利用网络研修与别人交流”。其余项删除。

（3）能力提升：通过专家咨询，自编新增“我认为参与网络研修对我的能力提升有帮助”“通过网络研修，我学习到很多有用的知识”“通过网络研修，我的计算机水平有所提高”“网络研修中的收获对促进我的教学有所帮助”项目。

4.1.2　问卷主要内容

问卷的结构，一般包括前言、主题、结语、编码四部分。也有专家认为问卷主要由封面信、填表说明、访问情况表、访问意见表和正表（问题表）等组成，其中正表主要包括问题表、编码和编码序号或栏码。本书中问卷设计也遵从上述理论，问卷结构分为封面信、说明、问题表、结语、编码等部分。

（1）封面信：主要向填答教师说明本次问卷调查的意义和总体要求。

（2）说明：向填答教师说明填达的具体要求、过程方法和相关注意事项。

（3）问题表：本次问卷调查的核心内容，向填答教师呈现问卷的本书中的自变量和因变量。具体包括：个人因素、网络研修社区、网络研修设计、交互感知、主观规范、支持帮助等对网络研修的影响以及网络研修影响的表征。还包括教师个人基本情况：学校所在地、性别、教龄、年龄、学历、学科、网络使用时间、网络研修时间等问题。

（4）结语：对填答教师表示感谢。

（5）编码：对问卷中的条目进行编码，便于统计分析。

4.1.3 问卷分析工具

本书的主要分析工具是 SPSS22.0，主要是对问卷的数据进行基本统计分析、因子分析、路径分析。

4.1.4 问卷项目内容

通过 4.1.1 节中对于问卷内容的设计，一共得出 73 个测试项目，采取 Likert 5 点量表计分，其中 1 代表“非常不符合”、2 代表“不符合”、3 代表“不确定”、4 代表“符合”、5 代表“完全符合”。测量项目在预试前，选择西北师范大学的 10 名教育技术学研究生和兰州市城关区 10 名中小学教师填写，并与填写者进行了访谈，没有发现测量项目存在语义不清等问题。此外，设计 12 道单选题，了解填答教师的人口学信息和基本情况。具体测量项目整体情况如表 4-2～表 4-8 所示。

表 4-2 “个人因素”问卷调查项目

一级变量	二级变量	编号	测量项目
个人因素	计算机自我效能	CSE1	我能够熟练使用计算机
		CSE2	我掌握使用计算的基本方法和技能
		CSE3	我能够利用计算机辅助我完成工作
		CSE4	我认为上网是一件容易的事情
		CSE5	我对网络使用较为熟练
		CSE6	我感觉离不开网络
		CSE7	我经常使用网络，如聊天、购物等
	作用感知	PM1	参与网络研修，能够获得更多交流机会
		PM2	参与网络研修，使我学到了很多知识
		PM3	参与网络研修，使我能力得到提升
		PM4	参与网络研修，解决了我教学中存在的困难和疑惑
		PM5	我认为参与网络研修对我的工作有用
	测谎题	—	网络研修对我没什么用处

表 4-3　“研修社区”问卷调查项目

一级变量	二级变量	编号	测量项目
研修社区	感知易用性	PEU1	我认为网络研修社区操作简便很重要
		PEU2	我认为网络研修社区界面友好、页面美观很重要
		PEU3	我认为网络研修社区性能稳定、响应速度快很重要
		PEU4	我认为能够顺利地登录网络研修社区很重要
	感知有用性	PU1	我希望网络研修社区能够方便我和其他教师进行交流
		PU2	我希望网络研修社区能够分享我的知识
		PU3	我希望网络研修社区促进我的学习
		PU4	我希望网络研修社区对我很有用处
	测谎题	—	我认为网络研修社区对我没有用处

表 4-4　“研修设计”问卷调查项目

一级变量	二级变量	编号	测量项目
网络研修设计	活动设计	OAD1	我认为网络研修活动设计很重要
		OAD2	我认为网络研修活动形式丰富多样很重要
		OAD3	我认为网络研修活动与学习任务相关很重要
		OAD4	我认为网络研修活动任务明确很重要
	资源设计	ORD1	我希望网络研修资源能满足我的学习需求
		ORD2	我希望网络研修资源新颖并易于理解
		ORD3	我希望网络研修资源与我的学习需求相关
	评价设计	OED1	我希望网络研修资源能够帮助我进步
		OED2	我认为网络研修评价合理很重要
		OED3	我希望网络研修有合理的激励规则
		OED4	我希望网络研修有明确的评价指标

表 4-5　“互动感知”问卷调查项目

一级变量	二级变量	编号	测量项目
互动感知	意见领袖	OL1	社区中某些成员具有明显权威性
		OL2	我在发表言论时会考虑核心成员的意见
		OL3	核心成员对我参与网络研修活动影响比较大
	专家交互	EI1	专家在网络研修中很重要
		EI2	专家在引导社区成员言论的导向作用很明显
		EI3	我希望能够得到专家的指导和反馈
		EI4	我会根据专家的要求进行网络研修活动

续表

一级变量	二级变量	编号	测量项目
互动感知	学习者交互	LI1	我愿意和同伴进行共同学习
		LI2	我愿意和同伴进行沟通和交流
		LI3	我希望从同伴那里获得有用的信息
		LI4	我希望得到同伴的及时反馈
		LI5	我希望在网络研修中结识很多伙伴

表 4-6 “主观规范”问卷调查项目

一级变量	二级变量	编号	测量项目
主观规范	外部规范	EN1	我认为网络研修中领导能够重视很重要
		EN2	我认为网络研修中获得领导认可很重要
		EN3	我认为网络研修有明确的文件要求很重要
		EN4	如果有明确的要求和规范，我就会参与网络研修
	群体影响	GI1	我会参考同事的意见
		GI2	我同事的意见对我很重要
		GI3	参与网络研修能够获得同事的认可
		GI4	我的教师同事们认为，参与网络研修是有价值的

表 4-7 “支持帮助”问卷调查项目

一级变量	二级变量	编号	测量项目
支持帮助	情感支持	ES1	如果身边网络研修的同事很多，会吸引我参与
		ES2	网络研修中的学习氛围很重要
		ES3	我认为团队中信任、尊重、认可很重要
		ES4	我希望网络研修社区像一个大家庭一样
	技术支持	TS1	当有技术问题存在时，技术支持很关键
		TS2	当有技术问题存在时，技术支持 QQ 群很重要
		TS3	当有技术问题存在时，研修社区帮助文档很必要
		TS4	当有技术问题存在时，研修社区技术支持很有用

表 4-8 “网络研修结果表征”问卷调查项目

一级变量	二级变量	编号	测量项目
网络研修结果表征	态度	A1	我愿意参与网络研修
		A2	我认为开展网络研修是有趣的
		A3	我喜欢网络研修这种形式

续表

一级变量	二级变量	编号	测量项目
网络研修结果表征	态度	A4	我愿意参与网络研修活动
		A5	我愿意参与社区中的学习活动
	行为	B1	我今后会继续开展网络研修活动
		B2	我打算经常利用网络研修社区进行学习
		B3	我今后会继续利用网络研修与别人交流
	能力	C1	我认为参与网络研修对我的能力提升有帮助
		C2	通过网络研修，我学习到很多有用的知识
		C3	通过网络研修，我的计算机水平有所提高
		C4	网络研修中的收获对促进我的教学有所帮助

在以上研究的基础上，形成“中小学教师网络研修影响因素研究调查问卷（初试）”。

4.2　问卷预测试

4.2.1　预测试过程及样本描述

问卷制定后进行预测试。采用网络问卷的方式，发放问卷 50 份，回收有效问卷 47 份，有效率为 94%。样本中的教师来自城市学校 20 人，农村学校 27 人，分别占 42.6%和 57.4%；性别男性 20 人，女性 27 人，分别占 42.6%和 57.4%；年龄 25 岁以上 10 人，26～35 岁 28 人，36～45 岁 3 人，46 岁以上 6 人，分别占 21.3%、59.6%、6.4%、12.8%；教龄 2 年以下的 10 人，2～5 年的 12 人，6～15 年的 18 人，15 年以上教龄的 7 人，分别占 21.3%、25.5%、28.3%、14.9%；学历研究生毕业 1 人，大学本科毕业 20 人，大专/高职毕业 21 人，中专/中职毕业 5 人，高中及以下 0 人，分别占 2.1%、42.6%、44.7%、10.6%、0%；学科语文 13 人，数学 19 人，外语 5 人，音体美 2 人，科学 2 人，信息技术 2 人，其他 4 人，分别占 27.7%、40.4%、10.6%、4.3%、4.3%、4.3%、8.5%；使用网络时间 1 年以下 8 人，2～5 年 19 人，6～9 年 11 人，10 以上 9 人，分别占 17.0%、40.4%、23、4%和 19.1%。整体上看，预测试样本基本上涵盖了不同地域、性别、年龄、教龄、学历、学科、接触网络时间的教师群体，具有一定的代表性和全面性，数据分析可继续开展。

4.2.2 预测试因子分析

4.2.2.1 “个人因素”因子分析结果

对问卷中“个人因素”相关的 CSE1～CSE7、PM1～PM5 题项进行描述统计分析，结果见表 4-9。

表 4-9 “个人因素”预测试描述性统计结果

题项	个数	平均数		标准差
	统计量	统计量	标准误	统计量
CSE1	47	3.83	0.150	1.028
CSE2	47	3.87	0.154	1.055
CSE3	47	3.74	0.165	1.132
CSE4	47	3.72	0.154	1.057
CSE5	47	3.70	0.161	1.102
CSE6	47	3.17	0.178	1.222
CSE7	47	3.72	0.184	1.263
PM1	47	3.83	0.147	1.007
PM2	47	3.85	0.143	0.978
PM3	47	3.79	0.139	0.954
PM4	47	3.81	0.131	0.900
PM5	47	3.98	0.131	0.897

进行巴特利检验及 KMO 检验，KMO 值=0.871>0.7，巴特利检验 $P=0.000<0.001$，证明适合进行因素分析，结果见表 4-10。

表 4-10 “个人因素”预测试巴特利检验及 KMO 检验（第一次）

Kaiser-Meyer-Olkin 取样适切性量数		0.871
Bartlett's 球形检验	近似卡方分布	593.019
	自由度	66
	显著性	0.000

由于在问卷设计前，本书通过理论研究已经限定了“个人因素”由“计算机自我效能”和“作用感知”构成，因此采用“限定抽取共同因素法”进行因子分析。利用 SPSS 软件，因子分析中“抽取”选择“主成分分析法”，“因子的固定数量”

为 2，输出结果见表 4-11。“初始特征值”前两个因子特征值大于 1，方差贡献率为 79.4%，可见选取前两个主成分对于“个人因素”的解释率达到了 79.4%。

表 4-11　“个人因素”预测试总方差解释

成分	起始特征值			平方和载入		
	总计	方差的%	累加%	总计	方差的%	累加%
1	7.977	66.475	66.475	4.962	41.347	41.347
2	1.547	12.888	79.363	4.562	38.016	79.363
3	0.679	5.657	85.020			
4	0.407	3.391	88.411			
5	0.367	3.058	91.469			
6	0.276	2.299	93.768			
7	0.227	1.894	95.662			
8	0.184	1.533	97.195			
9	0.118	0.983	98.178			
10	0.101	0.841	99.019			
11	0.074	0.618	99.637			
12	0.044	0.363	100.000			

注：方差的%表示各主成分贡献率（%）；累加%表示累计贡献率（%）；下同

如表 4-12“个人因素”预测试转轴后成分矩阵（第一次）所示，CSE1、CSE2、CSE3、CSE4、CSE5、CSE7 主要载荷于第一个因子上，PM1～PM5 主要载荷于第二个因子上，证明因子分析结果和理论研究所得到的结果一样，验证了理论模型中的研究结果。CSE6 第一个因子和第二个因子的值均小于 0.5，题项无法归属于哪个因素，在后续分析过程中删除。为减少教师答题负荷，同时也是在规定的题项允许范围内，陆续删除载荷值较低的 CSE3、CSE7 和 PM4，最终结果如表 4-13 和表 4-14 所示。

表 4-12　“个人因素”预测试转轴后成分矩阵（第一次）

题项	成分	
	1	2
CSE1	0.863	0.220
CSE2	0.819	0.335
CSE3	0.778	0.365
CSE4	0.871	0.330
CSE5	0.872	0.283

续表

题项	成分	
	1	2
CSE6	0.490	0.458
CSE7	0.770	0.348
PM1	0.394	0.828
PM2	0.270	0.902
PM3	0.272	0.919
PM4	0.433	0.812
PM5	0.299	0.863

表 4-13 “个人因素”预测试巴特利检验及 KMO 检验（最终）

Kaiser-Meyer-Olkin 取样适切性量数		0.863
Bartlett's 球形检验	近似卡方分布	385. 79
	自由度	28
	显著性	0.000

表 4-14 “个人因素”预测试转轴后成分矩阵（最终）

题项	成分	
	1	2
CSE1	0.218	0.898
CSE2	0.340	0.846
CSE4	0.335	0.861
CSE5	0.301	0.876
PM1	0.851	0.385
PM2	0.917	0.268
PM3	0.925	0.274
PM5	0.848	0.287

最终的巴特利检验及 KMO 检验，KMO 值=0.863>0.7，巴特利检验 P=0.000<0.001，证明适合进行因素分析。CSE1、CSE2、CSE4、CSE5 载荷值均大于 0.8，且都归属于第二个因子，PM1、PM2、PM3、PM5 值均大于 0.8，且都归属于第一个因子。两个因素概念与理论结果及题项符合，根据各因素包含的题项变量特性，因素一命名为“作用感知”，因素二命名为“计算机自我效能”，且最终教师问卷的题项也遵循上述的分析结果。

4.2.2.2　“研修社区”因子分析结果

对问卷中“研修社区”相关的 PEU1～PEU4、PU1～PU4 题项进行描述统计分析，结果见表 4-15。

表 4-15　“研修社区”预测试描述性统计结果

题项	个数	平均数		标准差
	统计量	统计量	标准误	统计量
PEU1	47	4.17	0.165	1.129
PEU2	47	3.66	0.167	1.147
PEU3	47	4.11	0.147	1.005
PEU4	47	4.09	0.160	1.100
PU1	47	4.00	0.136	0.933
PU2	47	3.83	0.111	0.761
PU3	47	4.06	0.123	0.845
PU4	47	4.13	0.124	0.850

进行巴特利检验及 KMO 检验，KMO 值=0.883>0.7，巴特利检验 P=0.000<0.001，证明适合进行因素分析，结果见表 4-16。

表 4-16　“研修社区”预测试巴特利检验及 KMO 检验（第一次）

Kaiser-Meyer-Olkin 取样适切性量数		0.883
Bartlett's 球形检验	近似卡方分布	348.667
	自由度	28
	显著性	0.000

由于在问卷设计前，本书通过理论研究已经限定了“研修社区”由“感知易用性”和“感知有用性”构成，因此采用“限定抽取共同因素法”进行因子分析。利用 SPSS 软件，因子分析中“抽取”选择“主成分分析法”，“因子的固定数量”为 2，输出结果见表 4-17。“初始特征值”前两个因子特征值分别为 5.917、0.669，方差贡献率为 82.3%，可见选取前两个主成分对于“研修社区”的解释率达到了 82.3%。

表 4-17　“研修社区”预测试总方差解释

成分	起始特征值			平方和载入		
	总计	方差的%	累加%	总计	方差的%	累加%
1	5.917	73.963	73.963	3.604	45.048	45.048

续表

成分	起始特征值			平方和载入		
	总计	方差的%	累加%	总计	方差的%	累加%
2	0.669	8.362	82.325	2.982	37.277	82.325
3	0.412	5.148	87.474			
4	0.356	4.452	91.926			
5	0.240	2.998	94.924			
6	0.178	2.222	97.147			
7	0.159	1.983	99.129			
8	0.070	0.871	100.000			

如表 4-18“研修社区”预测试转轴后成分矩阵（第一次）所示，PEU1～PEU4 主要载荷于第一个因子上，PU2～PU4 主要载荷于第二个因子上，证明因子分析结果和理论研究所得到的结果一样，验证了理论模型中的研究结果。PU1 第一个因子和第二个因子的值均大于 0.5，分别为 0.668、0.635，题项无法归属于哪个因素，在最终分析过程中删除，最终结果如表 4-19 和表 4-20 所示。

表 4-18 “研修社区”预测试转轴后成分矩阵（第一次）

题项	成分	
	1	2
PEU1	0.836	0.409
PEU2	0.716	0.461
PEU3	0.879	0.338
PEU4	0.878	0.374
PU1	0.668	0.635
PU2	0.343	0.803
PU3	0.357	0.822
PU4	0.400	0.790

表 4-19 “研修社区”预测试巴特利检验及 KMO 检验（最终）

Kaiser-Meyer-Olkin 取样适切性量数		0.855
Bartlett's 球形检验	近似卡方分布	280.332
	自由度	21
	显著性	0.000

表 4-20　“研修社区”预测试转轴后成分矩阵（最终）

题项	成分	
	1	2
PEU1	0.838	0.411
PEU2	0.716	0.457
PEU3	0.879	0.337
PEU4	0.881	0.378
PU2	0.346	0.806
PU3	0.360	0.828
PU4	0.401	0.785

最终的巴特利检验及 KMO 检验，KMO 值=0.855>0.7，巴特利检验 P=0.000<0.001，证明适合进行因素分析。PEU1～PEU4 载荷值均大于 0.7，且都归属于第一个因子，PU2～PU4 值均大于 0.7，且都归属于第二个因子。两个因素概念与理论结果及题项符合，根据各因素包含的题项变量特性，因素一命名为“感知易用性”，因素二命名为“感知有用性”，且最终教师问卷的题项也遵循上述的分析结果。

4.2.2.3　“研修设计”因子分析结果

对问卷中“研修设计”相关的 OAD1～OAD4、ORD1～ORD3、OED1～OED4 题项进行描述统计分析，结果见表 4-21。

表 4-21　“研修设计”预测试描述性统计结果

题项	个数	平均数		标准差
	统计量	统计量	标准误	统计量
OAD1	47	4.17	0..119	0.816
OAD2	47	3.98	0.144	0.989
OAD3	47	4.15	0.133	0.908
OAD4	47	4.00	0.143	0.978
ORD1	47	4.17	0.119	0.816
ORD2	47	4.23	0.106	0.729
ORD3	47	4.02	0.127	0.872
OED1	47	4.26	0.120	0.820
OED2	47	4.02	0.134	0.921
OED3	47	3.91	0.132	0.905
OED4	47	3.66	0.153	1.048

进行巴特利检验及 KMO 检验，KMO 值=0.920>0.7，巴特利检验 $P=0.000<0.001$，证明非常适合进行因素分析，结果见表 4-22。

表 4-22 "研修设计"预测试巴特利检验及 KMO 检验（第一次）

Kaiser-Meyer-Olkin 取样适切性量数		0.920
Bartlett's 球形检验	近似卡方分布	632.386
	自由度	55
	显著性	0.000

由于在问卷设计前，本书通过理论研究已经限定了"研修设计"由"活动设计""资源设计""评价设计"构成，因此采用"限定抽取共同因素法"进行因子分析。利用 SPSS 软件，因子分析中"抽取"选择"主成分分析法"，"因子的固定数量"为 3，输出结果见表 4-23。"初始特征值"前三个因子特征值分别为 8.54、0.74、0.48，方差贡献率为 88.7%，可见选取前三个主成分对于"研修设计"的解释率达到了 88.7%。

表 4-23 "研修设计"预测试总方差解释

成分	起始特征值			平方和载入		
	总计	方差的%	累加%	总计	方差的%	累加%
1	8.539	77.629	77.629	4.852	44.111	44.111
2	0.738	6.709	84.339	3.444	31.313	75.424
3	0.481	4.377	88.716	1.462	13.291	88.716
4	0.334	3.033	91.749			
5	0.248	2.256	94.004			
6	0.181	1.645	95.649			
7	0.136	1.236	96.885			
8	0.127	1.151	98.036			
9	0.097	0.883	98.919			
10	0.078	0.713	99.632			
11	0.040	0.368	100.000			

如表 4-24"研修设计"预测试转轴后成分矩阵（第一次）所示，OAD1～OAD4、ORD1、OED2、OED3 主要载荷于第一个因子上，ORD2、ORD3、OED1 主要载荷于第二个因子上，OED4 载荷于第三个因子上，与理论研究结果相矛盾。修订过程如下：第一步 OED4 代表一个单独的因子，载荷值为 0.950 非常高，且不能代表研究理论结果，所以将 OED4 进行修改；第二步 OAD1 在因子一、二上

的载荷值都比较高，无法进行归类，进行删除；第三步 ORD1 理论假设归纳为第二个因子，分析结果属于第一个因子，也进行删除；第四步 OED1 理论假设归纳为第三个因子，分析结果属于第二个因子，进行修改，最终结果如表 4-25 和表 4-26 所示。

表 4-24　“研修设计”预测试转轴后成分矩阵（第一次）

题项	成分		
	1	2	3
OAD1	0.679	0.566	0.289
OAD2	0.853	0.359	0.273
OAD3	0.831	0.406	0.150
OAD4	0.819	0.427	0.251
ORD1	0.746	0.513	0.211
ORD2	0.431	0.847	0.122
ORD3	0.517	0.737	0.246
OED1	0.459	0.796	0.242
OED2	0.744	0.455	0.125
OED3	0.689	0.497	0.349
OED4	0.229	0.190	0.950

表 4-25　“研修设计”预测试巴特利检验及 KMO 检验（最终）

Kaiser-Meyer-Olkin 取样适切性量数		0.872
Bartlett's 球形检验	近似卡方分布	386.506
	自由度	21
	显著性	0.000

表 4-26　“研修设计”预测试转轴后成分矩阵（最终）

题项	成分		
	1	2	3
OAD2	0.810	0.362	0.414
OAD3	0.801	0.399	0.345
OAD4	0.669	0.383	0.553
ORD2	0.298	0.852	0.378
ORD3	0.545	0.753	0.254
OED2	0.388	0.335	0.837
OED3	0.457	0.467	0.577

最终的巴特利检验及 KMO 检验，KMO 值=0.872>0.7，巴特利检验 P =0.000<0.001，证明适合进行因素分析。OAD2～OAD4 载荷值均大于 0.6，且都归属于第一个因子，ORD2、ORD3 值均大于 0.7，且都归属于第二个因子，OED2、OED3 载荷值均大于 0.5，且都归属于第三个因子。三个因素概念与理论结果及题项符合，根据各因素包含的题项变量特性，因素一命名为“活动设计”，因素二命名为“资源设计”，因素三命名为“评价设计”，且最终教师问卷的题项也遵循上述的分析结果。

4.2.2.4 “互动感知”因子分析结果

对问卷中“互动感知”相关的 OL1～OL3、EI1～EI4、LI1～LI5 题项进行描述统计分析，结果见表 4-27。

表 4-27 “互动感知”预测试描述性统计结果

题项	个数	平均数		标准差
	统计量	统计量	标准误	统计量
OL1	47	3.53	0.136	0.929
OL2	47	3.68	0.114	0.783
OL3	47	3.70	0.121	0.832
EI1	47	4.09	0.117	0.803
EI2	47	3.89	0.133	0.914
EI3	47	4.28	0.108	0.743
EI4	47	4.09	0.117	0.803
LI1	47	4.09	0.113	0.775
LI2	47	4.13	0.116	0.797
LI3	47	4.04	0.125	0.859
LI4	47	4.17	0.107	0.732
LI5	47	4.06	0.123	0.845

进行巴特利检验及 KMO 检验，KMO 值=0.889>0.7，巴特利检验 P =0.000<0.001，证明适合进行因素分析，见表 4-28。

表 4-28 “互动感知”预测试巴特利检验及 KMO 检验（第一次）

Kaiser-Meyer-Olkin 取样适切性量数		0.889
Bartlett's 球形检验	近似卡方分布	505.761
	自由度	66
	显著性	0.000

由于在问卷设计前，本书通过理论研究已经限定了“互动感知”由“意见领

袖”“专家交互”“学习者交互”构成，因此采用“限定抽取共同因素法”进行因子分析。利用 SPSS 软件，因子分析中“抽取”选择“主成分分析法”，“因子的固定数量”为 3，输出结果见表 4-29。“初始特征值”前三个因子特征值分别为 7.57、1.23、0.76，方差贡献率为 81.4%，可见选取前三个主成分对于“互动感知”的解释率达到了 81.4%。

表 4-29　“互动感知”预测试总方差解释

成分	起始特征值			平方和载入		
	总计	方差的%	累加%	总计	方差的%	累加%
1	7.771	64.756	64.756	5.040	42.002	42.002
2	1.233	10.277	75.033	2.558	21.317	63.320
3	0.762	6.353	81.386	2.168	18.066	81.386
4	0.596	4.966	86.352			
5	0.405	3.377	89.728			
6	0.306	2.547	92.275			
7	0.225	1.879	94.154			
8	0.211	1.761	95.915			
9	0.174	1.452	97.366			
10	0.138	1.152	98.518			
11	0.110	0.916	99.434			
12	0.068	0.566	100.000			

如表 4-30“互动感知”预测试转轴后成分矩阵（第一次）所示，OL1、EI3 主要载荷于第一个因子上，OL2、OL3 主要载荷于第二个因子上，EI1、EI2、EI4、LI1～LI5 载荷于第三个因子上，与理论研究结果和问卷设计相矛盾。修订过程如下：第一步 OL1 与理论结果不符合，修订；第二步 EI2 在第一个因子和第二个因子载荷分别为 0.620、0.599，区分度不明显，无法进行归类，修订；为减少教师答题负荷，同时也是在规定的题项允许范围内，删除 LI1，最终结果如表 4-31 和表 4-32 所示。

表 4-30　“互动感知”预测试转轴后成分矩阵（第一次）

题项	成分		
	1	2	3
OL1	0.031	0.506	0.696
OL2	0.330	0.796	0.341

续表

题项	成分		
	1	2	3
OL3	0.242	0.910	0.153
EI1	0.616	0.199	0.633
EI2	0.606	0.599	0.194
EI3	0.507	0.144	0.742
EI4	0.626	0.267	0.444
LI1	0.745	0.220	0.436
LI2	0.848	0.396	0.150
LI3	0.870	0.249	0.139
LI4	0.875	0.152	0.249
LI5	0.826	0.245	0.252

表 4-31　“互动感知”预测试巴特利检验及 KMO 检验（最终）

Kaiser-Meyer-Olkin 取样适切性量数		0.862
Bartlett's 球形检验	近似卡方分布	442.960
	自由度	45
	显著性	0.000

表 4-32　“互动感知”预测试转轴后成分矩阵（最终）

题项	成分		
	1	2	3
OL2	0.262	0.368	0.838
OL3	0.232	0.143	0.927
EI1	0.504	0.696	0.246
EI3	0.300	0.879	0.194
EI4	0.397	0.708	0.312
LI2	0.811	0.298	0.389
LI3	0.879	0.245	0.221
LI4	0.858	0.356	0.143
LI5	0.759	0.408	0.254

最终巴特利检验及 KMO 检验，KMO 值=0.862>0.7，巴特利检验 P=0.000<0.001，证明适合进行因素分析。OL2、OL3 载荷值均大于 0.8，且都归属于第三

个因子，EI1、EI3、EI4 值均大于 0.6，且都归属于第二个因子，LI2～LI5 载荷值均大于 0.7，且都归属于第三个因子。三个因素概念与理论结果及题项符合，根据各因素包含的题项变量特性，因素一命名为“意见领袖”，因素二命名为“专家互动”，因素三命名为“学习者互动”，且最终教师问卷的题项也遵循上述的分析结果。

4.2.2.5　“主观规范”因子分析结果

对问卷中“互动感知”相关的 EN1～EN4、GI1～GI4 题项进行描述统计分析，结果见表 4-33。

表 4-33　“主观规范”预测试描述性统计结果

题项	个数	平均值		标准差
	统计量	统计量	标准误	统计量
EN1	47	3.87	0.131	0.900
EN2	47	3.89	0.133	0.914
EN3	47	3.94	0.123	0.845
EN4	47	3.94	0.127	0.870
GI1	47	3.23	0.143	0.983
GI2	47	3.79	0.125	0.858
GI3	47	3.45	0.145	0.996
GI4	47	3.79	0.155	1.062

进行巴特利检验及 KMO 检验，KMO 值=0.855>0.7，巴特利检验 $P=0.000<0.001$，证明适合进行因素分析，见表 4-34。

表 4-34　“主观规范”预测试巴特利检验及 KMO 检验（第一次）

Kaiser-Meyer-Olkin 取样适切性量数		0.855
Bartlett's 球形检验	近似卡方分布	293.288
	自由度	28
	显著性	0.000

由于在问卷设计前，本书通过理论研究已经限定了“主观规范”由“外部规范”“群体影响”构成，因此采用“限定抽取共同因素法”进行因子分析。利用 SPSS 软件，因子分析中“抽取”选择“主成分分析法”，“因子的固定数量”为 2，输出结果见表 4-35。“初始特征值”前两个因子特征值分别为 5.224、0.944，方差贡献率为 77.4%，可见选取前两个主成分对于“主观规范”的解释率达到了 77.1%。

表 4-35　“主观规范”预测试总方差解释

成分	起始特征值			平方和载入		
	总计	方差的%	累加%	总计	方差的%	累加%
1	5.224	65.304	65.304	4.522	56.525	56.525
2	0.944	11.801	77.105	1.646	20.580	77.105
3	0.619	7.735	84.840			
4	0.398	4.975	89.815			
5	0.323	4.042	93.857			
6	0.227	2.843	96.700			
7	0.210	2.631	99.330			
8	0.054	0.670	100.000			

如表 4-36“主观规范”预测试转轴后成分矩阵（第一次）所示，EN1～EN4、GI2～GI4 主要载荷于第一个因子上，GI1 主要载荷于第二个因子上，与理论研究结果和问卷设计相矛盾。修订过程如下：第一步 GI1 因子载荷值为 0.924，单独归属与第二个因子上，与理论结果不符合，修订；第二步 EN4 在第一个因子和第二个因子载荷分别为 0.638、0.523，区分度不明显，无法进行归类，删除，最终结果如表 4-37 和表 4-38 所示。

表 4-36　“主观规范”预测试转轴后成分矩阵（第一次）

题项	成分	
	1	2
EN1	0.893	0.155
EN2	0.906	0.095
EN3	0.900	0.089
EN4	0.638	0.523
GI1	0.079	0.924
GI2	0.794	0.294
GI3	0.727	0.443
GI4	0.722	0.442

表 4-37　“主观规范”预测试巴特利检验及 KMO 检验（最终）

Kaiser-Meyer-Olkin 取样适切性量数		0.852
Bartlett's 球形检验	近似卡方分布	244.184
	自由度	15
	显著性	0.000

表 4-38　“互动感知”预测试转轴后成分矩阵（最终）

题项	成分	
	1	2
EN1	0.911	0.358
EN2	0.897	0.358
EN3	0.700	0.552
GI2	0.456	0.757
GI3	0.419	0.767
GI4	0.275	0.888

最终巴特利检验及 KMO 检验，KMO 值=0.852>0.7，巴特利检验 P=0.000<0.001，证明适合进行因素分析。EN1～EN3 载荷值均大于 0.7，且都归属于第一个因子，GI2～GI4 值均大于 0.7，且都归属于第二个因子。两个因素概念与理论结果及题项符合，根据各因素包含的题项变量特性，因素一命名为“外部规范”，因素二命名为“群体影响”，且最终教师问卷的题项也遵循上述的分析结果。

4.2.2.6　“支持帮助”因子分析结果

对问卷中“支持帮助”相关的 ES1～ES4、TS1～TS4 题项进行描述统计分析，结果见表 4-39。

表 4-39　“支持帮助”预测试描述性统计结果

题项	个数	平均值		标准差
	统计量	统计量	标准误	统计量
ES1	47	3.55	0.145	0.996
ES2	47	4.04	0.125	0.859
ES3	47	4.15	0.114	0.780
ES4	47	4.06	0.111	0.763
TS1	47	4.09	0.125	0.855
TS2	47	4.30	0.100	0.689
TS3	47	4.30	0.100	0.689
TS4	47	4.23	0.115	0.786

进行巴特利检验及 KMO 检验，KMO 值=0.859>0.7，巴特利检验 P=0.000<0.001，证明适合进行因素分析，见表 4-40。

表 4-40 “支持帮助”预测试巴特利检验及 KMO 检验（第一次）

Kaiser-Meyer-Olkin 取样适切性量数		0.859
Bartlett's 球形检验	近似卡方分布	324.201
	自由度	28
	显著性	0.000

由于在问卷设计前，本书通过理论研究已经限定了“支持帮助”由“情感支持”“技术支持”构成，因此采用“限定抽取共同因素法”进行因子分析。利用 SPSS 软件，因子分析中“抽取”选择“主成分分析法”，“因子的固定数量”为 2，输出结果见表 4-41。“初始特征值”前两个因子特征值分别为 5.454、1.064，方差贡献率为 81.5%，可见选取前两个主成分对于“主观规范”的解释率达到了 81.5%。

表 4-41 “支持帮助”预测试总方差解释

成分	起始特征值			平方和载入		
	总计	方差的%	累加%	总计	方差的%	累加%
1	5.454	68.175	68.175	3.769	47.118	47.118
2	1.064	13.304	81.479	2.749	34.362	81.479
3	0.459	5.743	87.222			
4	0.356	4.453	91.675			
5	0.273	3.414	95.089			
6	0.188	2.345	97.434			
7	0.126	1.574	99.008			
8	0.079	0.992	100.000			

如表 4-42“支持帮助”预测试转轴后成分矩阵（第一次）所示，ES1～ES4 主要载荷于第一个因子上，TS2～TS4 主要载荷于第二个因子上，与理论研究结果和问卷设计相符合。但是 ES4 题项在第一个因子和第二个因子载荷分别为 0.628、0.632，区分度不明显，无法进行归类判断，删除形成最终结果，如表 4-43 和表 4-44 所示。

表 4-42 “支持帮助”预测试转轴后成分矩阵（第一次）

题项	成分	
	1	2
ES1	0.075	0.874
ES2	0.380	0.806
ES3	0.512	0.750

续表

题项	成分	
	1	2
ES4	0.628	0.632
TS1	0.845	0.191
TS2	0.819	0.373
TS3	0.840	0.399
TS4	0.934	0.192

表 4-43　“支持帮助”预测试巴特利检验及 KMO 检验（最终）

Kaiser-Meyer-Olkin 取样适切性量数		0.837
Bartlett's 球形检验	近似卡方分布	266.944
	自由度	21
	显著性	0.000

表 4-44　“支持帮助”预测试转轴后成分矩阵（最终）

题项	成分	
	1	2
ES1	0.085	0.880
ES2	0.388	0.802
ES3	0.520	0.751
TS1	0.848	0.187
TS2	0.822	0.363
TS3	0.848	0.404
TS4	0.936	0.183

最终巴特利检验及 KMO 检验，KMO 值=0.837>0.7，巴特利检验 P=0.000<0.001，证明适合进行因素分析。TS1～TS4 载荷值均大于 0.8，且都归属于第一个因子，ES1～ES3 载荷值均大于 0.7，且都归属于第二个因子。两个因素概念与理论结果及题项符合，根据各因素包含的题项变量特性，因素一命名为“技术支持”，因素二命名为“情感支持”，且最终教师问卷的题项也遵循上述的分析结果。

4.2.2.7　“网络研修结果表征”因子分析结果

对问卷中“网络研修结果表征”相关的 A1～A5、B1～B3、C1～C4 题项进行描述统计分析，结果见表 4-45。

表 4-45 "结果表征"预测试描述性统计结果

题项	个数	平均值		标准差
	统计量	统计量	标准误	统计量
A1	47	3.87	0.166	1.135
A2	47	3.66	0.159	1.089
A3	47	3.57	0.166	1.137
A4	47	3.98	0.124	0.847
A5	47	3.87	0.128	0.875
B1	47	3.79	0.146	0.999
B2	47	3.81	0.128	0.876
B3	47	3.89	0.123	0.840
C1	47	3.91	0.125	0.855
C2	47	3.89	0.130	0.890
C3	47	3.96	0.118	0.806
C4	47	3.98	0.127	0.872

进行巴特利检验及 KMO 检验（表 4-46），KMO 值=0.853>0.7，巴特利检验 P=0.000<0.001，证明适合进行因素分析。

表 4-46 "结果表征"预测试巴特利检验及 KMO 检验（第一次）

Kaiser-Meyer-Olkin 取样适切性量数		0.853
Bartlett's 球形检验	近似卡方分布	738.914
	自由度	66
	显著性	0.000

由于在问卷设计前，本书通过理论研究已经限定了"网络研修结果表征"由"态度""行为""能力"构成，因此采用"限定抽取共同因素法"进行因子分析。利用 SPSS 软件，因子分析中"抽取"选择"主成分分析法"，"因子的固定数量"为 3，输出结果见表 4-47。"初始特征值"前三个因子特征值分别为 9.385、0.725、0.445，方差贡献率为 88.0%，可见选取前三个主成分对于"主观规范"的解释率达到了 88.0%。

表 4-47 "结果表征"预测试总方差解释

成分	起始特征值			平方和载入		
	总计	方差的%	累加%	总计	方差的%	累加%
1	9.385	78.210	78.210	4.529	37.738	37.738
2	0.725	6.044	84.254	3.653	30.440	68.178

续表

成分	起始特征值			平方和载入		
	总计	方差的%	累加%	总计	方差的%	累加%
3	0.445	3.708	87.962	2.374	19.785	87.962
4	0.325	2.709	90.671			
5	0.285	2.371	93.042			
6	0.259	2.159	95.201			
7	0.179	1.492	96.693			
8	0.158	1.313	98.006			
9	0.104	0.864	98.870			
10	0.065	0.543	99.413			
11	0.044	0.369	99.782			
12	0.026	0.218	100.000			

如表 4-48“结果表征”预测试转轴后成分矩阵（第一次）所示，A4、A5、B2～B3、C1、C2 主要载荷于第一个因子上，A1～A3、B1 主要载荷于第二个因子上，C3、C4 主要载荷于第三个因子上，与理论研究结果和问卷设计相不符合。通过分析，修改步骤如下：第一步 B1 在第一、第二因子上的载荷值分别为 0.561、0.609，区分度不明显，无法进行归类判断，删除；第二步 A4、A5 位于第一个因子上的载荷值虽然较高（0.796、0.790），但是与理论研究结果矛盾，分别删除；第三部 C1、C2 位于第一个因子上的载荷值虽然较高（0.697、0.630），但是与理论研究结果矛盾，删除 C1，保留 C2，形成最终结果如表 4-49 和表 4-50 所示。

表 4-48　“结果表征”预测试转轴后成分矩阵（第一次）

题项	成分		
	1	2	3
A1	0.365	0.781	0.367
A2	0.396	0.808	0.298
A3	0.329	0.819	0.264
A4	0.796	0.247	0.442
A5	0.790	0.376	0.366
B1	0.561	0.609	0.402
B2	0.818	0.448	0.142
B3	0.804	0.361	0.343
C1	0.697	0.509	0.368

续表

题项	成分		
	1	2	3
C2	0.630	0.451	0.456
C3	0.324	0.478	0.748
C4	0.504	0.351	0.741

表 4-49　“结果表征”预测试巴特利检验及 KMO 检验（最终）

Kaiser-Meyer-Olkin 取样适切性量数		0.860
Bartlett's 球形检验	近似卡方分布	314.994
	自由度	21
	显著性	0.000

表 4-50　“结果表征”预测试转轴后成分矩阵（最终）

题项	成分		
	1	2	3
A1	0.806		
A2	0.800		
A3	0.809		
B2		0.853	
B3		0.765	
C2			0.495
C3			0.806
C4			0.796

最终巴特利检验及 KMO 检验，KMO 值=0.860>0.7，巴特利检验 P =0.000<0.001，证明适合进行因素分析。A1～A3 载荷值均大于 0.8，且都归属于第一个因子，B2、B3 载荷值均大于 0.7，且都归属于第二个因子，C3、C4 载荷值均大于 0.7，且都归属于第三个因子。三个因素概念与理论结果及题项符合，根据各因素包含的题项变量特性，因素一命名为“态度”，因素二命名为“行为”，因素三命名为“能力”，且最终教师问卷的题项也遵循上述的分析结果。

4.2.3　修订后的问卷调查项目

经过初试修订后，形成新的问卷调查项目（表 4-51～表 4-57）。

表 4-51　“个人因素”问卷调查项目

一级变量	二级变量	编号	测量项目
个人因素	计算机自我效能	CSE1	我能够熟练使用计算机
		CSE2	我掌握使用计算机的基本方法和技能
		CSE3	我认为上网是一件容易的事情
		CSE4	我对网络使用较为熟练
	作用感知	PM1	参与网络研修，能够获得更多交流机会
		PM2	参与网络研修，使我学到了很多知识
		PM3	参与网络研修，使我能力得到提升
		PM4	我认为参与网络研修对我的工作有用
	测谎题	—	网络研修对我没什么用处

表 4-52　“研修社区”问卷调查项目

一级变量	二级变量	编号	测量项目
研修社区	感知易用性	PEU1	我认为网络研修社区操作简便很重要
		PEU2	我认为网络研修社区界面友好、页面美观很重要
		PEU3	我认为网络研修社区性能稳定、响应速度快很重要
		PEU4	我认为能够顺利地登录网络研修社区很重要
	感知有用性	PU1	我希望网络研修社区能够分享我的知识
		PU2	我希望网络研修社区促进我的学习
		PU3	我希望网络研修社区对我很有用处
	测谎题	—	我认为网络研修社区对我没有用

表 4-53　“研修设计”问卷调查项目

一级变量	二级变量	编号	测量项目
网络研修设计	活动设计	OAD1	我认为网络研修活动形式丰富多样很重要
		OAD2	我认为网络研修活动与学习任务相关很重要
		OAD3	我认为网络研修活动任务明确很重要
	资源设计	ORD1	我希望网络研修资源新颖并易于理解
		ORD2	我希望网络研修资源与我的学习需求相关
		ORD3	我希望网络研修资源帮助我进步
	评价设计	OED1	我认为网络研修评价合理很重要
		OED2	我希望网络研修有合理的激励规则

表 4-54 “互动感知”问卷调查项目

一级变量	二级变量	编号	测量项目
互动感知	意见领袖	OL1	社区中某些成员具有权威性
		OL2	我在发表言论时会考虑核心成员的意见
		OL3	核心成员对我参与网络研修活动影响比较大
	专家交互	EI1	专家在网络研修中很重要
		EI2	专家在引导社区成员言论的导向作用明显
		EI3	我希望能够得到专家的指导和反馈
	学习者交互	LI1	我愿意和同伴进行沟通和交流
		LI2	我希望从同伴那里获得有用的信息
		LI3	我希望得到同伴的及时反馈
		LI4	我希望在网络研修中结识很多伙伴

表 4-55 “主观规范”问卷调查项目

一级变量	二级变量	编号	测量项目
主观规范	外部规范	EN1	我认为网络研修中领导能够重视很重要
		EN2	我认为网络研修中获得领导认可很重要
		EN3	我认为网络研修有明确的文件要求很重要
	群体影响	GI1	我会参考同事的意见
		GI2	我同事的意见对我很重要
		GI3	参与网络研修能够获得同事的认可
		GI4	我的教师同事们认为，参与网络研修是有价值的

表 4-56 “支持帮助”问卷调查项目

一级变量	二级变量	编号	测量项目
支持帮助	情感支持	ES1	如果身边网络研修的同事很多，会吸引我参与
		ES2	网络研修中的学习氛围很重要
		ES3	我认为团队中信任、尊重、认可很重要
	技术支持	TS1	当有技术问题存在时，技术支持很关键
		TS2	当有技术问题存在时，技术支持 QQ 群很重要
		TS3	当有技术问题存在时，研修社区帮助文档很必要
		TS4	当有技术问题存在时，研修社区技术支持很有用

表 4-57　“网络研修结果表征”问卷调查项目

一级变量	二级变量	编号	测量项目
网络研修结果表征	态度	A1	我愿意参与网络研修
		A2	我认为开展网络研修是有趣的
		A3	我喜欢网络研修这种形式
	行为	B1	我打算经常利用网络研修社区进行学习
		B2	我今后会继续利用网络研修与别人交流
	能力	C1	通过网络研修，我学习到很多有用的知识
		C2	通过网络研修，我的计算机水平有所提高
		C3	网络研修中的收获对促进我的教学有所帮助

4.2.4　预测试信度分析

在预测试问卷因子分析的基础上，进一步进行信度分析，各因素的信度分析结果见表 4-58～表 4-74。

4.2.4.1　“个人因素”调查项目信度分析

“计算机自我效能”各题项 CITC 值均在 0.8 以上（>0.5），CSE1、CSE2、CSE4、CSE5 α值都达到 0.9 以上（>0.7），证明题项可靠性较高，可以实施正式测试，见表 4-58。

表 4-58　“计算机自我效能”各题项的信度分析（n =47）

题项	项目删除时的尺度平均数	项目删除时的尺度方差	修正的项目总相关（CITC）	项目删除时的α值	α值
CSE1	11.30	8.953	0.851	0.923	0.940
CSE2	11.26	8.846	0.842	0.925	
CSE4	11.40	8.724	0.865	0.918	
CSE5	11.43	8.467	0.868	0.917	

“作用感知”各题项 CITC 值都在 0.8 以上（>0.5），PM1、PM2、PM3、PM5 α值都达到 0.9 以上（>0.7），证明题项可靠性较高，可以实施正式测试，见表 4-59。

表 4-59　“作用感知”各题项的信度分析（n =47）

题项	项目删除时的尺度平均数	项目删除时的尺度方差	修正的项目总相关（CITC）	项目删除时的α值	α值
PM1	11.62	7.154	0.879	0.940	0.953

续表

题项	项目删除时的尺度平均数	项目删除时的尺度方差	修正的项目总相关（CITC）	项目删除时的α值	α值
PM2	11.60	7.159	0.916	0.928	0.953
PM3	11.66	7.229	0.929	0.925	
PM5	11.47	7.950	0.821	0.957	

4.2.4.2 “研修社区”调查项目信度分析

“感知易用性”各题项 CITC 值均在 0.7 以上（>0.5），PEU1、PEU2、PEU3、PEU4 α值都达到 0.8 以上（>0.7），证明题项可靠性较高，可以实施正式测试，见表 4-60。

表 4-60 “感知易用性”各题项的信度分析（n =47）

题项	项目删除时的尺度平均数	项目删除时的尺度方差	修正的项目总相关（CITC）	项目删除时的α值	α值
PEU1	11.85	8.999	0.874	0.911	0.937
PEU2	12.36	9.497	0.761	0.948	
PEU3	11.91	9.732	0.870	0.914	
PEU4	11.94	8.974	0.912	0.898	

“感知有用性”各题项 CITC 值均在 0.7 以上（>0.5），PU2、PU3、PU4 α值都达到 0.7 以上（>0.7），证明题项可靠性较高，可以实施正式测试，见表 4-61。

表 4-61 “感知有用性”各题项的信度分析（n=47）

题项	项目删除时的尺度平均数	项目删除时的尺度方差	修正的项目总相关（CITC）	项目删除时的α值	α值
PU2	8.19	2.463	0.720	0.834	0.865
PU3	7.96	2.129	0.779	0.777	
PU4	7.89	2.184	0.738	0.817	

4.2.4.3 “研修设计”调查项目信度分析

“活动设计”各题项 CITC 值均在 0.9 以上（>0.5），OAD2、OAD3、OAD4 α值都达到 0.9 以上（>0.7），证明题项可靠性较高，可以实施正式测试，见表 4-62。

表 4-62　“活动设计”各题项的信度分析（n=47）

题项	项目删除时的尺度平均数	项目删除时的尺度方差	修正的项目总相关（CITC）	项目删除时的α值	α值
OAD2	8.15	3.303	0.933	0.921	0.958
OAD3	7.98	3.673	0.901	0.947	
OAD4	8.13	3.418	0.902	0.945	

“资源设计”各题项 CITC 值均在 0.8 以上（>0.5），ORD1、ORD2、ORD3 α 值都达到 0.8 以上（>0.7），证明题项可靠性较高，可以实施正式测试，见表 4-63。

表 4-63　“资源设计”各题项的信度分析（n=47）

题项	项目删除时的尺度平均数	项目删除时的尺度方差	修正的项目总相关（CITC）	项目删除时的α值	α值
ORD1	8.26	2.368	0.830	0.909	0.926
ORD2	8.19	2.549	0.876	0.881	
ORD3	8.40	2.159	0.858	0.891	

“评价设计”各题项 CITC 值均在 0.8 以上（>0.5），OED1、OED2、OED3 α 值都达到 0.8 以上（>0.7），证明题项可靠性较高，可以实施正式测试，见表 4-64。

表 4-64　“评价设计”各题项的信度分析（n=47）

题项	项目删除时的尺度平均数	项目删除时的尺度方差	修正的项目总相关（CITC）	项目删除时的α值	α值
OED1	7.94	3.018	0.820	0.896	0.918
OED2	8.17	2.666	0.836	0.881	
OED3	8.28	2.683	0.852	0.867	

4.2.4.4　“互动感知”调查项目信度分析

“意见领袖”各题项 CITC 值均在 0.8 以上（>0.5），OL1、OL2、OL3 α值都达到 0.6 以上（>0.6），证明题项可靠性较高，可以实施正式测试，见表 4-65。

表 4-65　“意见领袖”各题项的信度分析（n=47）

题项	项目删除时的尺度平均数	项目删除时的尺度方差	修正的项目总相关（CITC）	项目删除时的α值	α值
OL1	7.38	2.372	0.569	0.899	0.918
OL2	7.23	2.357	0.787	0.681	
OL3	7.21	2.302	0.740	0.717	

“专家互动”各题项 CITC 值均在 0.7 以上（>0.5），EI1、EI 3、EI 4 α值都达到 0.7 以上（>0.7），证明题项可靠性较高，可以实施正式测试，见表 4-66。

表 4-66　“专家互动”各题项的信度分析（n=47）

题项	项目删除时的尺度平均数	项目删除时的尺度方差	修正的项目总相关（CITC）	项目删除时的α值	α值
EI1	8.36	2.062	0.765	0.839	0.882
EI3	8.17	2.144	0.815	0.797	
EI4	8.36	2.105	0.738	0.863	

“学习者互动”各题项 CITC 值均在 0.8 以上（>0.5），LI2、LI3、LI4、LI5 α值都达到 0.9 以上（>0.7），证明题项可靠性较高，可以实施正式测试，见表 4-67。

表 4-67　“学习者互动”各题项的信度分析（n=47）

题项	项目删除时的尺度平均数	项目删除时的尺度方差	修正的项目总相关（CITC）	项目删除时的α值	α值
LI2	12.28	5.161	0.892	0.923	0.946
LI3	12.36	4.932	0.881	0.927	
LI4	12.23	5.531	0.860	0.934	
LI5	12.34	5.056	0.858	0.934	

4.2.4.5　“主观规范”调查项目信度分析

“外部规范”各题项 CITC 值均在 0.7 以上（>0.5），EN1、EN2、EN3 α值都达到 0.8 以上（>0.7），证明题项可靠性较高，可以实施正式测试，见表 4-68。

表 4-68　“外部规范”各题项的信度分析（n=47）

题项	项目删除时的尺度平均数	项目删除时的尺度方差	修正的项目总相关（CITC）	项目删除时的α值	α值
EN1	7.83	2.710	0.924	0.856	0.935
EN2	7.81	2.723	0.894	0.882	
EN3	7.77	3.183	0.783	0.966	

“群体影响”各题项 CITC 值均在 0.7 以上（>0.5），GI2、GI3、GI4 α值都达到 0.7 以上（>0.7），证明题项可靠性较高，可以实施正式测试，见表 4-69。

表 4-69　“群体影响”各题项的信度分析（n=47）

题项	项目删除时的尺度平均数	项目删除时的尺度方差	修正的项目总相关（CITC）	项目删除时的α值	α值
GI2	7.23	3.618	0.750	0.828	0.870
GI3	7.57	3.163	0.748	0.821	
GI4	7.23	2.879	0.776	0.799	

4.2.4.6　“支持帮助”调查项目信度分析

“情感支持”各题项 CITC 值均在 0.6 以上（>0.5），ES1、ES2、ES3 α值都达到 0.7 以上（>0.7），证明题项可靠性较高，可以实施正式测试，见表 4-70。

表 4-70　“情感支持”各题项的信度分析（n=47）

题项	项目删除时的尺度平均数	项目删除时的尺度方差	修正的项目总相关（CITC）	项目删除时的α值	α值
ES1	8.19	2.419	0.618	0.888	0.842
ES2	7.70	2.518	0.759	0.730	
ES3	7.60	2.724	0.774	0.731	

“技术支持”各题项 CITC 值均在 0.7 以上（>0.5），TS1、TS2、TS3、TS4 α值都达到 0.8 以上（>0.7），证明题项可靠性较高，可以实施正式测试，见表 4-71。

表 4-71　“技术支持”各题项的信度分析（n=47）

题项	项目删除时的尺度平均数	项目删除时的尺度方差	修正的项目总相关（CITC）	项目删除时的α值	α值
TS1	12.83	4.144	0.770	0.933	0.928
TS2	12.62	4.633	0.826	0.909	
TS3	12.62	4.546	0.864	0.898	
TS4	12.68	4.092	0.896	0.884	

4.2.4.7　“网络研修结果表征”　调查项目信度分析

“态度”各题项 CITC 值均在 0.8 以上（>0.5），A1、A2、A3　α值都达到 0.8 以上（>0.7），证明题项可靠性较高，可以实施正式测试，见表 4-72。

表 4-72　“态度”各题项的信度分析（n=47）

题项	项目删除时的尺度平均数	项目删除时的尺度方差	修正的项目总相关（CITC）	项目删除时的α值	α值
A1	7.23	4.444	0.885	0.884	0.933
A2	7.45	4.600	0.895	0.878	
A3	7.53	4.689	0.809	0.945	

“行为”各题项 CITC 值均在 0.8 以上（>0.5），B1、B2、B3 α值都达到 0.8 以上（>0.7），证明题项可靠性较高，可以实施正式测试，见表 4-73。

表 4-73 “行为”各题项的信度分析（n=47）

题项	项目删除时的尺度平均数	项目删除时的尺度方差	修正的项目总相关（CITC）	项目删除时的α值	α值
B1	7.70	2.692	0.823	0.906	0.920
B2	7.68	2.961	0.882	0.850	
B3	7.60	3.203	0.824	0.898	

“能力”各题项 CITC 值均在 0.8 以上（>0.5），C1、C3、C4 α值都达到 0.8 以上（>0.7），证明题项可靠性较高，可以实施正式测试，见表 4-74。

表 4-74 “能力”各题项的信度分析（n=47）

题项	项目删除时的尺度平均数	项目删除时的尺度方差	修正的项目总相关（CITC）	项目删除时的α值	α值
C1	7.94	2.583	0.818	0.908	0.922
C3	7.89	2.706	0.832	0.897	
C4	7.87	2.418	0.880	0.857	

分析以上信度分析的结果，各因素的题项可靠性都较高，各项目 CITC 值都在 0.5 以上，各项目α值也都达到 0.7 以上。因此，可以判定指标体系可靠性较高，可以实施正式测量。同时，在以上研究的基础上，形成“中小学教师网络研修影响因素研究调查问卷”最终版本（附件 2），进行正式测试。

4.3 正 式 测 试

4.3.1 测试过程及样本描述

正式测试以甘肃省教师为抽样总体，采取分层抽样的方式，选择不同地区教师进行正式测试并进行部分访谈。采用网络问卷的方式，发放问卷 800 份，回收问卷 729，去除无效问卷后，正式回收有效问卷 655 份，有效回收率为 81.9%。教师填答基本情况如表 4-75 所示。

表 4-75　正式问卷教师填答基本情况统计分析

维度		频率	百分比
学校所在地	城市	251	38.3%
	农村	404	61.7%
性别	男	231	35.3%
	女	424	64.7%
年龄	25 岁及以下	42	6.4%
	26～35 岁	284	43.4%
	36～45 岁	212	32.4%
	46 岁以上	117	17.9%
教龄	2 年及以下	52	7.9%
	2～5 年	74	11.3%
	6～15 年	224	34.2%
	15 年及以上	305	46.6%
学历	研究生毕业	8	1.2%
	大学本科毕业	378	57.7%
	大专/高职毕业	225	34.4%
	中专/中师毕业	40	6.1%
	高中及以下	4	0.6%
任教学科	语文	193	29.5%
	数学	212	32.4%
	外语	61	9.3%
	音体美	48	7.3%
	科学	40	6.1%
	信息技术	11	1.7%
	其他	90	13.7%
使用网络时间	还未接触	53	8.1%
	1 年及以下	252	38.5%
	1～3 年	185	28.2%
	4 年及以上	165	25.2%

4.3.2　大样本信度分析

对正式问卷调查所得的结果进行信度分析，具体结果如表 4-76。

表 4-76　正式问卷大样本信度分析

因素	纬度	代码	CITC	删除本项α值	α值
个人因素	计算机自我效能	CSE1	0.558	0.977	0.895
		CSE2	0.507	0.977	
		CSE3	0.568	0.977	
		CSE4	0.571	0.977	
	作用感知	PM1	0.710	0.976	0.938
		PM2	0.742	0.976	
		PM3	0.740	0.976	
		PM4	0.750	0.976	
研修社区	感知易用性	PEU1	0.577	0.977	0.846
		PEU2	0.502	0.977	
		PEU3	0.542	0.977	
		PEU4	0.605	0.976	
	感知有用性	PU1	0.708	0.976	0.882
		PU2	0.729	0.976	
		PU3	0.736	0.976	
研修设计	活动设计	OAD1	0.691	0.976	0.865
		OAD2	0.692	0.976	
		OAD3	0.666	0.976	
	资源设计	ORD1	0.579	0.976	0.898
		ORD2	0.656	0.976	
		ORD3	0.663	0.976	
	评价设计	OED1	0.676	0.976	0.821
		OED2	0.614	0.976	
互动感知	意见领袖	OL1	0.559	0.977	0.827
		OL2	0.562	0.977	
		OL3	0.553	0.976	
	专家交互	EI1	0.670	0.976	0.854
		EI2	0.611	0.976	
		EI3	0.645	0.976	
	学习者交互	LI1	0.747	0.976	0.930
		LI2	0.727	0.976	
		LI3	0.738	0.976	
		LI4	0.738	0.976	

续表

因素	纬度	代码	CITC	删除本项α值	α值
主观规范	外部规范	EN1	0.625	0.976	0.866
		EN2	0.624	0.976	
		EN3	0.653	0.976	
	群体影响	GI1	0.574	0.976	0.842
		GI2	0.590	0.976	
		GI3	0.639	0.976	
		GI4	0.755	0.976	
支持帮助	情感支持	ES1	0.693	0.976	0.829
		ES2	0.740	0.976	
		ES3	0.736	0.976	
	技术支持	TS1	0.656	0.976	0.917
		TS2	0.682	0.976	
		TS3	0.677	0.976	
		TS4	0.687	0.976	
网络研修结果表征	态度	A1	0.748	0.976	0.936
		A2	0.736	0.976	
		A3	0.706	0.976	
	行为	B1	0.758	0.976	0.943
		B2	0.767	0.976	
	能力	C1	0.776	0.976	0.944
		C2	0.741	0.976	
		C3	0.783	0.976	

最终教师调查问卷大样本信度分析结果发现，影响因素指标体系整体可靠性较高，指标 CITC 值普遍在 0.5 以上，α值在 0.8 以上，基本认定大样本指标体系和问卷结果满足研究需要。

4.4　网络研修影响因素的作用关系

4.4.1　人口统计学变量等对网络研修核心因素的认知差异

本书利用 SPPS 软件中“独立样本 t 检验”和“单因素 ANOVA（单因素方差

分析）”等方法来探索人口学变量对于网络研修各因素的认知差异。

4.4.1.1 学校所在地、教师性别对于网络研修核心因素认知差异

利用SPSS软件将最终问卷中各影响因素均值设为“检验变量”，分别将“学校所在地”“性别”设置为分组变量，利用“独立样本 *t* 检验”探索学校所在地、教师性别对于网络研修核心因素认知差异，结果见表4-77。

表4-77 学校所在地、教师性别对于网络研修核心因素认知差异

检验变量	学校所在地区	*t* 值	性别	*t* 值
个人因素	城市	1.099	男	0.731
	农村		女	
研修社区	城市	2.102*	男	-0.217
	农村		女	
研修设计	城市	1.633	男	-0.260
	农村		女	
互动感知	城市	2.110*	男	-0.818
	农村		女	
主观规范	城市	1.914	男	-0.771
	农村		女	
支持帮助	城市	2.146*	男	-0.479
	农村		女	

$^*P<0.05$；$^{**}P<0.01$；$^{***}P<0.001$

可以发现：

（1）教师性别对于各核心因素的认知没有显著差异，教师们普遍认为这些因素都影响网络研修，不存在性别差异。

（2）不同类型学校的教师对于各核心因素的认知存在部分差异。“个人因素”“研修设计”“主观规范”等因素不存在显著差异，但是“研修社区”“互动感知”“支持帮助”三个因素存在显著差异（*t* =2.102*、2.110*、2.146*），进一步分析得知，城市教师相比较农村教师，认为“研修社区”“互动感知”“支持帮助”更为重要。通过访谈也发现，农村教师因为所处环境和接触网络研修社区的时间较短，普遍提出网络研修社区“够用、实用；功能不需要太复杂”等要求；城市教师因为经常开展网络研修，更加迫切需要“有专家来指导；希望专家能够带领我参加网络研修”，在遇到问题时，更加渴望得到情感和技术方面的支持帮助，导致了城市教师更加需要“互动感知”和“支持帮助”研究结果的出现。

但同时，不能说农村教师不需要“互动”和“支持帮助”，农村教师大多处于网络研修开展的初级阶段，更多的是需要制度要求和专家培训方面的内容，要让农村教师明白网络研修“是什么”“能做什么”“我怎么做”“我做完之后有什么发展”等基础问题。

4.4.1.2　教师教龄、学历、学科、年龄、网络使用时间、网络研修经验（接触时间）对于网络研修核心因素认知差异

利用 SPSS 软件将最终问卷中各影响因素均值设为“因变量列表”，分别将“教龄”“学历”“学科”“年龄”“网络经验（时间）”“网络研修经验”设置为“因子”，利用“单因素 ANOVA（方差分析）”探索教师教龄、学历、学科、年龄、网络使用时间、网络研修经验（接触时间）对于网络研修核心因素认知是否差异，并进一步研究不同类型差异的结果，结果见表 4-78。

表 4-78　不同因子对于网络研修核心因素认知差异（ANOVA）

因子		个人因素	研修社区	研修设计	互动感知	主观规范	支持帮助
教龄	*F*	0.711	1.204	0.515	1.578	0.895	1.607
	df	3	3	3	3	3	3
年龄	*F*	3.094	0.405	0.632	0.219	0.517	0.122
	df	3	3	3	3	3	3
学历	*F*	1.569	0.216	0.686	0.283	0.465	0.487
	df	4	4	4	4	4	4
学科	*F*	1.767	1.788	1.344	1.199	0.969	1.889
	df	6	6	6	6	6	6
网络经验（时间）	*F*	33.698	11.009***	7.584***	4.901**	2.800*	5.438***
	df	3	3	3	3	3	3
网络研修经验	*F*	10.729***	5.000***	4.107**	4.820**	1.611	1.791
	df	3	3	3	3	3	3

*P<0.05；** P<0.01；*** P<0.001

注：方差同质性检验“个人因素”的 Levene 统计量 F=2.999，P=0.030<0.05，达到显著水平，表示样本的方差不具有同质性，因此教师网络使用时间对于网络研修影响因素认知差异不对“个人因素”进行讨论

可以发现：

（1）教师年龄方面，ANOVA 分析结果表明教师教龄对于各核心因素的认知没有显著差异，证明各个年龄阶段的教师都普遍认为这些因素影响网络研修。但是多重比较（LSD）分析发现在“互动感知”因素方面，“教龄 6～15 年”比“教

龄 2～5 年”的教师平均差（I-J）= 0.17569*；“支持帮助”因素方面，“教龄 15 年以上”和“教龄 6～15 年”比“教龄 2～5 年”的教师平均差（I-J）=0.16956*、0.16837*。证明教龄长的教师比教龄短教师更认为在参与网络研修时，“互动”和“支持帮助”比较重要。

（2）教师年龄方面，ANOVA 分析结果表明教师年龄对于各核心因素的认知没有显著差异，证明各个年龄阶段的教师都普遍认为这些因素影响网络研修。

（3）教师学历方面，ANOVA 分析结果表明教师学历对于各核心因素的认知没有显著差异，证明各个学历阶段的教师都普遍认为这些因素影响网络研修。但是多重比较（LSD）分析发现“大学本科毕业”相较“中专/中师毕业”平均差（I-J）= 0.25870*，即本科毕业的教师比专科毕业的老师更多认为“个人因素”在网络研修中更重要。

（4）教师学科方面，ANOVA 分析结果表明教师学科对于各核心因素的认知没有显著差异，证明各个学科的教师都普遍认为这些因素影响网络研修。但是多重比较（LSD）分析发现，信息技术教师相比语文、数学、外语、音体美、科学、其他学科平均差(I-J)=0.47557*、0.61594*、0.45548*、0.47183*、0.51193*、0.59040*，即相比其他学科的教师，信息技术学科教师认为“个人因素”更重要。

（5）教师网络使用时间（经验）方面，ANOVA 分析表明不同网络实践经验的教师对于各核心因素具有显著差异，其中对于“研修社区”“研修设计”“支持帮助”差异达到显著水平（P <0.001）。多重比较（LSD）分析发现，使用网络时间长的教师相比网络使用时间短的教师，认为网络研修中的“研修社区”“研修设计”“互动感知”“主观规范”“支持帮助”更加重要，且随着使用网络时间的增加，各个因素的重要程度也在逐步增加，如表 4-79 所示。

表 4-79　教师网络使用时间对于网络研修影响因素认知多重比较（LSD）（节选）

因变量	（I）使用网络的时间	（J）使用网络的时间	平均差（I-J）	标准误	显著性
研修社区	10 年及以上	1 年及以下	0.54142*	0.10491	0.000
		2～5 年	0.28617*	0.06654	0.000
		6～9 年	0.19897*	0.07115	0.005
研修设计	10 年及以上	1 年及以下	0.39517*	0.10004	0.000
		2～5 年	0.25273*	0.06345	0.000
		6～9 年	0.18321*	0.06785	0.007
互动感知	10 年及以上	1 年及以下	0.27648*	0.09520	0.004
		2～5 年	0.20468*	0.06038	0.001
		6～9 年	0.16396*	0.06456	0.011

续表

因变量	（I）使用网络的时间	（J）使用网络的时间	平均差（I-J）	标准误	显著性
主观规范	10 年及以上	1 年及以下	0.23919*	0.11410	0.036
		2～5 年	0.18755*	0.07237	0.010
		6～9 年	0.09571	0.07738	0.217
支持帮助	10 年及以上	1 年及以下	0.36841*	0.09712	0.000
		2～5 年	0.15957*	0.06160	0.010
		6～9 年	0.16130*	0.06586	0.015

*$P<0.05$

分析其原因，可能是使用网络时间较长的教师，对于网络研修或者在线学习有着更为深刻的认识，越发觉得“研修社区”“研修活动”“互动”的重要意义所在。同时，使用网络时间较长的教师，计算机操作、网络应用等基本技能非常熟练，对于相关网络研修平台、活动、交流等也非常熟悉，所以对于“研修社区”“研修活动”“互动”提出更高的要求。

（6）教师网络研修经验（接触时间）方面，ANOVA 分析表明不同网络研修经验的教师对于各核心因素具有显著差异，其中对于“个人因素”“研修社区”差异达到显著水平（$P<0.001$），“研修设计”“支持帮助”达到比较显著水平（$P<0.01$）。多重比较（LSD）分析发现，网络研修经验丰富的教师相比经验缺乏的教师，认为“个人因素”“研修社区”“研修设计”“互动感知”“支持帮助”更为重要，并且随着网络研修经验的进一步增加，认为各个因素的重要也在逐步增加，尤其在“个人因素”“研修社区”方面，表 4-80 所示。

表 4-80　教师网络使用时间对于网络研修影响因素认知多重比较（LSD）（节选）

因变量	（I）接触网络研修的时间	（J）接触网络研修的时间	平均差（I-J）	标准误	显著性
个人因素	4 年及以上	还未接触	0.60174*	0.12142	0.000
		1 年及以下	0.39307*	0.08420	0.000
		1～3 年	0.30323*	0.08132	0.000
研修社区	4 年及以上	还未接触	0.36452*	0.11007	0.001
		1 年及以下	0.24298*	0.07633	0.002
		1～3 年	0.15161*	0.07372	0.040
研修设计	4 年及以上	还未接触	0.22218*	0.10438	0.034
		1 年及以下	0.22870*	0.07238	0.002
		1～3 年	0.22229*	0.06991	0.002

续表

因变量	(I)接触网络研修的时间	(J)接触网络研修的时间	平均差(I-J)	标准误	显著性
互动感知	4年及以上	还未接触	0.29469*	0.09857	0.003
		1年及以下	0.21680*	0.06836	0.002
		1～3年	0.21409*	0.06602	0.001
支持帮助	4年及以上	还未接触	0.13501	0.10137	0.183
		1年及以下	0.15234*	0.07030	0.031
		1～3年	0.13747*	0.06790	0.043

*P <0.05

分析原因，具有网络研修经验的教师，对于网络研修有着更为深刻、直接的认识，在参加网络研修的同时从自身能力方面、网络研修社区方面等进行着深刻的反思，所以认为“个人因素”“研修社区”“研修活动”“互动”更为重要和关键。

分析结果表明，教师人口学特征等基本情况对于网络研修存在显著影响的认识部分成立。其中年龄、教龄、学历等对于网络研修存在影响，但不显著；教师学科对于网络研修存在比较显著影响，主要集中在信息技术学科教师和其他学科教师关于“个人因素”的认识上；教师网络经验（使用时间）和网络研修经验（接触时间）对于网络研修中“个人因素”“研修社区”“研修设计”“互动感知”“主观规范”“支持帮助”等方面存在显著影响。

4.4.2 各因素对于网络研修结果表征的回归分析

由于涉及网络研修影响因素对于结果表征的回归分析涉及多个自变量，因此采用多重线性回归分析。多重线性回归分析目的是找出一个自变量的线性拟合(回归方程式)，以简洁说明一组预测变量与校标变量间的关系，还可以说明自变量间的线性组合与校标变量间关系的强度，整体解释变异量是否达到统计上的显著水平，在回归模型中哪些自变量对校标变量的预测力较大等。本节中分别将网络研修影响因素作为预测变量，网络研修结果表征作为校标变量探讨各因素和结果之间的关系，建立变量之间的线性模型并根据模型做出解释、评价和预测。

4.4.2.1 网络研修影响因素对网络研修结果表征（态度）多元回归分析

将网络研修各影响因素作为自变量，将网络研修态度作为应变量，采用“逐步回归分析法”进行回归分析，结果如表 4-81 所示。14 个影响因素进入回归方程的显著变量共有 7 个，依序为“作用感知”“情感支持”“群体影响”“评价设计”“感知易用性”“感知有用性”“学习者互动”。7 个自变量与“网络研修态度”应变量的多元相关系数 R=0.816，判定系数 R^2=0.666，最后回归模型整体性检验 F=168.171（P=0.000<005），因而 7 个自变量可有效解释“网络研修态度”66.6%的变异量。

表 4-81　网络研修影响因素对结果表征（态度）的逐步多元回归分析摘要表

投入变量顺序	多元相关系数（R）	判定系数（R^2）	增加量（ΔR^2）	F 值	净 F 值（ΔF）	B 值	Beta 值（β）
作用感知	0.750	0.563	0.563	769.038***	769.038***	0.521	0.457
情感支持	0.796	0.634	0.071	516.967***	116.440***	0.329	0.245
群体影响	0.805	0.648	0.014	365.348***	23.369***	0.241	0.178
评价设计	0.807	0.652	0.004	278.283***	6.667*	0.129	0.100
感知易用性	0.811	0.658	0.006	228.207***	10.371**	−0.185	−0.135
感知有用性	0.814	0.662	0.005	193.729***	7.964**	0.198	0.149
学习者互动	0.816	0.666	0.004	168.797***	7.151**	−0.155	−0.105

*P<0.05；** P<0.01；*** P<0.001

从每个变量解释力高低来看，对“网络研修态度”最具解释力的为“作用感知”自变量，解释变异量为 56.3%，其他自变量分别为 7.1%、1.4%、0.4%、0.6%、0.5%、0.4%。从标准化回归系数来看，7 个自变量β值分别为 0.457、0.245、0.178、0.100、−0.135、0.149、−0.105，其中正值影响为正向，负值影响为负向，如图 4-2 所示。标准化回归方程式为网络研修态度=0.457×作用感知+0.245×情感支持+0.178×群体影响+0.100×评价设计−0.135×感知易用性+0.149×感知有用性−0.105×学习者互动。

从以上分析可以看出，被调查教师认为网络研修态度主要取决于以上 7 个方面，其中对于态度影响最大的是“作用感知”，可以解释为参加网络研修的教师对于网络研修的意义理解比较透彻、非常认可的情况下，教师就会有积极努力的参与态度；排在 2、3 位的影响因素分别为“情感支持”和“群体影响”，可以解释为教师在网络研修的过程中，能够感受到非常好的研修氛围，得到足够的情感支持，同时教师身边的同事都参与到网络研修过程中，则教师在态度上会明显积极。值得注意的是“感知易用性”和“学习者互动”标准化回归系数（Beta 值）为负，证明存在负相关，从数据层面解释为“网络研修社区”比较复杂的情况下，教师会积极主动参与网络研修。通过访谈了解到，现阶段教师网络研修社区“非常麻烦，找不到登录口，界面眼花缭乱，进去之后很无助，不知道怎么操作”，所以教师们普遍需要“简单、实用、适用”的网络研修社区，这样会激发教师积极参与的兴趣；“学习者互动”方面，访谈了解到，教师在网络研修中主要互动是“发帖、回帖”，感觉到“非常无聊，没有意义”，因此上述的互动方式能少就少一些，需要更加丰富的互动交流方式才能激发网络研修的兴趣。

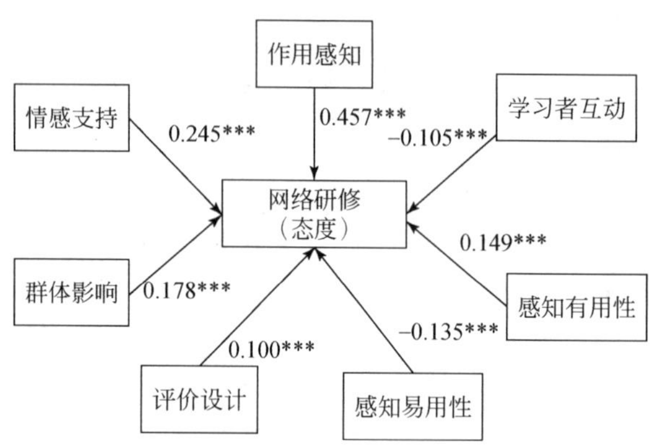

图 4-2　网络研修影响因素对结果表征（态度）结果表

*** P <0.001，下同

4.4.2.2　网络研修影响因素对网络研修结果表征（行为）多元回归分析

将网络研修各影响因素作为自变量，将网络研修行为作为应变量，采用“逐步回归分析法”进行回归分析，结果如表 4-82 所示。14 个影响因素进入回归方程的显著变量共有 7 个，依序为“情感支持”“作用感知”“群体影响”“评价设计”“感知有用性”“学习者互动”“感知易用性”。7 个自变量与“网络研修行为”应变量的多元相关系数 R=0.794，判定系数 R^2=0.630，最后回归模型整体性检验 F=144.009（P=0.000<005），因而 7 个自变量可有效解释“网络研修行为”63.0%的变异量。

表 4-82　网络研修影响因素对结果表征（行为）的逐步多元回归分析摘要表

投入变量顺序	多元相关系数（R）	判定系数（R^2）	增加量（ΔR^2）	F 值	净 F 值（ΔF）	B 值	Beta 值（β）
情感支持	0.0.712	0.506	0.506	613.192***	613.192***	0.390	0.306
作用感知	0.768	0.590	0.083	428.955***	121.331***	0.351	0.324
群体影响	0.777	0.604	0.014	302.953***	21.496***	0.231	0.180
评价设计	0.784	0.614	0.010	236.923***	15.984***	0.169	0.138
感知有用性	0.786	0.618	0.003	191.877***	5.124*	0.233	0.185
学习者互动	0.790	0.624	0.006	164.032***	10.103**	−0.198	−0.142
感知易用性	0.794	0.630	0.006	144.009***	9.598**	−0.133	−0.102

*P <0.05；** P <0.01；*** P <0.001

从每个变量解释力高低来看，对“网络研修行为”最具解释力的为“情感支持”自变量，解释变异量为 50.6%，其他自变量分别为 8.3%、1.4%、1.0%、0.3%、0.6%、0.6%。标准化回归系数来看，7 个自变量β值分别为 0.306、0.324、0.180、0.138、0.185、-0.142、-0.102，其中正值影响为正向，负值影响为负向，如图 4-3 所示。标准化回归方程式为网络研修行为=0.306×情感支持+0.324×作用感知+0.180×群体影响+0.138×评价设计+0.185×感知有用性-0.142×学习者互动-0.102×感知易用性。

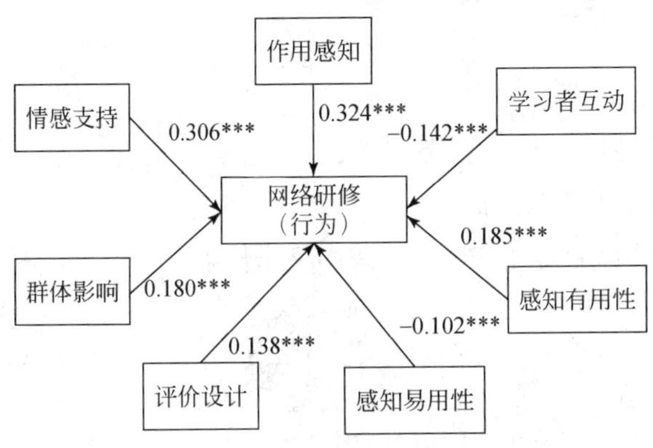

图 4-3　网络研修影响因素对结果表征（行为）结果表

从以上分析可以看出，被调查教师普遍认为网络研修行为主要取决于以上 7 个方面，和影响态度因素没有区别。不同的是，影响因素排序发生变化，其中对行为影响最大的是“情感支持”，其次为“作用感知”和“群体影响”。可以解释为教师网络研修的行为主要取决于网络研修的氛围、对网络研修作用的认识和理解、身边同事参与网络研修的情况等。影响行为的因素中，“感知易用性”和“学习者互动”标准化回归系数（Beta 值）为负，证明存在负相关，解释和网络研修态度影响因素相同，教师们仍然需要“简单、实用、适用”的网络研修社区和“丰富、多样”的网络研修互动。

4.4.2.3　网络研修影响因素对网络研修结果表征（能力）多元回归分析

将网络研修各影响因素作为自变量，将网络研修能力作为应变量，采用“逐步回归分析法”进行回归分析，结果如表 4-83 所示。14 个影响因素进入回归方程的显著变量共有 6 个，依序为“作用感知”“情感支持”“学习者互动”“群体影响”“计算机自我效能”“感知有用性”。6 个自变量与“网络研修能力”应变量的多元相关系数 R=0.826，判定系数 R^2=0.682，最后回归模型整体性检验 F=212.201（P =0.000<005），因而 6 个自变量可有效解释“网络研修能力”68.2%

的变异量。

表 4-83 网络研修影响因素对结果表征（能力）的逐步多元回归分析摘要表

投入变量顺序	多元相关系数（R）	判定系数（R^2）	增加量（ΔR^2）	F 值	净 F 值（ΔF）	B 值	Beta 值（β）
作用感知	0.773	0.597	0.597	885.242***	885.242***	0.500	0.498
情感支持	0.813	0.661	0.064	581.341***	112.453***	0.250	0.211
学习者互动	0.818	0.669	0.008	401.773***	15.126***	0.092	0.071
群体影响	0.821	0.674	0.005	307.705***	9.107**	0.134	0.113
计算机自我效能	0.824	0.679	0.005	250.944***	8.463**	−0.091	−0.088
感知有用性	0.826	0.682	0.004	212.201***	6.618*	0.109	0.094

*P <0.05；** P <0.01；*** P <0.001

从每个变量解释力高低来看，对“网络研修能力”最具解释力的为“作用感知”自变量，解释变异量为 59.7%，其他自变量分别为 6.4%、0.8%、0.5%、0.5%、0.4%。标准化回归系数来看，6 个自变量β值分别为 0.498、0.211、0.071、0.113、−0.088、0.094，其中正值影响为正向，负值影响为负向，如图 4-4 所示。标准化回归方程式为网络研修能力=0.498×作用感知+0.211×情感支持+0.071×学习者互动+0.113×群体影响−0.088×计算机自我效能+0.094×感知有用性。

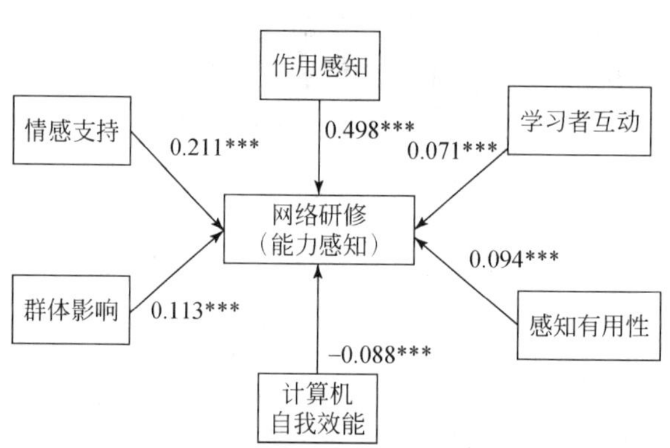

图 4-4 网络研修影响因素对结果表征（能力感知）结果表

如图 4-4 可以看出，被调查教师普遍认为网络研修能力发展主要取决于以上 6 个方面，其中影响最大的是“作用感知”、其他影响较为显著的为“情感支持”和“群体影响”。与态度、行为影响因素不同的是，能力影响因素中“学习者互动”为正值，证明教师们虽然对现存的交流互动形式和活动不满意，但是仍然普遍认为在“交流、互动”的过程中，才能促进能力的正真提高。值得注意的是，

“计算机自我效能”标准化回归系数（Beta 值）为负值，数据层面解释为“教师具备越高的计算机和网络应用能力，对能力发展感知度越低”，通过访谈了解到，大部分被调查教师对现在参与的网络研修不满意，网络研修内容对于能力的提升感觉度很低，认为网络研修“能够锻炼我的计算机操作能力；以前不登录（社区），现在要求必须登录（社区），感觉还是对我的计算机能力有发展”，因此具备一定计算机和网络应用能力的教师普遍认为能力变化不大。

4.4.2.4　网络研修影响因素对网络研修结果表征（整体）多元回归分析

将网络研修各影响因素作为自变量，将网络研修结果表征作为应变量，采用“逐步回归分析法”进行回归分析，结果如表 4-84 所示。14 个影响因素进入回归方程的显著变量共有 6 个，依序为“作用感知”“情感支持”“群体影响”“评价设计”“感知易用性”“感知有用性”。6 个自变量与“网络研修结果表征”应变量的多元相关系数 R=0.857，判定系数 R^2=0.734，最后回归模型整体性检验 F=272.572（P =0.000<005），因而 6 个自变量可有效解释“网络研修能力”73.4%的变异量。

表 4-84　网络研修影响因素对结果表征（整体）的逐步多元回归分析摘要表

投入变量顺序	多元相关系数（R）	判定系数（R^2）	增加量（ΔR^2）	F 值	净 F 值（ΔF）	B 值	Beta 值（β）
作用感知	0.787	0.620	0.620	973.901***	973.901***	0.460	0.453
情感支持	0.840	0.706	0.087	717.281***	175.869***	0.294	0.246
群体影响	0.848	0.719	0.013	508.895***	27.778***	0.183	0.152
评价设计	0.851	0.725	0.006	391.968***	12.283***	0.102	0.089
感知易用性	0.853	0.728	0.003	317.713***	6.418*	−0.129	−0.106
感知有用性	0.857	0.734	0.006	272.572***	13.484***	0.150	0.127

*P <0.05；** P <0.01；*** P <0.001

从每个变量解释力高低来看，对“网络研修结果表征”最具解释力的为“作用感知”自变量，解释变异量为 62.0%，其他自变量分别为 8.7%、1.3%、0.6%、0.3%、0.6%。标准化回归系数来看，6 个自变量β值分别为 0.453、0.246、0.152、0.089、−0.106、0.127，其中正值影响为正向，负值影响为负向。标准化回归方程式为网络研修结果表征=0.453×作用感知+0.246×情感支持+0.152×群体影响+0.089×评价设计−0.106×感知易用性+0.127×感知有用性。

4.4.3 网络研修影响因素作用关系

本部分直接利用 SPSS 软件中的路径分析，对教师网络研修影响因素最终问卷收集到的数据进行路径分析，找寻不同因素对于网络研修效果的影响程度，得出影响因素作用关系。

在 4.3.1 节提出的“教师网络研修核心影响因素”的基础上，本书提出教师网络研修影响因素作用关系，如图 4-5 所示。认为“个人因素”“研修平台”“研修设计”“互动感知”“支持帮助”“主观规范”等核心因素对于教师网络研修具有正相关，同时考虑到“研修社区”“互动感知”“支持帮助”三个核心要素主要通过“研修设计”体现，即教师在参与网络研修时对于研修社区、与专家互动、与同事互动、接受到的支持和帮助等，主要是通过研修平台中的活动、资源、评价等直接感知，因此认为网络研修平台、互动感知、支持帮助等对于网络研修设计正相关。建立相关的联系，在本节中进行验证并得出相关的路径数据。

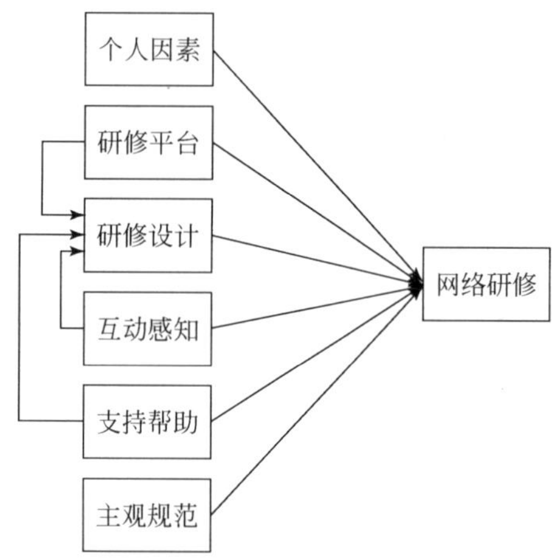

图 4-5　教师网络研修影响因素作用关系（理论）

4.4.3.1 网络研修核心影响因素对网络研修结果表征多元回归分析

将网络研修核心影响因素作为自变量，将网络研修结果表征作为应变量，采用“逐步回归分析法”进行回归分析，结果如表 4-85 所示。6 个影响因素进入回归方程的显著变量共有 4 个，依序为“支持帮助”“个人因素”“研修设计”“主观规范”。4 个自变量与“网络研修结果表征”应变量的多元相关系数 R=0.719，判定系数 R^2=0.517，最后回归模型整体性检验 F=116.717（P =0.000<005），因而 4 个自变量可有效解释“网络研修能力”51.7%的变异量。

表 4-85　网络研修核心影响因素对结果表征（整体）的逐步多元回归分析摘要表

投入变量顺序	多元相关系数（R）	判定系数（R^2）	增加量（ΔR^2）	F 值	净 F 值（ΔF）	B 值	Beta 值（β）
支持帮助	0.620	0.384	0.384	274.374***	274.374***	0.219	0.217
个人因素	0.679	0.461	0.077	187.746***	62.665***	0.188	0.230
研修设计	0.701	0.491	0.030	141.061***	26.166***	0.229	0.236
主观规范	0.719	0.517	0.025	116.717***	22.710***	0.176	0.214

*P <0.05；** P <0.01；*** P <0.001

从每个变量解释力高低来看，对“网络研修结果表征”最具解释力的为“支持帮助”自变量，解释变异量为 38.4%，其他自变量分别为 7.7%、3.0%、2.5%。标准化回归系数来看，4 个自变量β值分别为 0.217、0.230、0.236、0.214，全部为正向影响。标准化回归方程式为网络研修结果表征=0.217×支持帮助+0.230×个人因素+0.236×研修设计+0.214×主观规范。

4.4.3.2　研修社区、互动感知、支持帮助对研修设计多元回归分析

将网络研修影响因素中“研修社区”“互动感知”“支持帮助”作为自变量，将网络研修设计作为应变量，采用“逐步回归分析法”进行回归分析，结果如表 4-86 所示。3 个自变量全部进入回归方程，依序为“研修社区”“互动感知”“支持帮助”。3 个自变量与“研修设计”应变量的多元相关系数 R=0.794，判定系数 R^2=0.631，最后回归模型整体性检验 F=249.622（P =0.000<005），因而 3 个自变量可有效解释“网络研修能力”63.1%的变异量。

表 4-86　研修社区、互动感知、支持帮助对研修设计多元回归分析

投入变量顺序	多元相关系数（R）	判定系数（R^2）	增加量（ΔR^2）	F 值	净 F 值（ΔF）	B 值	Beta 值（β）
研修社区	0.739	0.547	0.547	530.688***	530.688***	0.464	0.496
互动感知	0.785	0.616	0.069	351.529***	78.680***	0.217	0.211
支持帮助	0.794	0.631	0.015	249.622***	18.224***	0.207	0.199

*P <0.05；** P <0.01；*** P <0.001

从表 4-86 表可知，“研修社区”“互动感知”“支持帮助”3 个外因变量对“研修设计”内因变量的影响系数分别为 0.496（P =0.000）、0.211（P =0.000）、0.199（P =0.000），均达到 0.05 显著水平。

4.4.3.3 影响因素关系作用验证

将以上路径分析的路径系数及相关统计量填入原先的理论模型图中，如图 4-6 所示。从以上结果可以看出：

（1）通过专家咨询得出了“个人因素”“研修设计”“支持帮助”“主观规范”“研修社区”“互动感知”等核心因素，都对教师网络研修存在影响，证明了专家提出的教师网络研修核心因素的正确性。

（2）通过教师问卷，发现被调查教师认为“个人因素”“研修设计”“支持帮助”“主观规范”等对网络研修具有最为直接的影响，其中“研修设计”是最具解释力的因素，路径系数为 0.236，其他依次为“个人因素”“支持帮助”“主观规范”。但是也明显看出以上 4 个影响因素的标准化回归系数（Beta 值）介于 0.214～0.236 之间，证明各因素对于网络研修影响的区分度不是很大，即都非常显著和重要；“研修设计”标准化回归系数（Beta 值）为 0.236，证明研修设计对于网络研修结果影响系数最大。除此之外，“研修社区”“互动感知”“支持帮助”通过“研修设计”影响教师网络研修，其中最为主要的是“研修社区”，路径系数为 0.496，其他依次为“互动感知”和“支持帮助”，证明“研修社区”在“研修设计”中占最重要地位，“互动感知”和“支持帮助”在“研修设计中”也有较为重要地位，这也与模型假设结果相符，教师对于研修社区的易用性和有用性，互动感知中的专家交互、学习者互动，支持帮助中的情感支持和技术支持等，都是主要通过研修社区中的在线活动、资源和评价等方式进行感知。

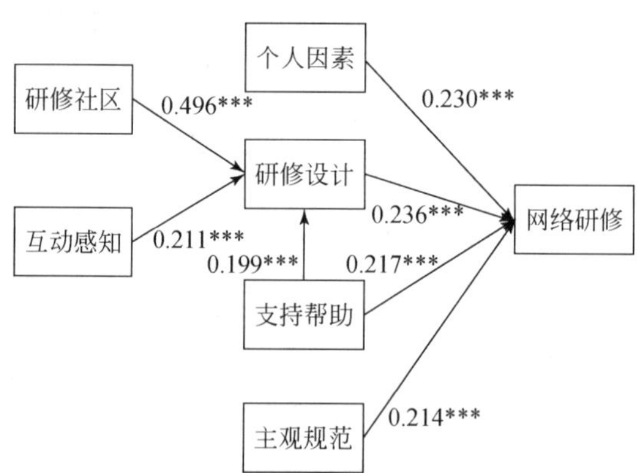

图 4-6 教师网络研修影响因素模型（最终）

4.4.3.4 数据分析结果综合梳理分析

将以上所有分析结果进行综合，得出以下汇总。

（1）教师性别对于网络研修影响因素的认知没有显著差异，教师们普遍都认为这些因素都影响网络研修，不存在性别差异。

（2）不同类型学校的教师对于部分核心因素的认知存在差异。“个人因素”“研修设计”“主观规范”等因素不存在显著差异，但是“研修社区”“互动感知”“支持帮助”3 个因素存在显著差异，进一步分析得知，城市教师相比较农村教师，认为“研修社区”“互动感知”“支持帮助”更为重要。

（3）教师教龄对于各核心因素的认知存在部分差异，主要集中在“互动感知”因素方面，教龄长的教师比教龄短教师在参与网络研修时，更认为“互动”和“支持帮助”重要。

（4）教师年龄对于网络研修影响因素的认知没有显著差异，各个年龄阶段的教师都普遍认为这些因素影响网络研修，不存在年龄差异。

（5）教师学历对于影响因素的认知存在部分差异，即本科毕业的教师比专科毕业的老师更认为“个人因素”在网络研修中重要。

（6）教师学科对于影响因素的认知存在部分差异，主要集中在“个人因素”方面，相比其他学科的教师，信息技术学科教师认为“个人因素”对于网络研修影响更多。

（7）教师网络使用时间（经验）对于各核心因素具有显著差异，其中对于“研修社区”“研修设计”“支持帮助”差异达到显著水平。使用网络时间长的教师相比网络使用时间短的教师，更认为网络研修中的“研修社区”“研修设计”“互动感知”“主观规范”“支持帮助”重要，且随着使用网络时间的增加，各个因素的重要程度也在逐步增加。

（8）教师网络研修经验（接触时间）对于各核心因素具有显著差异，其中对于“个人因素”“研修社区”差异达到显著水平，“研修设计”“支持帮助”达到比较显著水平。网络研修经验丰富的教师相比经验缺乏的教师，更认为“个人因素”“研修社区”“研修设计”“互动感知”“支持帮助”重要，并且随着网络研修经验的进一步增加，认为各个因素的重要性也在逐步增加，尤其在“个人因素”“研修社区”方面。

（9）网络研修态度主要取决于“作用感知”“情感支持”“群体影响”“评价设计”“感知易用性”“感知有用性”“学习者互动”7 个方面，教师在网络研修的过程中，能够感受到非常好的研修氛围，得到足够的情感支持，同时教师身边的同事都参与到网络研修过程中，则教师在态度上会明显积极，此外教师们普遍需要“简单、实用、适用”的网络研修社区和更加丰富的互动交流方式。

（10）网络研修行为主要取决于“情感支持”“作用感知”“群体影响”“评价设计”“感知易用性”“感知有用性”“学习者互动”7 个方面，教师网络研修的行为主要取决于网络研修的氛围、对网络研修作用的认识和理解、身边同事参与网络研修的情况等，此外教师们普遍需要“简单、实用、适用”的网络研修社区和更加丰富的互动交流方式。

（11）教师网络研修能力发展主要取决于“作用感知”“情感支持”“学习者互动”“群体影响”“计算机自我效能”“感知有用性”6 个方面，与态度、行为不同，教师虽然对现存的交流互动形式和活动不满意，但是仍然普遍认为在“交流、互动”的过程中，才能促进能力的真正提高。此外，网络研修存在教师具备越高的计算机和网络应用能力，对能力发展感知度越低的现状。

（12）“个人因素”“研修设计”“支持帮助”“主观规范”“研修社区”“互动感知”等核心因素都对教师网络研修存在影响，其中“研修设计”对于网络研修结果影响系数最大。“研修社区”“互动感知”“支持帮助”通过“研修设计”影响教师网络研修，其中最为主要的是“研修社区”，证明“研修社区”在“研修设计”中占最重要地位，且对于参与网络研修的教师来讲“活动设计”和“网络研修社区”密不可分，“互动感知”和“支持帮助”在“研修设计”中也有较为重要的地位，也与最终设计结果相符。

第 5 章　网络研修保障体系构建

5.1　理 论 基 础

5.1.1　建构主义

5.1.1.1　建构主义主要观点

建构主义（constructivism）认为，对于客观世界的理解和赋予意义是由每个人自己决定的，学习是学习者主动建构内部心理表征的过程。即学习者是在与周围环境相互作用的过程中，逐步建构起关于外部世界的知识，从而使自身认知结构得到发展。学习者与环境的相互作用涉及两个基本过程：“同化”与“顺应”。同化是指把外部环境中的有关信息吸收进来并结合到已有的认知结构中，即个体把外界刺激所提供的信息整合到自己原有认知结构内的过程；顺应是指外部环境发生变化，而原有认知结构无法同化新环境提供的信息时所引起的儿童认知能力的结构发生重组与改造的过程，即个体的认知结构因外部刺激的影响而发生改变的过程。Jonassen（1991）认为实在（reality）无非是人们的心目中之物，是学习者自己构造了实在或至少是按照他的经验解释实在。每一个人的世界都是由他自己的思维构造的，不存在谁比谁的世界更真实的问题。人们的思维是工具性的，其基本作用是解释事物和事件，这些解释构成了个体不同的知识库。建构主义的一个重要结论——理解依赖于个人经验，即由于人们对于世界的经验各不相同，人们对于世界的看法也必然会各不相同。知识是个体与外部环境交互作用的结果，人们对事物的理解与个体的先前经验有关，因而对知识正误的判断只能是相对的；知识不是通过教师传授得到，而是学习者在与情景的交互作用过程中自行建构的，因而学生应该处于中心地位，教师是学习的帮助者。建构主义强调意义不是独立于我们而存在的，个体的知识是由人建构起来的，对事物的理解不是简单由事物本身决定的，人以原有的知识经验为基础来建构自己对现实世界的解释和理解。不同的人由于原有经验的不同，对同一种事物会有不同的理解。学习是积极主动的意义建构和社会互动的过程。教学并不是把知识经验从外部装到学生的头脑中，而是要引导学生从原有的经验出发，生长（建构）起新的经验，而这一认知建构过程常常是通过参与共同体的社会互动而完成的。

随着建构主义的发展，领域出现了新的主义，如社会性建构主义（social constructivism）、社会文化认知的观点（socialcultural cognition）、信息加工的建构主义（information-processing constructivism）、社会建构论（social constructionism）等。社会建构主义认为，将群体放在个体之前，将人与人之间的关系置于首位；个人建构的、独有的主观意义和理论只有与社会和物理世界“相适应”时，才有可能得到发展；强调意义的社会建构、学习的社会情境，强调社会互动、协作与活动等。社会建构论将社会置于个体之上；认为真实性/经验是依靠对话的方法建构起来的，对话是形成新意义的心理工具，应成为关注的中心；知识根本不存在于个体内部，而是属于社会的，是以文本形式呈现的，每一个人都以自己的方式解释文本的意义。社会文化认知认为，人的心理功能处于文化、历史和制度情境之中，关注学习的社会方面，更注重对一定的社会文化背景中知识与学习的研究，并将不同的社会实践视为知识的来源；提倡在真实的情景中通过对专家活动的观察、模仿进行主动的/认知学徒式的学习。信息加工建构主义坚持信息加工论的基本范型，但反对信息加工论中的客观主义传统；认为知识是由主体积极建构的，外来信息与已知知识之间存在双向的/反复的相互作用，但不同意知识是对经验世界的适应，这一流派也称为弱的建构主义或折中的建构主义。

这些不同倾向的建构主义共同的主张有①知识观。建构主义认为通过语言符号赋予知识一定的外在形式，甚至这些命题还得到了较普遍的认可，但这并不意味着学生会对这些命题有同样的理解，因为这些理解只能由每个学生基于自己的经验背景而建构起来。②学生观。建构主义强调学生经验世界的丰富性和差异性。③学习观。强调学习的主动建构性，学习不是从外界吸收知识的过程，而是学习者建构知识的过程。每个学生都在以自己原有的知识经验为基础建构自己的理解。建构主义的学习和教学则要求学生通过高水平的思维活动来学习，通过问题解决来学习（张建伟，2000）；学习的社会互动性。强调学习是通过对某种社会文化的参与而内化相关的知识和技能、掌握有关的工具的过程，这一过程常常需要通过一个学习共同体的合作互动来完成；学习的情境性，提出了情境性认知（situated cognition）的观点，强调学习、知识和智慧的情境性（situativity），认为知识是不可能脱离活动情境而抽象地存在的，学习应该与情景化的社会实践活动结合起来。除此之外，情境（context）、建构（construction）、专注（caring）、能力（competence）和共同体（community）是建构主义理论的关键性和共同性要素，情境注重基于情境的学习，建构注重心智模式的构建，专注注重内在动机的激发，能力注重多元智能的发展，共同体注重学习共同体的作用。

5.1.1.2　建构主义对本书的启示

（1）构建有效策略促进教师进行有效的意义建构。建构是对新信息的意义建构和原有经验的改造和重组。在建构的过程中，是以自己的方式建构对失误的理解，从而不同的人看到的是事物的不同方面，因而不存在唯一标准的理解。因此应该注重构建促进教师在网络研修过程中的理解策略，采取多样的研修活动和策略，如情景、问题、会话、协作、交流等，提升教师对于网络研修的态度意愿，帮助教师在情景中、会话中、协作中进行有意义的知识建构。

（2）重视情景在知识建构中的作用。建构主义认为情景创设有利于学习者对所学内容的意义建构。因此在网络研修过程中，通过创设符合教师真实教学环境、真实教学问题的情景，帮助教师解决在教学过程中遇到的困难和疑惑，提升教师对于研修内容的理解。

（3）充分发挥共同体在知识建构中的作用。协作和会话是建构过程中必不可少的环节。因此在网络研修过程中，构建教师网络研修共同体，以研修小组的方式在教师之间通过协商、讨论完成规定的学习任务，并在此过程中，教师的思维成果（智慧）为整个学习群体所共享，在这种讨论、交流、协作的过程中，实现教师对于网络研修知识的有效构建。

5.1.2　群体动力学

5.1.2.1　群体动力学主要观点

群体动力学（group dynamics）亦称“团体动力学‘场’理论”，试图通过对群体现象的动态分析发现其一般规律的理论，是 20 世纪 40 年代由社会心理学家库特·勒温（Kurt Lewin）在其心理动力理论基础上提出来的。群体动力学认为，群体中人与人之间形成复杂的相互关系，这种关系必然影响到他们的行为，并最终影响群体的行为。因此，群体中个体的活动、相互影响及其情绪的综合，构成了群体行为的动力。Lewin（1948）认为，人是一个复杂的能量系统，它在外部环境的包围与影响下存在着一个由 E（包括准物理、准社会和准概念的事实所组成的心理环境）和 P（包括需要、欲望与意图等内部个人区域作知觉运动区域构成的人）构成的心理生活空间（LSP），它是一个心理动力场，人的各种行为都是外部环境通过人的自我状态和心理环境两种力量相互影响所构成的心理动力场而产生的，即个人的生活空间或其在特定时间内所体验到的整个世界（即心理场）乃是在该时刻内决定个体行为的全部事实的总和，个体的生活空间包括人和环境，由此勒温提出了用来预测人的行为的经典公式 $B=f(P \cdot E)$。公式中，

B 表示个体行为的方向和强度，*P* 表示个体的内部条件，*E* 表示个体所处的群体环境，个体行为是个体内部条件和个体所处的群体环境的函数。勒温指出，人们结成的群体不是静止的，而是处于不断地相互作用、相互适应的过程中。群体的目标、规范、舆论、凝聚力、心理气氛与士气等社会心理现象是影响群体动力的内部心理因素。它们不仅影响群体成员的个性发展，而且影响群体发展的水平与群体绩效。

Johnson 和 Johnson（1991）认为在具体情境下建构起来的相互依存关系有三种形式：积极的相互依存（即合作关系），消极的相互依存（即竞争关系），没有相互依存（即个人志向）。其中积极的相互依存能够促进彼此的互动关系，主要分为 3 个方面：①积极的目标相互依存，群体中有明确的目标引导，个体意识到群体目标的实现才能促进个体目标的实现。②积极的任务相互依存，每个成员分配相应的任务和责任，群体间进行有效资源交换，成员间相互反馈。③积极的角色相互依存，每个成员在群体中的不同情景扮演不同角色，相互补充和联系。

5.1.2.2 群体动力学对本书的启示

群体动力学提出的“场”论和个体群体之间的积极依存关系对于本书具有较大启示。在网络研修共同体构建的活动设计过程中，注重教师群体之间制定共同的依存目标，并且支持教师群体为了实现这一目标，制定一系列规范；深入教师剖析教师群体间的有效运行组织结构，提供相应的支持发展策略；网络研修共同体群体成员心理具有依存关系和共同感，制定相应策略，从情感支持方面对群体进行作用和影响。

5.1.3 情景认知与情景学习

5.1.3.1 情景认知与情景学习主要观点

1989 年，约翰·西利·布朗、阿伦·科林斯与保尔·杜吉德（John Seely Brown，Allan Collins and Paul Duguid）在《教育研究者》杂志上发表的《情境认知与学习文化》（*Situated cognition and the culture of learning*）中首次详述了情景认知和情景学习，并提出：知识是具有情境性的，知识是活动、背景和文化产品的一部分，知识正是在活动中，在其丰富的情境中，在文化中不断被运用和发展着；学习的知识、思考和情境是相互紧密联系的，知与行是相互的——知识是处在情境中的并在行为中得到进步与发展的。“情境是一切认知活动的基础。”在此基础上，莱夫（Lave）从人类学的视角对情境认知与学习进行了研究，她认识到了“默会知识”在学习中的重要性，提出了情境学习的著名论断“情境学习：合法的边缘性参与”，此后 Lave 和 Wenger（1991）从人类学领域的视角，对情境认知与学习的社会实践与社会生活、合法的边缘性参与、实践共同体、学习课程和远程学徒 4 项要素进行了分析。

Jonassen（1991）等人认为，情境学习理论的精髓可以概述如下 5 点：知识是一种活动的产品或结果，而不是一种习得的过程；学习是一种适应某种实践共同体文化的过程；学习是作为某种实践共同体一员的身份发展过程；意义的形成是协商的社会性建构过程；情境中的学习需要不同的社会—认知过程，而不像学校教育中的学习那样简单。Choi 和 Hannafin（1995）认为，情境认知理论强调真实的情境或经验，而不是去情境化（decontexualized）的学习，着重的是学习过程，而不是纯粹追求学习结果。情境认知理论的精髓就是，知识在现实生活中怎么应用，就应当怎样去学。在真实的学习环境中所获得的知识才可能是活性知识，才具有迁移力和生存力（viability），而在去情境化中所学的知识是惰性的，缺乏远迁移力的。我国学者钟志贤（2005）总结了情境认知理论的内涵：情境是一切认知/学习和行动的基础，强调情境的真实性；知识是一种应用工具，是真实的活动结果，同时知识是一种社会建构，并表现在人们的行动和共同体互动中；学习是一种积极参与学习共同体/实践共同体和积极互动的过程；强调认知工具/资源的运用和知识的协作/社会性建构；要求学习者在学习的过程中清晰地表达理解和反思；教师的主要角色是帮促者；强调真实性的评价。高文（2001）提出基于情境认知与情境学习的教学模式有抛锚式、随即访问教学、认知学徒制（cognitive apprenticeship）以及基于交互式多媒体的教学等。

5.1.3.2　情景认知与情景学习对于本研究的启示

情景学习与情景认知强调在学习过程中“情景”和“实践共同体”的重要作用。因此在本书的网络研修共同体创设和网络研修活动设计等方面，注重创设认知情景、合作情景、问题情景，提供真实的教学任务情景，为理解和经验的互动创造机会；提供扮演多重角色、产生多重观点的机会，提供丰富的资源，构建基于网络的学习共同体和实践共同体，把教师置身于网络研修环境中，激发教师网络研修的兴趣，通过教师之间的互动、交流、协作促进教师从网络研修中汲取经验，扩大隐性知识。

5.2　网络研修保障体系构建

本书第 3 章在理论研究、已有文献研究和三轮专家咨询的基础上，构建教师网络研修影响因素框架，主要有 7 个要素：个体因素、研修平台及环境因素、网络研修设计因素、主观规范、互动感知、支持帮助、教师网络研修。第 4 章在第

3 章研究的基础上，以教师网络研修影响因素框架为基础，综合已有研究设计教师问卷，探究各影响因素对于教师网络研修态度、行为、能力方面的影响，通过科学数据分析得出“个人因素”“研修设计”“支持帮助”“主观规范”“研修社区”“互动感知”等核心因素都对教师网络研修存在影响，其中“研修设计”对于网络研修影响系数最大。“研修社区”“互动感知”“支持帮助”通过“研修设计”影响教师网络研修，其中最为主要的是“研修社区”，证明“研修社区”在“研修设计”中占最重要地位，“互动感知”和“支持帮助”在“研修设计”中也有较为重要地位。

基于以上研究结果，笔者认为要进行教师网络研修保障体系设计，就必须针对网络研修的各个影响因素进行有效干预，即对象为研修教师自身、网络研修社区、网络研修设计、主观规范、互动感知、支持帮助等方面，提出系统、科学、有效的保障策略，促进教师在网络研修中出现态度、行为的变化，进而提升教师能力，促进教师专业发展。在保障体系构建过程中，根据各影响因素对于教师网络研修作用关系，影响最大的为“研修设计”，主要包括活动设计、资源设计和评价设计；同时，“研修社区”通过“活动设计”产生影响，且对于参与网络研修的老师来讲，对于“研修社区”的认识主要体现在“活动设计”方面，即社区的优劣主要体现在活动好不好、资源有没有用、评价能不能公平等直观的认识上，因此“研修社区”和“研修活动”相互交织，密不可分，同时构成保障体系中的最核心中观部分。“主观规范”和“支持帮助”对于教师网络研修也有显著影响，但是相比较于“研修活动”和“研修社区”影响程度有所降低，且两个因素主要从教师网络研修的宏观层面进行干预和引导，因此构成教师网络研修保障体系的外层。教师网络研修是一种群体的活动，设计网络研修社区，设计网络研修活动、资源、评价，提供相关政策保障和支持帮助，都是为了教师在参与网络研修过程中有效地与同伴进行相互交流、研讨、借鉴学习，因此教师网络研修最为直接感知的网络研修共同体应为教师网络研修保障体系中的微观内容。基于以上分析，本书从宏观、中观、微观 3 个层面构建网络研修保障体系，如图 5-1 所示。

宏观层面，主要从教师网络研修的整体规划和支持的上位角度审视中小学教师的教师网络研修，具体包括各级教育行政部门、培训结构、专家、共同设计制定顶层设计、规范制度、支持保障、绩效评估以及培训机构组织、专家应该为教师提供的感情支持和技术支持；中观层面，主要从教师网络研修环境和资源角度进行规范，核心要素是网络研修活动设计，包括资源设计和评价设计，以及依托网络研修活动感知的网络研修社区的设计和规划，社区应具备知识学习、在线研修、管理评价和资源汇聚等功能；微观层面，主要从学习者、意见领袖、专家的网络研修共同体层面进行设计，突出共同体中角色的具体定位和发展策略。中小学教师网络研修保障体系纵向是影响教师网络研修的核心因素，并从外部向内部集中，在各核心因素的共同的作用下，促进教师网络研修态度、行为的转变，并最终实现能力的有效提升。此外，中小学教师网络研修保障体系应为整体系统，不能对每个因素割裂进行设计和优化，从而影响整体效果。

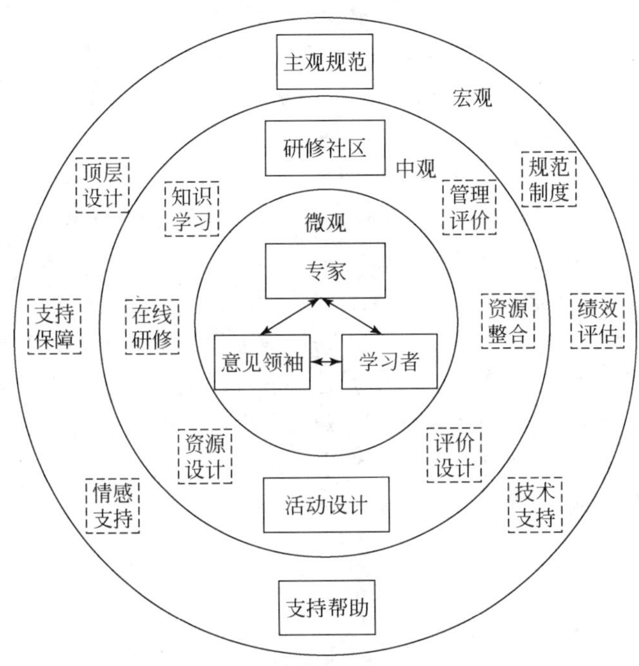

图 5-1　中小学教师网络研修保障体系

5.2.1　网络研修共同体

本书提出网络研修共同体，其实质还是网络环境下的教师学习共同体，本质上属于学习共同体、实践共同体、知识建构共同体的范畴。教师学习共同体（teachers learning communities）是共同体概念在教师专业发展领域的发展。理想的教师学习共同体，是探究和体验学习方式，是一个能够不断产生新的学习活动的“学习场”，是个体都能够自我更新的可持续发展的生态系统。本书中将“教师网络研修共同体”界定为有共同目标和意愿的中小学教师通过“他组织”或“自组织”的方式在教师网络研修社区汇聚，在与专家、意见领袖的充分交流、互动、共享的氛围中，促进共同体整体和个体的发展。本书提出的教师网络研修共同体也遵循教师在线学习共同体的构成要素和发展过程，但是在具体的环境和应用中突出了特定的角色定位和发展策略。

5.2.1.1 网络研修共同体角色及之间的关系

关于网络学习共同体的角色划分，国内外早已开展大量的相关研究。胡世清和高长俊（2013）以不同类型、组织模式的虚拟学习社区为例，分别从角色类型与职责、角色交互方式与工具两方面，对虚拟学习社区中的角色结构进行分析，提出了学习者（潜水者、活跃者）、教师（助教）、管理者（秩序维护、执行考勤、技术支持）等角色；王陆（2009；2011）、杨卉等（2012）重点讨论了在线学习社区中的意见领袖、助学者和网络研修活动中专家的角色。本书基于已有文献研究，提出了学习者、意见领袖、专家 3 种网络研修共同体角色，如图 5-2 所示。对于已有研究中提到很多的“管理者”角色，本书不予考虑，原因在于“管理者”角色最重要的定位在于技术支持、技术维护等，部分还承担了评价、统计、结果反馈等责任，对于后部分，在网络研修共同体中应该由“意见领袖”来实施，对于“技术”相关角色功能，本书认为没有必要进行讨论，除此之外，网络研修共同体中的交互是最为重要的构成因素，“管理者”并没有参与到网络交互中，只是做一些辅助性工作，这也是“管理者”没有纳入网络研修共同体的重要原因。网络研修共同体角色可以分析以下几项。

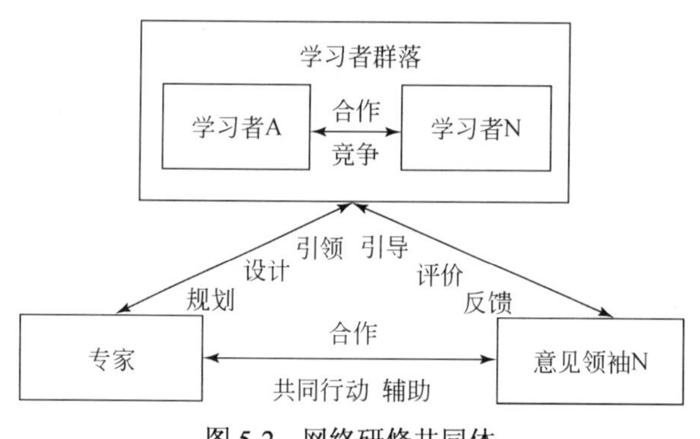

图 5-2 网络研修共同体

1）学习者

学习者是网络研修中的主要角色，通常以群落或群体的关系存在，即有群体的学习者存在；网络研修中的所有规划、设计和活动主要都是围绕学习者展开。网络研修的学习者主要角色定位有参与者、讨论者、竞争者、合笔者、贡献者、知识建构者、行动者、反思者，即网络研修社区中的学习者不单进行自主的学习，还需要积极地参与到网络研修共同体中，与其他参与者充分讨论和交流，和身边的群体既是合作的关系，也需要在合作中进行竞争，教师需要共同合作才能共同完成或者更为高效、高质量地完成某一些网络研修活动和任务，但是也需要竞争才能使自己变得比其他同伴更加优秀，更加具有发言权，成为意见领袖。教师在网络研修的过程中，不断贡献自己的智慧、知识、作品，融合他人的观点、理念、方法、作品，完成循环上升的知识构建，达到网络研修的目标。除此之外，教师还应该是积极的行动者，将构建的程序性知识向实践性知识进行迁移，最终完成能力的提升。与此同时，在不断合作、交流、行动的过程中，不断地进行反思，通过反思和实践的结合促使自身的专业发展。

2）意见领袖

关于意见领袖的定位很多，比如，意见领袖在群体中非常活跃，积极地与学习者的交流讨论；意见领袖是群体中的焦点人物，他们的发言受到较多关注，影响面较广；意见领袖在群体成员中有较高的支持率或认同度，往往能左右群体的意见走向，并且有研究表明，在教师虚拟社群中，社群成员更多地受到意见领袖的影响而不是专家的影响。基于以上认识，笔者认为在网络研修共同体中，不设置“助学者”的角色，充分发挥意见领袖在网络研修引导过程中的重要作用，与学习者和专家紧密交互，促进交互的深度进行和学习者能力的提升。原因在于，以往对于助学者的研究中，普遍认为助学者是帮助教师积极开展网络研修的辅助人员，主要的工作在于发起问题、技术支持、解答教师研修中存在的简单问题，对于不同学科教师在研修过程中遇到的实际问题，或者说学科相关的难点问题，助学者一般难以回答，或者没有能力和经验进行回答，这样就导致了助学者实际上更多地被设置为督促者和技术问题回答者，常见的发言更多局限在“请老师们登录”“请老师完成作业”“某某老师您的用户名密码已经找回”一类的内容，对于促进教师网络研修的深入开展没有最本质的影响。因此本书对于“助学者”角色并没有单独定义，而是将“意见领袖”的作用进一步放大，在线研修过程中，承担引导研修方向和指导的职责，在研修前和研修后，制定具体研修计划，评估研修效果并收集研修中存在的意见和问题，为后续的研修提供支持。在实施过程中，也是不指定或者安排“意见领袖”，而是前期由“助学者”完成基本的帮助和评价，中后期在网络研修社区中寻找不同工作室、任务小组的意见领袖，并组成新的“助学者”团队，以意见领袖为主，开展学习者的引导、评价、支持帮助等工作，这样对于意见领袖来说，也是在合作、互动交流中的发展和进步。

3）专家

这里的专家，确切地说应该是网络研修中的专家团队或专家小组，由学科专家、资深教研员、学科特级教师、教育学专家等成员构成，强调学科特性和技术特征。专家与学习者之间应该是中等强度交互，但是与意见领袖应至少达到中等强度交互，甚至应该是高强度的交互。现阶段网络研修的现状是，参与教师的人数众多，但专家组的人数较少，很难保障每个教师都能得到专家指导，因此本书设计充分发挥意见领袖的作用。专家的主要角色是引领、制定发展规划和诊断评估，和意见领袖的“引导”相区别，专家的任务是“引领”，是从整体宏观的层面对学习者群体的发展进行引领，而不是针对某个小组、个人的引导。专家还应该制定群体的发展规划，面向群体规划发展路径和框架。此外，专家的重要作用还在于对于学习者群组的诊断性评价和研修效果评估，根据诊断结果和评估结果，完善方案的制定和开展具有针对性的网络研修活动。最后，通过专家对意见领袖的带动和促进，形成层级式网络研修共同体发展建构。

5.2.1.2　网络研修共同体构建策略

（1）明确学习者、意见领袖、专家之间的关系，尤其是专家与意见领袖间的异同。学习者是网络研修共同体的主体，通过学习和研修、实践最终得到能力发展，意见领袖和专家都是围绕学习者的需要进行规划和设计，并给予学习者帮助和支持。意见领袖也是网络研修社区学习者群体中的一员，通过个人经验和与学习者交流，能够清楚地了解到学习者研修过程中的实际需要和遇到的困难，因此给学习者最为直接的引导和帮助。除此之外，由意见领袖和助学者构建的新的团队，能够给予学习者及时的评价，修正发展路径，达到最深层次的帮助和支持。专家的作用主要在于宏观层面对于学习者群体的发展规划，和意见领袖之间及时指导也是合作的关系，这样做的主要目的是充分利用专家在深层次对具有较快发展的学习者的帮助和支持作用。

（2）综合考虑学习者群体构建——同质分组和异质分组。成员关系的异质性和多样性是学习共同体区别于其他各种学习小组、工作团队和居民社区的重要特征之一。网络研修共同体交互的主要环境为网络环境，因此具备一定信息技术能力的学习者显得格外重要。因为在影响因素研究的结果中发现了不同教龄、区域教师对于网络研修态度、行为和能力感知的不同，因此网络研修学习者群体应该由多元属性、多元能力的异质教师构成，在学科、学段等方面应强调同质教师的组合，通过厘清同质和异质学习者群体的关系，更好地促进教师群体的发展。

（3）重视教师博客社群中意见领袖的作用，对于意见领袖带领学习群体进行网络研修，给予适当的精神和物质的奖励。同时，意见领袖也来源于学习者群组，是学习者中优秀的代表，也具有更高一层次的发展需要，因此专家团队也给予意见领袖更多、更深层次的帮助和支持，带领意见领袖的进步和发展，为学习者树立正面的模范，明确发展的路径和方向。在此基础上，专家团队和意见领袖共同行动，形成合力，共同促进学习者群体的发展。

5.2.2　网络研修设计

网络研修设计主要从活动设计、资源设计、评价设计 3 个方面展开。

5.2.2.1　网络研修活动设计

网络研修活动设计是网络研修保障体系的核心，教师对于网络研修社区、网络研修支持帮助等都通过网络研修活动进行感知，影响因素中网络研修活动对于网络研修的态度、行为、能力也具有最为显著的影响。根据情景认知与情景学习、活动理论、教师在线学习等理论指导，构建网络研修活动模型。其中情景认知与情景学习理论体现在强调教师网络研修活动过程研修情景和研修问题的构建与设计；活动理论体现在对于教师网络研修活动中学习者与同伴、专家、意见领袖的交流，强调学习者的积极性；教师在线学习理论体现在将网络研修活动分个 3 个方面，根据不同的在线学习类型进行详细设计。

1）基于情景问题、案例的自组织教师网络研修活动设计

基于情景问题、案例的自组织教师网络研修活动强调教师网络研修的自组织性，解决在专家的弱干预下，意见领袖带领教师开展网络研修活动，最终实现教师教学经验的习得，促进教学改革，如图 5-3 所示。教师网络研修的主题主要来自真实的教学问题情景、相关案例，其中真实的教学问题情景主要是教师在教学设计和教学实施过程中遇到的问题情景，如给定主题设计一堂基于探究式理论的课程，在探究式课程实施过程中小组合作的高效和优化等。案例主要包括名师课程、优秀教学实录、优秀教学设计、共同体成员自己的案例等。名师课程主要是名师优秀教学案例的呈现，让教师了解领略名师的优秀风采，示范学习；优秀教学实录和优秀教学设计也是呈现高水平的内容，让教师了解优秀教师的授课方法和技巧，参考学习；共同体成员的案例主要是研修教师自己的教学设计和教学实

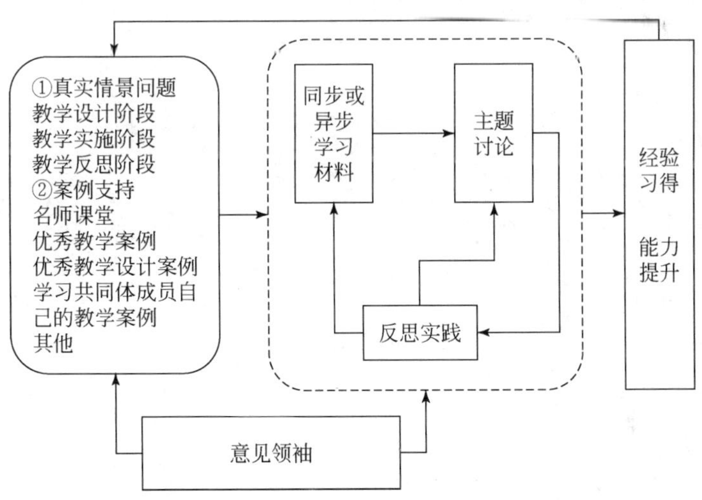

图 5-3　基于情景问题、案例的自组织教师网络研修活动

录，和成员共同参考学习。将真实问题情景、案例等视频、文本材料在网络研修社区中进行呈现，意见领袖组织共同体教学进行深度交流互动，然后共同体教师反思实践，进一步进行交流讨论，直到完全掌握的某一个问题的解决方法或深入了解了呈现案例的技巧方法后，开始新的真实问题情景、案例的学习和讨论，并循环开展“材料呈现—主题讨论—反思实践”的循环过程，最终促进教师教学设计、教学实施中问题解决和方法技巧等程序性知识的获得。

2）专家引领的在线研修共同体活动设计

专家引领的在线研修共同体强调网络研修活动的计划性和引领性，解决教师在专家团队的强干预下，通过有计划性的知识学习和研修活动开展，促进教师教学能力的发展和持续性的在线学习能力的培养，如图 5-4 所示。第一阶段由专家团队对教师网络研修需要和要求进行研究并进行足够的材料准备，在此基础上在网络研修社区环境中构建独立的专家引领研修空间，包括结构设计、资源准备、教师发展计划、主体活动、评价设计等，主要目的是构建类似“名师工作室”的相对独立的专家引领的研修空间。核心阶段首先进行有计划的知识与技能的学习，主要是掌握基本的理论基础知识，然后是在专家的强干预下，进行学习共同体活动开展，可以是课例点评、集体备课、专题研讨、案例学习、课例研磨等多样的研修活动，在研修的基础上，进行教学实践和反思，并针对实践中存在的问题，继续进行专家引领的网络研修活动，形成循环上升的闭环，解决知识的理论和实践能力后，在专家引领下再次开展“知识与技能学习—学习共同体活动开展—教学实践与反思”的学习与研修活动，最终促进教师教学能力的发展、在线学习能力的培养，直到最终促进教师形成自主的在线学习能力，实现自我的专业发展能力提升。

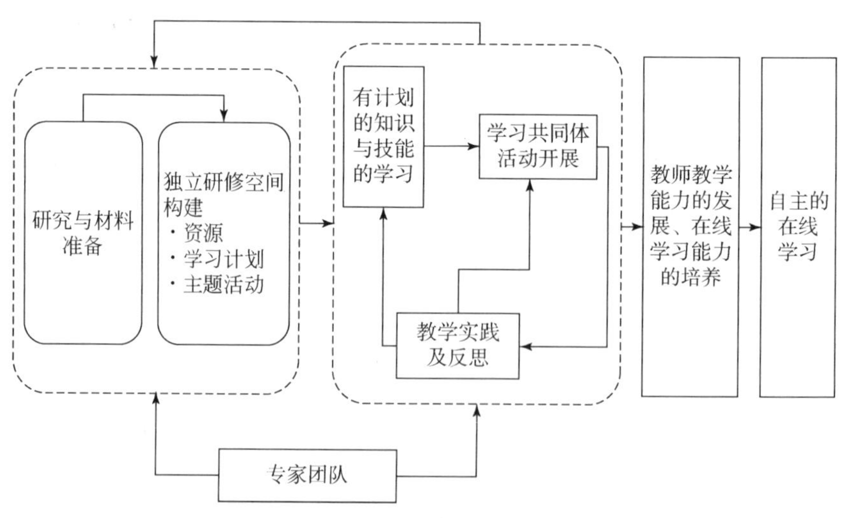

图 5-4　专家引领的在线研修共同体活动设计

3）基于实践共同体的网络研修与校本教研融合发展

基于实践共同体的网络研修与校本教研融合发展强调专家引领下的网络研修和校本教研混合研修，通过教师教学理念的变化最终促进学生学习方式的变革，如图 5-5 所示。第一阶段是教师在线学习系统化的网络课程，内容主要包括教学理念、教学方法、教学模式等等，强调课程内容的系统化和体系化，课程呈现形式可以是 MOOCs、微课程等，并进行课程学习结果的评测。在完成第一阶段的基础上，进入到网络研修和校本研究混合阶段，通过专题研讨、集体备课等在线网络方式首先解决课程知识在教学实践中的真实问题的程序性知识的学习，然后通过课例研磨等方式实现网络研修与校本研修的对接，并与教学改革实验相结合，在实践中不断反思，在反思的基础上不断深入实践，通过这种循环式的网络研修和校本研修结合的方式，促进教师网络课程学习中的理念、方法、模式等在教学中不断深入应用，促进自身教学能力的逐步提升，最终反映在课堂上，促进学生学习方式的变革。

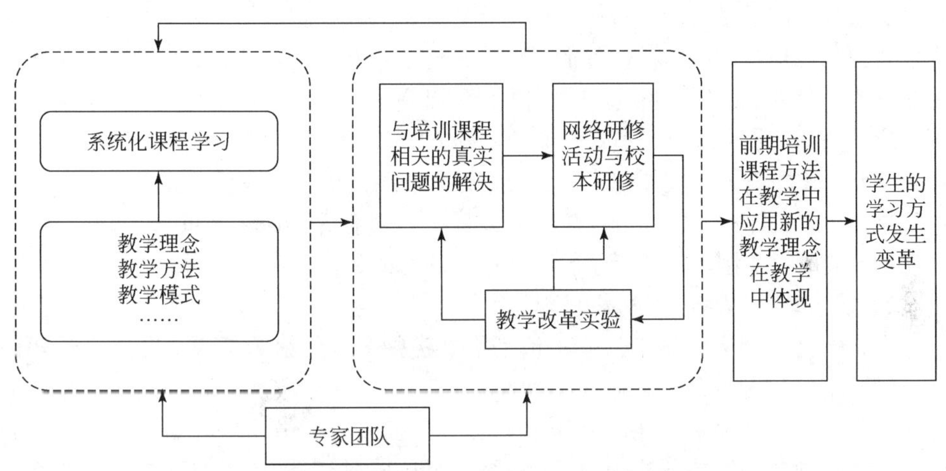

图 5-5　基于实践共同体的网络研修与校本教研融合发展

以上提出的 3 种网络研修活动分别针对不同的网络研修类型和组织要求，基于情景问题、案例的自组织教师网络研修活动支持大规模的教师网络研修开展，重点强调教师自组织的群体共同发展。专家引领的在线研修共同体强调在一定范围内，专家引领下的实践与反思，存在多个独立的网络研修空间也可以实现大规模发展。基于实践共同体的网络研修与校本教研融合发展强调系统性和体系化，与校本教研相结合，解决教学改革过程中存在问题和困难，需要长时间、重复、大量的研修活动，最终促使教师专业发展进而促进学生学习方式的变革，应该是一种完美理想化的网络研修活动状态。在具体活动设计过程中，还要遵从网络研修活动设计的 8 个基本要素：①活动任务，交代学习活动的顺序和组织机制，使学习者在进入活动之前能够对活动有整体认识，做好准备。②预期目标，明确整个活动应取得的成果，告知学习者在多长时间内以何种学习方式完成学习任务，提交何种成果。③活动角色，列出活动中涉及的各类角色，使学习者明确自己所应承担的职责。④活动工具，使学习者明确活动中所需要的工具。⑤学习资源，学习者根据需求选择活动所需资源。⑥活动步骤，使学习者明确活动的步骤，学习者根据自身情况和学习风格选择步骤。⑦活动时间，规定每个步骤所需的时间，使学习者把握节奏。⑧评价方法，多元化地设计评价方法和内容，评价和目标保持高度一致。

5.2.2.2 网络研修资源设计

1）注重网络研修资源的多元构建

网络研修资源来源主要分为两类：预设性资源和生成性资源。预设资源主要是给教师提供优质的课程资源和研修资源，如名师示范课、优秀教学设计、经典课堂教学实录等，在研修设计中，与活动设计情景和问题相结合，给教师参考学习。生成性资源主要是参与教师在研修的过程中，通过与专家、意见领袖、同伴相互交流不断修改完善形成的经典的过程性成果，可以是教学设计、教学实录、教学反思等等。预设性资源是经过专家遴选、修改、完善的在网络课程学习或研修活动中提供给教师。生成性资源是教师在学习和研修过程中生成的。生成性资源最终也逐步归入到预设性资源库中，并在下一轮研究过程中提供给新的研修教师，通过学习鲜活的教师发展成果实例，促进新一轮教师网络研修的积极性和发展意愿。

2）研修资源内容的多样化呈现

网络研修资源应根据具体研修活动需要进行多样化组织呈现。在系统化知识学习过程中，应采用网络课程、MOOCs 的方式，支持教师开展“线性”知识学习和研修活动，即为达到某一网络研修目标，围绕目标由一系列活动形式组成活动流实现，教师在完成规定研修活动后，才可以进行后续活动的开展，这样逐次推进，促进教师在掌握必需知识的基础上，开展后续研修活动，让教师掌握体系化的教师理念、教学知识和技能。在具体问题情景中的资源应该以微视频、内容片段等方式进行碎片化、有针对性地呈现，针对网络研修中的具体问题，进行情景化的设计和实现，支持教师针对某一主体、特定的问题开展网络研修活动，促进深度学习和理解。

3）智能化的教师网络研修资源推送

资源推送服务是指虚拟助理按照一定的技术标准或协议，自动地选择用户所需要的信息和资源，在合适的时间以最优方式将资源传递给用户的服务。资源推送的典型模式包括：基于用户兴趣的推送、基于学习内容的推送、基于知识情境的推送以及基于社会网络分析的推送。在网络研修资源设计时应充分考虑利用技术手段实现自愿的推送服务，通过数据分析，根据教师网络研修习惯、爱好和需要推送所需资源，支撑教师更加有效地开展网络研修活动。

5.2.2.3　网络研修评价设计

Thoms 教授在《教师专业发展评价》中提出专业发展评价的目的是为了寻求增进发展有效性的方法，从而促进学习，并提出从以下 5 个层面进行专业发展评价：教师对专业发展活动的反应、教师的学习、教师所在组织的支持和变化、教师对新知识和技能的应用、教师所教学生的学习结果。

1）教师网络研修评价维度

基于以上认识，研究者提出教师网络研修评价应该从以下 3 个维度进行科学评价：①教师网络研修发展性评价，摒弃传统以教师发帖回帖、提交作业、在线时长等考试方式，制定体系化评价体系，借助网络研修社区数据分析功能，注重教师整体表现的发展性评价，从参与度（发帖、回帖、在线时长等基本态度表现）、贡献度（被引用率、转载率、置顶、精华等影响表现）、学习质量（学业成绩）等方面进行发展性评估。②教师网络研修共同体发展评价，除针对教师个人评价外，还应对教师所在的研修共同体进行系统化评价，强调教师个人学习和共同体的同时变化以及强调他们的相互支持作用。③教师网络研修结果应用评价，教师网络研修的最终目标在于提升教学质量、促进学生学习方式的变革，因此教师网络研修评价最终的落脚点应该在于教师对于网络研修知识、技能实际应用和教师课堂教学质量提升。

2）教师网络研修评价方法

教师网络研修牵涉到网络研修共同体、网络研修社区、网络研修活动等众多要素，因此在评价方法的选择上也要强调“混合式”的评价方法。在网络研修共同体活动方面，采用社会网络分析，通过分析网络研修社区中教师之间、意见领袖的社区中心度、社区结构和密度评价网络研修共同体的互动效果。采用内容分析方法，编制互动分析表，对网络研修社区中教师发帖编码后进行分析，评价教师发帖内容有效性和学习效果。在教师网络研修结果应用评价方面，采用课堂观察、课堂录像分析等从定性、定量两方面对教师课堂教学效果进行评价。在教师网络研修态度变化等方面，通过问卷、访谈了解教师对于参与网络研修的态度倾向、行为表现等进行评价。总之，采用综合性的评价方法对教师网络研修效果进行全面的效果评价。

5.2.3　网络研修社区设计

网络研修社区是网络研修活动、资源、评价、网络研修共同体交互、协作、共享的重要支撑环境，对于网络研修的整体设计具有非常重要的意义。本书采用理论构建和平台分析两种思路共同构建网络研修社区。理论构建部分在研修综述中已经展开，主要分析了国内外已有网络研修社区的功能架构、类型等研究成果。平台分析，通过对国内外已有的教师网络研修社区（教师专业发展平台）进行分析，了解目前国内外教师专业发展网络支持平台的理念、整体架构、运行机制及特征，为构建网络研修社区结构框架设计以及平台的功能模块设计与开发提供有价值的现实依据和参照。

5.2.3.1 已有网络研修社区模块及功能

近年来，我国各类教育机构、公司、学科、科研院所也针对教师专业发展的趋势，相继推出各种类型、各种性质的网络环境下的教师网络研修社区（平台）。通过搜索，我们选取了 27 个具有一定规模且具有一定代表性的教师网络研修社区（平台）进行功能分析（包括国内和国外），如表 5-1 所示。其中国内政府主办平台 8 个、研究培训机构主办平台 10 个、国外平台 9 个，针对其运作理念、整体架构、运行机制及特征等方面进行了详细分析。从网站的功能看，国内支持教师专业网站平台中，有为教师专业发展提供资源的网站（资源型）、有教师专业发展主题网站、有促进某一学科教师专业发展的网站（单一学科型）、有采用某一种特定方法（途径）促进教师专业发展的平台（特定方法型），有区域联片教研网站（区域型）。从网站建设者来看，有国家层面支持教师专业发展的平台（宏观型）、有地方区域的平台、也有各类教育机构、公司开发的网站和系统等。研究过程中，笔者对网络研修社区（平台）进行了整体分析，根据其功能和用途，对其模块进行了整体分类，主要包括集体备课、说课（评课）、示范课、课例研讨、案例研究、教学评价、课题研究、专题研讨、教学沙龙、名师工作室、网络课程、资源库、导航、注册登录、在线考试、学分管理、常见问题解答（辅助）、合作机构、成功经验、网站简介等。

表 5-1 国内外典型网络研修社区分析统计表

所属国家（地区）		平台数	平台名称
中国	政府主办	8	浦东教师研修社区、齐鲁名师、大庆基础教育研培网、日照网络教研平台、宽正网上教育教学平台、永康市教师专业发展平台、网络视频（说课）教研平台、西城教育研修网
	研究培训机构（企业）主办	10	奥鹏教师网络研修社区、百年树人、北大培研平台、国家开放大学、华南师范大学中小学教师远程培训网、全国中小学教师继续教育网、山东教师教育网、四川省中小学教学继续教育网、中国教师研修社区、湖南省中小学教师发展网
国外		9	Tapped In、Math Teacher Link、Thinkfinity、National Teacher Training Institute、WIDE WORLD、OLC4TPD、Californa Virtual Campus、Education World、College Board
总计		27	

1）国内政府主办网络研修社区功能架构分析

政府主办平台中，注册登录、资源库、专题研讨出现的比例均为 100%，说明在这类平台中，这 3 个模块都能受到普遍重视，几乎出现在每一个平台的界面中；导航、课题研究、课例研讨出现的比例均为 87.5%，说明这 3 个模块都受到了普遍关注，仅有极少部分网站没有涉及这 3 个模块。教学评价、示范课、案例研究、集体备课、名师工作室、教学沙龙这 6 个模块也受到了相当多平台的重视，超过 50%的平台都涉及这些模块；学分管理、在线考试、网络课程、说课（评课）受关注的程度相对较低，均在 25%及以下，如图 5-6 所示。

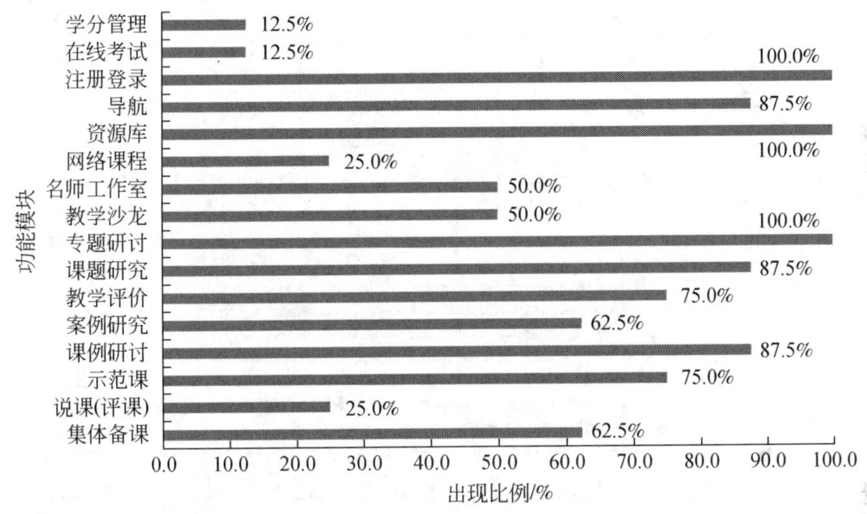

图 5-6　国内政府主办平台中典型功能模块统计

2）国内研究培训机构（企业）主办网络研修社区功能架构分析

通过对研究培训机构开发的平台分析发现，注册登录、导航、资源库、名师工作室、教学沙龙、课例研讨受到了开发者 100%的重视，我们所分析的每一个平台中对这些模块内容都有所涉及。有 50%以上的平台涉及了网络课程、专题研讨、教学评价、案例研究、集体备课、课题研究这些模块，说明这些模块是开发者普遍关注的模块，其中网络课程、专题研讨均占 80%，受到了比较高的关注。只有 20%以下的平台涉及了学分管理、在线考试、示范课、说课（评课）等内容，如图 5-7 所示。国内培训机构（企业）主要面向“国培计划”“中小学教师信息技术应用能力提升工程”等提供培训服务，社区功能均按照文件中的要求进行设计和开发。

3）国外网络研修社区（平台）功能架构分析

国外平台（图 5-8）中，网站简介、在线考试、注册登录、导航、网络课程受到了所分析的每一个平台 100%的重视。常见问题解答（辅助）、学分管理、资源

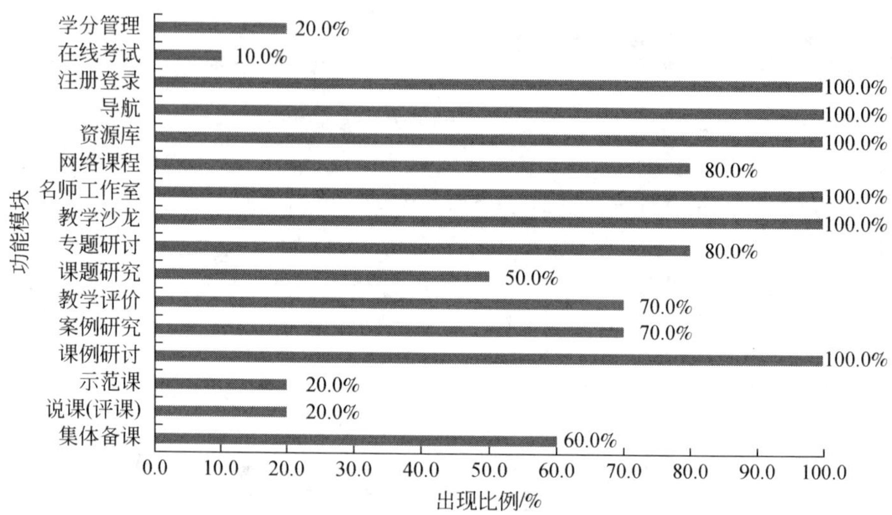

图 5-7　国内培训机构主办网络研修社区典型功能模块统计

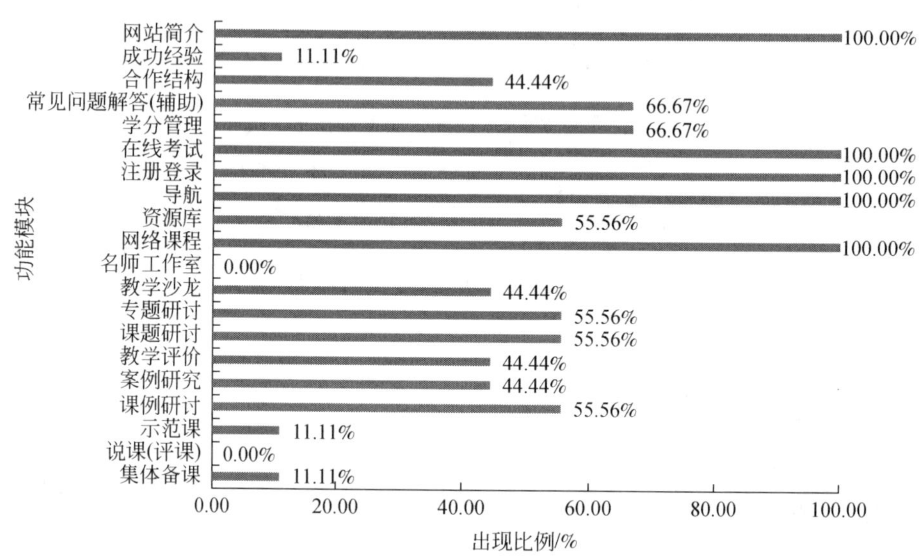

图 5-8　国外网络研修社区典型功能模块统计

库、专题研讨、课题研究、课例研讨所受的关注程度都在 50%以上，学分管理和常见问题解答（辅助）占 66.67%，专题研讨和课例研究占 55.56%。成功经验、示范课、集体备课所占比例较低，只有 11.11%，说明这 3 个模块在国外没有受到普遍关注。具有中国特色的名师工作室和说课（评课）在国外网站中没有出现。另外，国外平台中所涉及的常见问题解答（辅助）、合作机构、成功经验、网站简介这几个模块在国内平台中没有出现，说明国外更加注重对于典型成果案例等方面的推介，注重其在教师专业发展过程中的作用。

从整体上对上述 3 类平台的综合分析发现，注册登录、导航、资源库、课例研讨在平台中受关注程度非常高，其中注册登录占 100%，是平台中必不可少的模块。网络课程、专题研讨、课题研究、教学评价、案例研究受到了比较多的关注，其中资源库占 85.19%，课例研讨占 81.48%。名师工作室、课题研究、教学评价、案例研究这几个模块也受到了重视，均在 50%以上。学分管理、在线考试、说课（评课）、示范课等所占比例较低，均在 50%以下，如图 5-9 所示。从教师专业发展理论来看，国内外教师网络研修社区（平台）存在显著差异，国内社区数量较多、涉及内容较为丰富、包容性宽泛、教师专业发展的理论途径较为完整，但是专一性、实用性、核心功能存在着不足和欠缺。相比之下，发达资本主义国家教师网络研修社区（平台）更加符合“知行合一”的教师专业发展理念，提倡不但“知（知识的获取）”，而且还要“行（教学中进行实践）”，同时也注重教师输入和输出，即教师的获得与教师的成果，具有重要的参考价值。

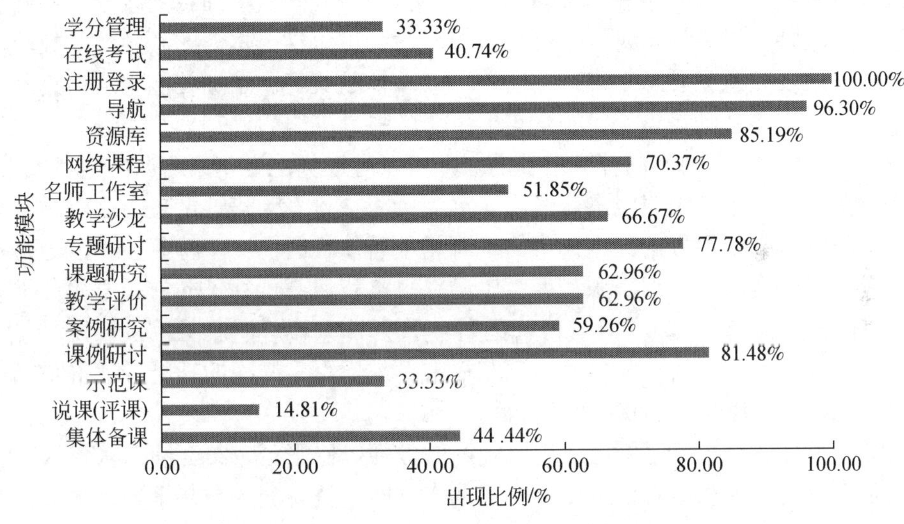

图 5-9　国内外网络研修社区典型功能模块统计

5.2.3.2　典型网络研修社区梳理

本书中选取了部分有代表性的平台进行了详细分析和梳理。

1）浦东教师研修社区

浦东教师研修社区（http：//jsyx.pudong-edu.sh.cn/）在教育信息化基础平台的基础上，将已开发的平台整合起来，建设成一个集教师教研、科研、培训一体的研修系统，建立起一个面向浦东全体教师的统一对外的大型研修社区，其总体目标是，以研修活动为中心，以教师的专业化发展为目的，以信息化为手段，立足于以教师为本，提供针对教师个体研修的服务；立足于同伴互助，提供针对团队的协作式学习服务；立足于专业引领，为多层次的专家梯队支持，并为教师群体提供跨学校、跨学科乃至跨区域交流的服务平台。主要功能架构见图 5-10。

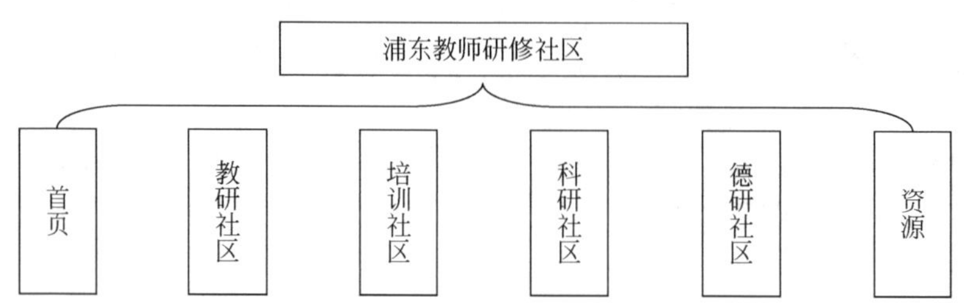

图 5-10 浦东教师研修社区功能框架

参与教研社区的教师可以了解教研公告及最新的教研动态、计划，方便自己掌控教研进度。考虑到学科、学段的差异性，教研社区做了细致的区分，不同学科学段的教师可以方便地进行个性化选择，教师可以结合本人的教学实践经验，在网上发帖发表意见、参与点评和研讨，或献计献策等。培训社区将培训划分为“干部培训”“教师培训”“校本培训”“学科骨干组”“基地工作组”“教师专业发展”6 类，参与不同种类培训的老师可以有选择地浏览该培训的项目成果、研修资源等。在培训中表现出众的前 4 名教师将被推荐为培训之星，这对激发教师的参与性起到了很好的促进作用。资源属于研修社区的一个特色栏目，分为教研资源、科研资源、培训资源和德育资源。每类资源都进行了非常必要的分类设置，方便用户筛选。成功登录研修社区后，不仅可以浏览资源，还可以进行下载、上传、评价等操作，访客身份只有浏览权限，类似百度文库的功能。评价功能可以很好地帮助大家推荐出优秀的资源。

浦东教师研修社区是国内应用比较好的教师研修平台，结合浦东教育云，为所属各学校用户提供教育信息化所需的网络空间，资源获取与共享平台服务及教学，科研，管理等应用的云服务。同时为学校老师提供教育信息化所需的日程安排、微博、博客、在线邮箱、网盘及教研等应用的云服务。总体来说，以科学合理的社区管理、及时高效的动态更新、热门的研修话题、丰富的研修资源、适当的激励措施、强大的技术支持与服务促进教师的专业发展。

2）西城教育研修网

西城教育研修网（http：//www.xcjyyxw.cn/）是北京市西城区教委于 2004 年 9 月创建的，为西城区的中小学、幼儿园干部教师的教育教学提供了丰富的教育资源和网上研修的平台，在支持课程改革、校本教研和构建研修一体模式和促进教师专业发展、提高教学质量，促进区域教育持续、均衡发展方面取得了突出的成效，并产生了很好的社会影响。自 2007 年开始，该平台工作以课题的形式推进。课题研究使区内相关的教育行政人员、教研科研人员、学校干部教师聚集在一起，使区内的教育工笔者和区外的有关研究者聚合在一个平台上，形成一个研究共同体。主要架构和功能如图 5-11 所示。

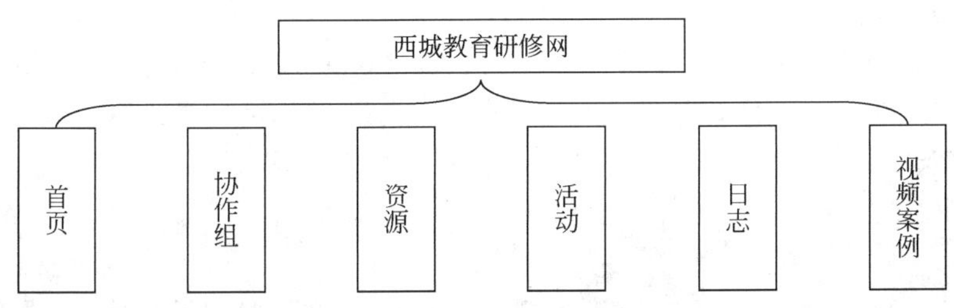

图 5-11　西城教育研修网功能框架

首页有“频道”“优秀协作组”“优秀工作室”“通知公告”“西城快报”“研修之星”“网络视频会议”“资源库”“友情链接”“常用软件”等内容。协作组是一个开放的平台，教师们可以在特定的协作组内发表自己的感想，交流研讨。协作组按学科、学段分类，简单明了的目录式呈现，便利了教师们的检索和查询，同时也满足了不同群体学习者的需求。每个协作组内有小组的信息、成员、资源目录、专题讨论、研修课程、视频案例研修课堂、访客留言、推荐日志等，通过浏览能够明确该协作小组的详细资料，为学习提供了巨大的便利。西城教育研修网提供了各种类型的丰富资源，可供区内相关的教育行政人员、教研科研人员、学校干部教师等学习和下载。资源针对不同群体和学习者分类，资源类型多样，包括试题、主题资源、文献资料、案例、经验交流等。活动是平台的核心模块，教师可在“研修活动”中针对教学、学习、课程等论题在专题讨论区跟帖交流，将比较好的想法和大家分享。“优秀活动”中，针对教学中的重难点问题，邀请优秀教师对教学的策略等进行研讨，通过观看相关视频，网上讨论交流，定期进行专题辅导等形式促进帮助教师学习。日志部分是可供教师发表个人感想的平台，设定了“心情故事”“成长笔记”“教育叙事”“教学反思”“教育评论”“班主任随笔”“教学设计”等几大部分。视频案例部分提供了大量按照学段、学段分类的丰富的视频案例，供教师们学习和借鉴。

西城教师研修网以资源建设为基础，以开展网上研修为重点，支持校本教研，促进干部、教师专业发展，实现优质资源共享。平台以先进的教育理论为引领，针对教师教学实际问题、学生的学习方式、课程的内容等进行深入剖析。通过丰富的视频案例、日志、资源、活动，各种资源和视频的开放式选择，可以大大提高教师的实际教学能力，丰富教师的实践经验，提高教师的教学理论知识。总体来看，西城教师研修网为每位老师创建个人工作室，提供个人反思、学习与知识管理空间，网络研修学习型组织——协作组、学科教研员牵头的网络研修引领方式、丰富的研修资源和视频案例、活动过程跟踪反馈策略和评价激励策略、专题讨论区吸引教师参与网络研修、建立完善的研修工作机制、凸显教师的主体性，学习自主性增强、强大的技术支持与服务等方面值得借鉴。

3）Education World 平台

Education World 平台（http：//www.educationworld.com）是一个可供教育工笔者通过网络汇集与分享观点的平台，教育工笔者可以随时登录并共享高质量的教学计划、研究资源等。目前平台可为教育工笔者提供课程计划、实践信息、教育类文章、网站检索等。

资源：为教师提供多个学科的课程设计、图片、视频、工具、模板、ppt 等资源。

论坛：通过发帖与他人交流等形式，学习者讨论在学习过程中遇到的各种困难。

群组：建立基于主题的小组，通过组内讨论、资源共享等活动，共同完成某一任务来促进组内成员之间的发展。

教育工笔者：成员介绍，可以通过添加好友、发送信息、查看资料等进行交流。

博客：建立博客，收集优秀文章和资源，并进行分享。此外，平台能够自动推送最新博文及关注度高的博主，让其他学员进入进行观摩。

视频墙：收集平台中不同学科、主题相关的视频列表，通过本模块进行点击浏览，对自己收藏的优秀视频，学员也可以自行上传并于其他教师进行讨论交流。

反馈：实现与平台管理者的异步交流，帮助学员解决问题。

Education World 平台最大的特色在于学习者在网络环境中组成网络学习小组，共同交流、互动、协作、学习，在遇到困难时小组成员可以相互帮助，共同完成学习任务，以网络研修共同体的形式促进教师群体的发展。

5.2.3.3 网络研修社区功能架构

在以上分析的基础上，本书提出网络研修社区功能设计框架，由个人空间、研修工作室、实践工作室、支持帮助、管理辅助 5 个大的模块构成，如图 5-12 所示。通过体系化的网络研修社区的学习、研讨、实践促进教师的程序性知识向实践性知识的转化和教学技能的提高，最终促进教师的专业发展。

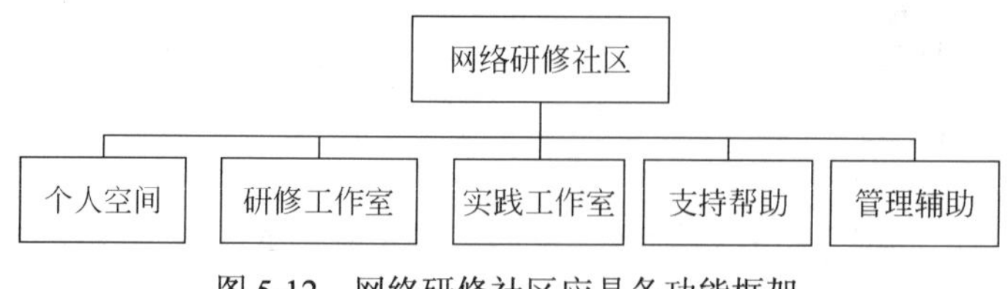

图 5-12 网络研修社区应具备功能框架

个人空间模块：教师登录平台后的首要页面，是教师在整个网络研修社区中的管理、统计、分析中心，教师了解学习进度，收藏整理优质资源，撰写反思日志，实现研修活动的自主管理和个人专业发展规划等功能。

研修工作室模块：通过多种方式重点解决教师程序性知识的获取和实践性知识的初步掌握。可以是由专家或专家小组（名师、学科专家、优秀教师、优秀教研员）制定教师研修计划，建立个性化的研修模块，设计系统化的研修课程，提供微课程、教学案例、文字材料等数字化研修资源，组建网络研修共同体，开展同步异步相结合的混合式研修活动。可以提供专题讲座，聚焦于某一专题内容，汇聚国内外专家学术讲座，为教师提供独立的、具有较高针对性的视频或文本的专题知识，改变教师观念，进行新思想、新理念的传递，促进教师某一专业知识、理念和技能的获得，提高教师的专业素养。可以是案例集锦，汇聚优秀教师的公开课、示范课、教学评优课等生成性优质资源，提供教学实录、教学设计方案、说课视频、专家点评、教学反思以及教学中使用的数字化资源，教师可以通过研磨课例和下载资源，进行模仿教学，提高教师的教学能力。可以是专题研修，针对教师实际教学中遇到的困惑和问题，组织以学科为单位的学习共同体，设计以教师需求为导向的研修专题，在专家或教研员的引领下，开展区域协作研修活动，促进教师针对某一问题进行广泛而深入的研讨，通过分享经验，撰写反思等活动，拓宽教师思考问题和解决问题的视野，提升教师实际教学问题解决能力和协作教研能力。

实践工作室模块：在研修工作室系统知识深入学习研讨的基础上，在实践工作室中进行教学实践尝试，帮助教师的程序性知识向实践性知识的深度转化。通过“教学设计—教学实践—教学反思—教学再设计再实践”的循环的方式开展。教学设计可以通过网络集体备课开展，聚焦于教师教学设计环节，通过教学设计方案撰写、教师在线集体讨论和修改，采取同步和异步讨论的方式，实现校内、校际的教师协同备课，并保留备课过程中的生成性材料，教师在反复修改完善教案的过程中，提升教学设计能力。在集体备课的基础上，进行教学实践活动，教师提供教学实录、教学设计方案和教学课件，开展教学实践展示、在线观课、磨课、点评与研讨等活动，最终提升教师的教学能力。此外，在实践研修中，教师还可以针对实际教学中遇到的困惑和问题，支持校内或校际教师开展跨区域的自组织研修活动，帮助教师通过参与讨论、分享经验、共享案例、撰写反思等提升教师实际教学问题解决能力和协作教研能力。

支持帮助模块：教师情感支撑模块和技术辅助模块。此外在教学过程中遇到教学设计、教学活动组织、教学评价、信息技术应用等问题时，通过寻求帮助模块向专家或同行提问寻求解答，平台对已回答过的问题可直接推送答案。教师在平等、相互尊重、愉快的氛围中互动、交流、合作，在反馈过程中及时解决困惑和教学问题。

管理辅助模块：主要是技术层面的科学设计与实现，提供标准数据接口，注重网络研修社区教师个人信息、研修信息的安全性和教师发帖内容的合法性。此外辅助模块主要提供自定义的搜索管理、导航个人知识管理等功能。

5.2.3.4 网络研修社区设计运行策略

1）注重网络研修社区的易用性设计

网络研修社区在设计和运行的过程中，首先要考虑的是易用性，即无论技术层面的复杂程度怎么样，在应用层面必定以“简单、实用”为网络研修的最基本准则。在网络研修影响因素的阐述中已明确提出这样设计的原因：网络研修社区面对的教师年龄差距较大，既有城市教师也有农村教师，既有“数字土著”等伴随着网络和手机等数字技术成长起来的教师，也有“数字移民”等正在慢慢接受数字技术的教师，所以面对不同特点的教师而开发的网络研修社区必定要照顾到全体教师的需求。网络研修社区的易用性首要考虑的是界面的简洁大方和导航的清晰明了，避免信息的过度呈现从而出现信息迷航，可以在社区页面呈现较少信息，而将个人空间作为汇聚所有相关信息的模块，教师登录后学习信息、交流信息、管理信息、评价信息等分类呈现，使教师能够在特定页面了解所有信息，操作所有功能，为教师网络研修提供便利。其次是充足的技术保障，避免出现网络研修社区链接丢失、连接不稳定、学习成果丢失等问题，影响教师对于网络研修社区的信心和参与网络研修活动的兴趣。如果多次发生此类问题，待技术完善或升级后也很难挽回教师对于平台的信心，进而影响网络研修质量。最后是提供完善的技术帮助支持，将网络研修社区操作指南或操作难点重点问题以文字材料或者微视频的形式呈现，并在网络研修活动中加入对于网络研修社区的认识，通过学习、交流的方式，促进参与研修的教师对于网络研修社区基本操作的掌握，为后续网络研修活动的顺利开展提供足够的支撑。

2）强调体系化设计和运行

web2.0 时代网络研修社区的要求相对较低，功能较为简单（发帖、回帖、观看视频）且研修对象单一而固定，因此设计时不需要考虑到复杂的网络研修要求和情况。随着大数据、云计算时代的到来，为了在 web3.0 时代构建满足不同类型、不同要求的研修对象以及多样化的研修活动，研修过程体系化的网络研修社区显得尤为重要。因此在网络研修设计过程中更应当注重体系化的设计。首先构建体系化、模块化的功能模块，每个模块既可以独立开展活动也可以根据具体网络研修的要求和环境的要求“积木式”地构建功能模块组合。其次是网络研修用户数据的“云技术”存储，不再封闭和独立，更加多元和开放，满足教师在不同时间、不同社区、不同活动中的持续开展网络研修的需要。

5.2.4　网络研修支持帮助

在“支持帮助”方面，本书文献分析中已经进行综述，大量的研究都集中在“技术”层面，对学习者帮助和支持的 “情感支持”研究还是比较少，国内的研究注重从“归属感”和“情感倾向”等方面开展研究，国外研究主要从“online human touch”（在线人情味、在线人性化、在线人性关爱）等方面开展研究。社区归属感是指，在协作学习技术尤其是计算机网络技术和通信技术的支持下，社区参与者基于自身需要（掌握知识、获得技能、情感交流等）或是为了完成特定的学习目标，而在参与者之间通过相互联系、沟通与交往所形成的对特定网络空间心理上的依赖与喜好，这种心理趋向使得学习者产生对自己所在虚拟学习社区身份的确认。Betts（2009）在其文章中提出了在线人性化的概念框架：学员参与、社区发展、个性化通信、教师发展、数据驱动决策。即在线人性化促进学习者发展是要靠学员、社区、教师、结构化分析和数据分析共同实现的，并通过实践分析，证明了在线人性化的重要性和必要性。胡世清和高长俊（2013）也将虚拟学习社区中的交往分为带有情感倾向的交往和情感中立的交往两种，并且消极的情感倾向会使社区成员对社区产生厌恶或者不愿继续留在社区学习的情感，直接影响的网络学习质量。本书也将网络研修的支持帮助分为“情感支持”和“技术支持”。在第 3 章网络研修影响因素的研究中，数据分析结果证明“情感支持”对于教师参与网络研修的“行为”“态度”“能力感知”等都具有显著的影响作用，因此情感支持的设计是“支持帮助”的重点领域。

5.2.4.1　情感支持

情感支持主要是对教师网络研修过程中的文化，研修人文环境等方面进行设计，对参加网络研修的教师提供心理的支持与帮助。

（1）加强对网络研修社区文化氛围建设和发展。现在的网络研修社区中注重的是先进的技术和强大的功能等“硬环境”方面的规划建设，鲜有对教师网络研修文化、氛围、人文环境等“软环境”的规划和发展，而恰恰文化氛围是教师们在网络研修中最为需要和最有效促进研修的因素。加强网络研修人文环境建设，需要有多样有效的互动方式，不仅仅局限在发帖、回帖、看视频等机械的学习互动中，进行在线的混合式学习活动，让不同时空的教师们共同完成某一件具有挑战性和实践性的探究式任务，专家和意见领袖给予实时有效的帮助和指导，允许教师将任务结果分享到研修社区中共享，让大家相互评论，营造相互尊重、认可、愉快、信任的研修氛围。每个人都渴望被尊重、认可，尤其是成人学习者，因此在网络研修过程中，应共同营造相互尊敬的研修氛围，注意挖掘每位学习者的优势和特点，鼓励学习者充分表达自己的观点，培养紧密的人际关系，设定共同的发展目标，在研修总体目标既定的情况下，让学习者明确共同的研修目标和达到目标的路径，促进教师对整体研修设计的认识和感知，开展科学的活动组织和及时有效的反馈评价，精心设计和制定网络研修的主题、活动、内容、评价等，保证教师在明确的主题、丰富的活动、有效的激励机制和合理的评价规则下顺利开展网络研修活动，来增加网络研修社区中学习者的凝聚力和向心力以及为达到同一目标共同努力的研修氛围。

（2）注重意见领袖（助学者）团队人际交流技巧方法的培训。在网络研修前中期，必须对助学者团队、意见领袖等与学习者密集交互的角色进行专门的人际交流方法和技巧的培训，使之掌握相应的技能，提高与学习者的沟通交流质量。通过这种方式，使意见领袖和学习者之间建立紧密的个人联系，成为“朋友式”的学习关系，促进学习者的社区归属感。

5.2.4.2 技术支持

利用先进的技术手段对教师网络研修的活动进行记录和分析，提供最佳的技术支持方案，使教师在技术层面不存在问题，并促进深入的学习与研修。

（1）在网络研修社区整体宏观技术层面，注重构建基于大数据分析的支持帮助和智能评测系统的评价反馈机制。利用网络研修社区的学习者登录、互动等数据，分析学习者在一段时间内的网络研修互动情况，根据教师登录频率、登录时间、地点偏好、交流互动频率、交流偏好等一系列网络研修偏好数据分析，更加有针对性地给予指导和帮助。同时，利用技术手段自动评价教师一段时期内的积极性和网络研修效果，并通过邮件、在线留言、手机短信等方式自动给予学习者人性化的提示，利用技术手段加强网络研修氛围。

（2）构建多样化支持帮助体系。综合利用 QQ、微信、手机短信、手机 APP 等热点技术手段，实时或非实时地帮助教师解答在网络研修过程遇到的各种困惑，如在网络研修平台上建立 FAQ 模块，经大数据分析自动提炼经统计后的教师普遍关注热点和难点问题或已成型的经典讨论结果和案例，通过微信、QQ、APP 等自动推送给学习者，利用技术手段促进网络研修高效开展。

5.2.5 网络研修政策保障

我国网络研修实践层面正处于全面推广开展阶段，国家、省（自治区、直辖市）、市（自治州）、县、学校、培训机构、科研院所（教师培训研究实施机构）等各个层面对于网络研修有足够的了解和认识。教育行政部门长期以来开展网络研修试点工作，高校、科研院所也在研究和实践层面进行了大量有意义的研究实践工作，各培训结构（企业）也有大量丰富的培训经验和基础。但是，对于我国现阶段的网络研修如何更加有效地开展，如何整合更多的力量、资源来促进教师网络研修的质量提升，还有非常多的顶层设计问题，需要各级教育行政部门、教师教育研究机构、企业共同承担完成。研究者在调研过程中，实地了解访谈中学习者（教师）、中小学校长、省级培训负责人、培训机构负责人等遇到的一些困惑和思考，依靠个体或者部分单位的力量无法解决，必须依靠较高级的教育行政部门做好规划，才可以深入开展。困惑问题梳理如下。

（1）网络研修社区建设主体问题：谁可以或者说应该建设网络研修社区？面向什么对象建设网络研修社区？如果各级教育行政部门、科研院所、培训机构（企业）都可以建设网络研修社区，那么网络研修的效果如何保障？如何监测这些建设主体的培训效果？

（2）网络研修社区管理主体问题：如果教育行政部门、科研院所、培训机构（企业）都可以建设网络研修社区，那么不同建设主体的管理主体是谁？如何可以真正掌握不同建设主体的核心数据，有效监测教师网络研修的效果？

（3）网络研修社区建设规范问题：各级主体都可以建设网络研修社区，那么如何定位网络研修社区的功能、技术和管理？如何判定某一个网络研修社区是否适合教师，满足开展网络研修的需要？即网络研修社区建设规范问题和网络研修社区的准入问题。

（4）网络研修社区有效运行机制问题：大量的网络研修社区存在，但是真正能够高效运行的并不多。除了政策性强制要求参加的，在政策层面，如何让网络研修社区有效运行？尤其是省、县层面如何从政策角度规划网络研修？

（5）网络研修延续性问题：在访谈中，有老师谈到连续 2、3 年网络研修或者类似网络研修形式的培训，每年研修的平台、内容完全不一样，每次都需要登录新的平台、记录新的网站、注册新的用户名密码、学习重复的内容，没有连续性，也没有将以前的网络研修作品保留，一切都是重新开始，因而认为现在的网络研修都很没有意义。如何尽可能地保证网络研修整体的延续性，针对不同培训基础的教师开展不同层次的网络研修活动，也是在设计层面就需要考虑到的重要问题。

（6）网络研修社区数据统一接口问题：关于问题（5），不同的培训机构有不同的网络研修系统，建设有自己的数据库，导致教师每次参加网络研修培训都需要注册所属培训机构的网络研修社区账号，浪费资源且影响教师网络研修积极性。如何构建不同层面的网络研修数据统一接口，也是国家、省级层面需要考虑的重要问题。

（7）网络研修社区资源集中整合问题：同样关于问题（5），每次网络研修有不同形式，但是网络研修资源的主题、内容，包括课程、视频等基本相同，在每次网络研修培训结课后，省级层面仍然没有留下能支持继续开展的网络研修资源。

构建资源整合的网络研修同样需要宏观的顶层设计。

5.2.5.1 加强顶层设计，明确各层面网络研修主体责任和义务

以上提及的困惑，笔者认为不是独个的网络研修社区、网络研修共同体、网络研修活动设计和支持帮助等能够解决的问题，而主要是国家级、省级科学的顶层设计才能够克服和解决的问题，应进一步明确国家、省、市、县、学校、培训机构、科研院所（教师培训研究实施机构）的责任和义务。

（1）国家是网络研修最高规划者和执行者，建议组建国家层面高水平网络研修专家团队（或挂靠国家层面教育信息化专家团队），详细制定国家层面网络研修相关政策、规划，评估各省级教育机构、培训机构网络研修实施效果，大力支持鼓励各个层面建设网络研修，即鼓励和支持各级教育行政部门、科研院所、培训机构（企业）建设网络研修社区。制定网络研修社区建设和管理规范，从网络研修社区整体架构、功能模块、标准技术接口、有效运行规范等方面做出明确规定。网络研修社区建设方面应明确网络研修规划和建设的方法、过程、应具备的功能、应达到的目标，重点说明每个子功能实现的具体功能（要求、构成、作用等）和对教师参加网络研修的促进作用，明确要求各个网络研修社区开发者预留标准数据接口，方便调阅各个社区的底层数据。网络研修考核方面对于网络研修培训机构或要求各省级教育机构对网络研修培训机构制定具体考核评价办法，建立“退出”机制。对于考核不合格的网络研修培训机构和市（县）级别组织者、不力教育行政机构果断“退出”，不允许该培训机构继续承担网络研修工作。

（2）在国家宏观规划和框架下积极规划省一级的教师网络研修实施和评估细则。建立省级层面 “退出”机制，对于考核不合格的网络研修培训机构和市（县）级别组织不力教育行政机构果断“退出”，不允许培训机构继续承担网络研修工作。遴选有完备组织和管理规划的市（县）教育行政部门申报本地区组织管理网络研修培训工作，并给予一定经费支持管理和组织工作。

（3）市（县）层面重点解决教师网络研修“连续性”问题，统筹规划国家、省级和本级的教师网络研修，摸底本地区教师网络研修的需求和期望，根据具体需要统筹安排各层级网络研修活动，建立教师网络研修申报遴选机制，而不是指定机制，促进教师在一段时期内“连续”“逐步深入”（主体连续、内容连续、效果连续）地开展网络研修活动。

（4）培训机构是网络研修实施主体，直接影响到网络研修的高质量地开展。应按照要求，进行网络研修社区、资源、课程、评价、实施等方面的设计，完善支持服务机制，预留标准数据接口，建立本地化的支持服务团队，保障网络研修的顺利开展。

5.2.5.2　构建各层级网络研修管理平台

在国家中小学教师信息管理系统的基础上，尤其是国家中小学教师培训管理系统基础上，构建国家、省（自治区、直辖市）、市（县）体系化网络研修管理系统，主要功能是管理、监测、评价各层级开展的网络研修活动，将各个网络研修社区核心数据进行收集，实时统计分析网络研修在线人数、各教师网络研修路径、网络研修活动、网络研修效果等数据，从国家、省级、市级任意层面都可以掌握每一位教师的具体活动路径，也可以了解网络研修开展的宏观数据，如某一县级网络研修的在线人数，某一省级网络研修教师的整体进度等，进行各个层面的预测、分析和管理。同时，系统对于自组织的网络研修活动也可以进行监控评测，如某一县级自组织的网络研修活动，借助系统的大数据分析功能，上级部门可根据系统分析结果确定教师继续教育学分的指标，不再根据下一级教育行政部门的报送结果盲目给予教师各种评定和奖励。

5.2.5.3　加强经费投入和管理，科学绩效评估

进一步加强经费投入及管理，制定详细网络研修绩效考核方法，科学合理开展网络研修绩效评估。继续加大网络研修经费投入，聘请第三方机构评估费效比，加大对网络研修经费管理。创新网络研修绩效考核办法，改变传统的以教师发帖回帖、提交作业、在线时长等为指标的考核方式，注重从教师整体表现的发展性评价、参与度、贡献度、学习质量等方面进行发展性评估，即认为教师网络研修存在一定的能力发展就给予证明，全面评价教师网络研修的成果。除此之外，改变以往由培训机构提供网络研修合格教师名单，直接进行认定培训结果，发放培训证书，记录教师继续教育学分的考核办法，利用网络研修管理平台直接统计分析教师学业表现，进行评定。并以此为主要依据，对网络研修培训机构和网络研修组织机构（各级教育行政管理部门）展开评估，同时兼顾各机构（组织部门）网络研修方案执行效果，区域内教师整体态度、行为、能力变化，网络研修效益持续发挥等方面开展全面科学的绩效评估。

第6章　网络研修保障体系实践及验证

在中小学教师网络研修影响因素及保障体系研究中，研究者依托英特尔（中国）有限公司和中央电化教育馆联合实施的“落实英特尔®未来教育理念促进区域教师协同发展”试点项目（以下简称“试点项目”），将研究中提出的中小教师网络研修保障体系的部分子模型在项目中进行了实践应用。以先进教育理念与教师专业发展的理论为指导，主要目标在区域和学校两个层面实现。区域层面是把英特尔®未来教育已有培训经验、培训课程体系有效融入区域教育信息化均衡发展过程中，研究区域教育信息化整体均衡推进的策略、方法与机制，总结区域教育信息化发展过程中教师有效培训与教师信息化教学能力发展的模式。学校层面通过网络研修、校本研修、真实问题解决的实践课题研究等活动，系统研究与探索教师能力有效提升的模式，探索教师培训知识与技能向实际教学技能迁移的有效途径。试点项目自2013年开始，实施区域包括云南省沧源佤族自治县、广西北海市海城区、广州市天河区、绵阳市游仙区、兰州市城关区、河北邯郸市邯山区等7个县区，各县区根据本地区已有条件、需求、优势和兴趣，选择不同的研究题目，在区域和学校两个层面设计具体研究目标，撰写研究方案并申报，通过专家组审核后开展项目实验工作。

本书提出的网络研修保障体系包括网络研修共同体、网络研修设计、网络研修社区设计、网络研修支持帮助、网络研修政策保障等方面，其中网络研修政策保障提出了从国家、省级、市县、培训机构的责任和义务，构建多层级的网络研修管理平台等策略，由于研究条件限制，研究者无法对保障体系中的全部策略和设计进行验证。因此，在研究过程中，针对中小学教师网络研修影响因素中的最核心要素，即保障体系中的“网络研修活动设计”进行验证，同时尽可能地兼顾“网络研修社区”“网络研修共同体”“支持帮助”等方面的实施和验证。

6.1　网络研修保障体系实践过程框架

本书的实施及验证在甘肃省兰州市城关区开展。城关区根据地区实际需要，具体实施了“网络环境支持的区域教师信息化教学技能协同发展模式研究项目”（以下简称“项目”），并选择中山小学、华侨小学、九州小学、十六中作为项目的实验学校。项目提出了一系列目标，其中包括 “探索教师信息化教学能力协同发展网络环境支撑体系”和“探索网络环境中的教师学习共同体构建及运行机制”，并依次制定了“进行网络研修社区构建”和“开展混合式的网络研修活动”两个研究活动，本书对这两个活动进行了保障体系部分子模型的效果验证。

在项目整体实施过程中，对保障体系中提出的核心要素进行设计与实现，共经历 4 个主要阶段，如图 6-1 所示，①研修准备阶段。包括基线调研、网络研修社区功能构建、网络研修支持与保障，主要构建网络研修社区，构建网络研修支持与帮助手段和方法等。②混合式研修阶段。包括在线研修和实践研修。在线研修主要集中在对系统知识学习与问题讨论、专题知识学习与问题讨论、生成性问题讨论与解决等程序性知识的获取；实践研修主要集中在通过集体备课、在线磨课、反思与再研修对实践性知识的获取。在线研修阶段和实践研修阶段相互交融，同时开展，使教师开展混合式的网络研修活动，促进教师理念、知识、技能的整体提升。③研修总结。主要对网络研修效果进行评价，总结与反思，对于网络研修效果进行整体评价。

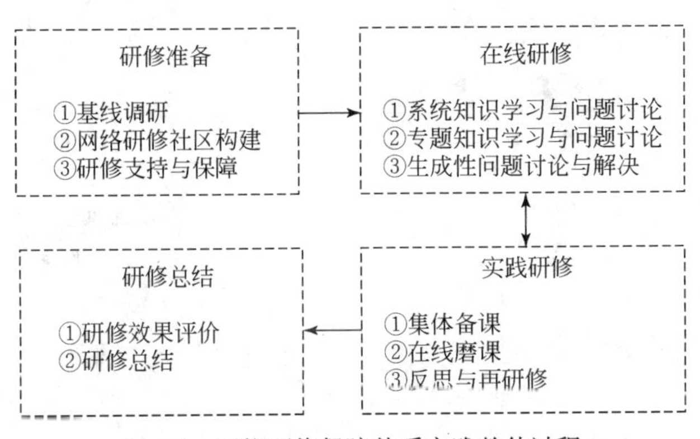

图 6-1　网络研修保障体系实践整体过程

6.2　网络研修准备

6.2.1　基线调研

根据项目设计背景和网络研修需要，在项目开展最初即开始基线调研活动。

（1）调研对象：甘肃省兰州市城关区项目学校教师。

（2）调研目标：了解项目学校教师校本教研和网络研修现状，分析其存在的问题及需求，为后续网络研修设计提供有效依据和项目终期教师发展评估提供基础数据。

（3）调研指标：根据调研目标，笔者自拟“中小学教师网络研修基线调研指标框架”，分为 4 个一级指标和 18 个二级指标。一级指标包括基本信息、校本教研现状、网络研修现状和网络研修效果。二级指标包括学校所在地、性别、民族、教龄、学历、任教学科、年龄、网络应用时间、校本教研存在问题、校本教研作用层面、校本教研需要、网络研修经验、网络研修范围、网络研修频率、网络研修态度、网络研修组织保障、网络研修活动参与、网络研修效果表征，如图 6-2 所示。在此基础上，形成了“中小学教师网络研修现状调查问卷（基线调研）”（附件 3）。

（4）调研实施过程及结果描述：基线调研在 2014 年 3 月开展，采取分层抽样的方法，选择甘肃省兰州市城关区的 10 所学校开展。共计发放“中小学教师网络研修现状调查问卷（基线调研）”150 份，回收 142 份，有效问卷 137 份，有效率 91.3%，采取 SPSS22.0 和 Excel2013 进行科学分析发现，被调查教师教龄、学科、职称分布均衡，调查数据能够反映大部分教师对校本教研和网络研修现状的评价。详细数据分析在后文中呈现。

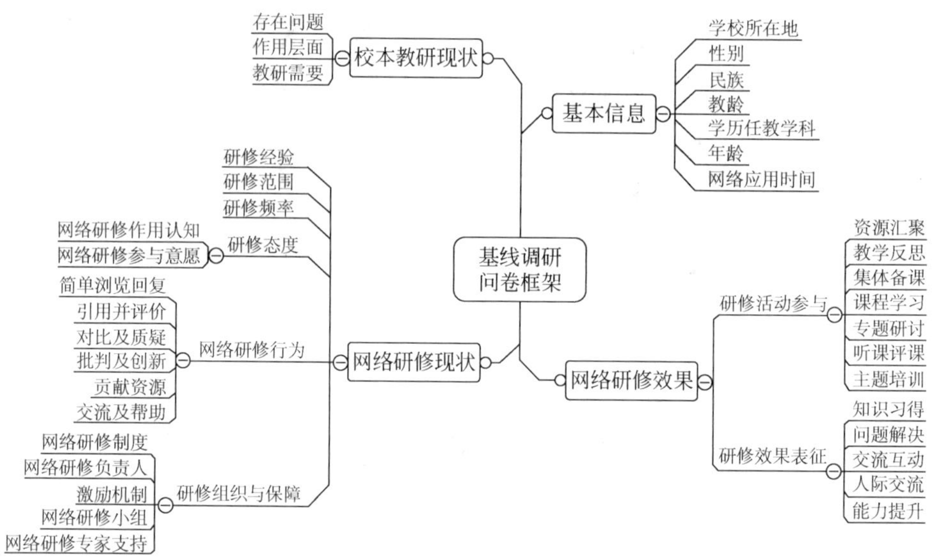

图 6-2　基线调研问卷框架

6.2.2　网络研修社区设计

在本书保障体系的指导下，兰州市城关区在其“教育公共服务平台”下设“研修社区”子平台，“研修社区”中又根据不同研修主体需要以具体知识内容为主题开设不同的“研修工作室”和“实践工作室”，支持项目开展区域研修活动。项目中的研修社区由专家或专家小组（名师、学科专家、优秀教师、优秀教研员）制定教师研修计划，建立个性化的研修模块，设计系统化的研修课程，提供微课程、教学案例、文字材料等数字化研修资源，组建网络研修共同体，开展线上线下相结合、同步异步相结合的混合式研修活动，促进教师在专家引领下教师实践教学能力的提升和教师专业发展空间，实现后的社区如图 6-3 所示。

（1）个人空间模块：是教师登录平台后的首要页面，是教师在整个网络研修社区中的管理、统计、分析中心，教师了解学习进度，收藏整理优质资源，撰写反思日志，实现研修活动的自主管理和个人专业发展规划等功能。

（2）研修工作室模块：包括网络研修、专家讲座、案例集锦、专题研修等子模块，重点解决教师程序性知识的获取和实践性知识的初步掌握，提出专家在教师网络研修过程中的重要性。

（3）实践工作室模块：在研修工作室系统知识深入学习研讨的基础上，在实践工作室中进行教学实践尝试，帮助教师的程序性知识向实践性知识的深度转化，包括集体备课和课程在线模块。

（4）支持帮助模块：教师情感支持模块和技术辅助模块。此外在教学过程过程中遇到教学设计、教学活动组织、教学评价、信息技术应用等问题时，通过寻求帮助模块，向专家或同行提问，寻求解答，平台对已回答过的问题可直接推送答案。教师在平等、相互尊重、愉快的氛围中互动、交流、合作，在反馈过程中及时解决困惑和教学问题。

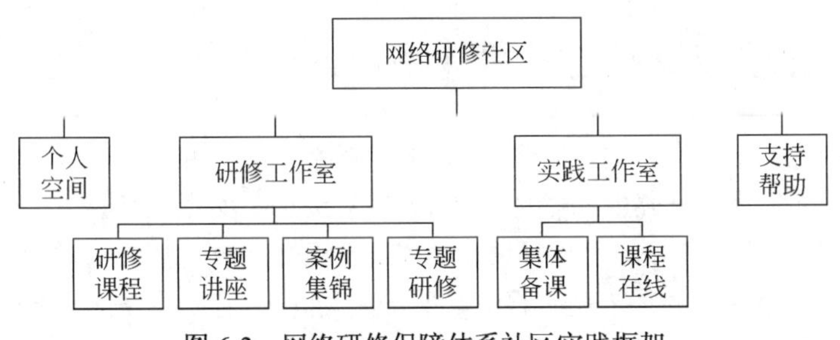

图 6-3　网络研修保障体系社区实践框架

6.2.3　网络研修资源设计

根据保障体系中网络研修资源设计提出的策略，在网络研修社区构建的基础上，根据具体研修任务需要，为教师提供系统化、专题性两种类型网络研修课程，提供网络研修所需的视频案例、教学设计、演示文稿、资源链接等多种学习资源。

（1）系统化的网络课程设计均以“学习模块—学习主题—学习活动”进行内容的组织。一级知识结构层为模块，二级知识结构层为主题，三级知识结构层为活动。每个学习模块都有描述明确的学习目标、筹划明晰的学习计划表、脉络清晰的内容结构图、重点突出的学习主题。每个学习主题包含引导学习的主题概述、引人深思的学习问题、指导清晰的学习活动。每个学习活动又包含需要完成的学习任务、学习步骤、具体学习资源和过程性学习评价。

（2）专题性课程重点针对某一具体专题或知识点，充分注重课程的碎片化、针对性和多样性，以专家讲座微视频、案例视频、案例资源包等 MOOCs、微视频形式的资源为主，强调“小、微、精”，但是能够充分、清晰、明了地呈现某一主题的知识要点和内容。教师能够根据具体的需要，选择某一特定主题，学习到最需要的知识内容。

（3）在线研修和实践研修支撑资源。根据具体网络研修目标和任务活动需要，提供在线研修和实践研修的支撑资源。主要包括①支持专家引领的研修资源。根据专家引领活动设计需要，提供能够促进教师新知识、新方法、新技能获取的支撑资源，扩大知识视野。②支持案例研习的研修资源。引入具有代表性的教学案例，通过对具体案例剖析，阐释相关原理与知识在实践中的价值，丰富学习者运用原理与知识的视野。③支持任务驱动的研修资源。根据研修内容的不同，设计与之相匹配的各类任务和资源，围绕任务展开学习，以任务的完成结果检验和总结学习过程，使教师主动建构探究、实践、思考、运用、解决、高智慧的学习体系。如图 6-4 所示。

6.2.4 网络研修支持与保障体系设计

（1）构建专家团队。项目实施过程中，建立以专家团队为核心，以助学辅导教师、县区管理员、研究生助学团队为辅助的多级、多层次培训指导团队。同时建立、健全各项规章制度、工作职责，详细制定出过程管理规范、专家团队职责、县管理人员职责、助学辅导教师职责，明确学习进程进度及评优方案，为网络研修有效实施提供了保障。表 6-1 所示为部分政策支持文件。

（2）情感支持与帮助。在网络研修共同体方面，一是对助学者团队和意见领袖进行沟通技巧和人际交流技巧的培训，使之掌握相应的技巧；二是制定标准化的互动反馈机制，要求在规定时间和规定内容内对研修教师的问题及时进行反馈；三是尽量促使意见领袖和学习者之间，以及学习者之间建立紧密的互动联系，成为在线伙伴，增强学习者的归属感。在网络研修活动方面，更多地采用“情景式”和“探究式”的网络研修活动，学习者必须通过协作、互动交流等，才能完成网络研修的活动，增加彼此的亲密性和共同体的紧密性。在社区文化建设方面，营造相互尊重、认可、平等的研修氛围，对每位研修教师给予及时的鼓励和支持，安抚教师焦躁情绪，使之充分表达自己的观点，培养和谐的人际关系。具体情感支持和帮助通过网络研修社区支持帮助模块、QQ 群等实现，如图 6-5 所示。

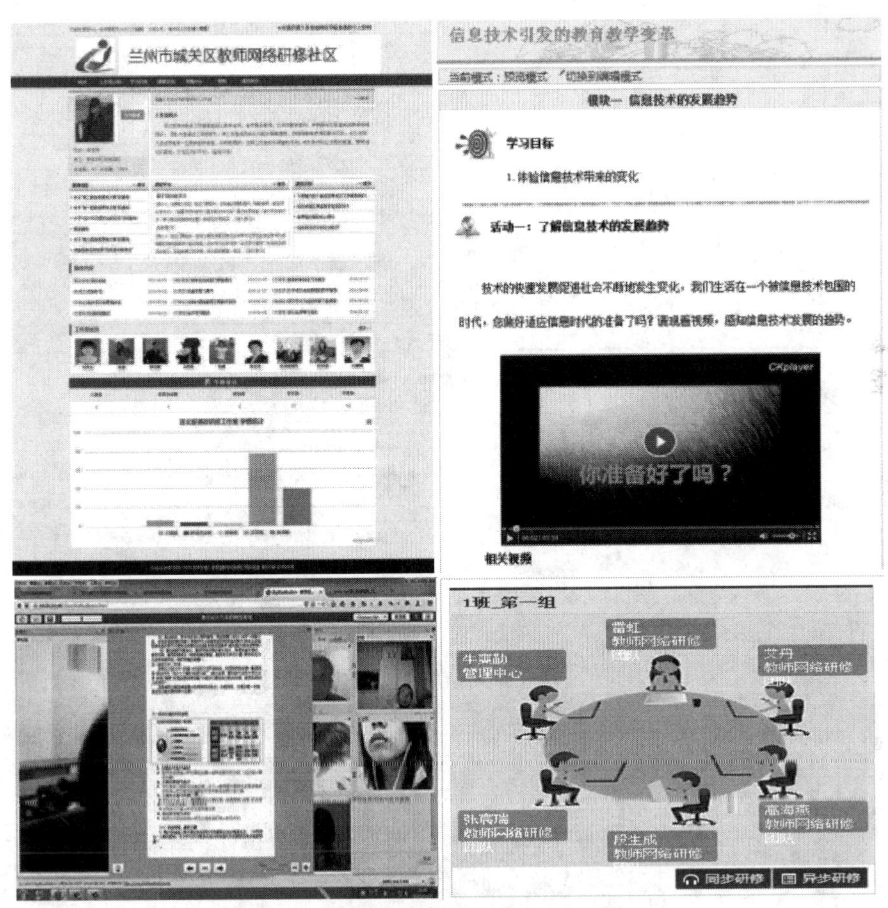

图 6-4　网络研修保障体系实践资源实践示例

表 6-1　部分网络研修保障体系实践支持帮助政策文件

文件类别	文件名称
专家团队信息	《专家团队成员》 《助教团队成员》 《共同体信息》
研修管理制度	《县区管理员工作职责》

续表

文件类别	文件名称
研修进度安排	《培训日程安排及培训进度》
研修工作职责	《专家团队工作职责》 《助学辅导教师工作职责》 《专家团队值班职责及值班安排》 《辅导教师对应指导班级说明》
评优方案	《优秀学员的评价标准》 《优秀助学辅导教师的评价标准》
评价标准	《教学设计方案评分标准》 《数字故事评分标准》 《心得体会评分标准》 《讨论区发帖评分标准》

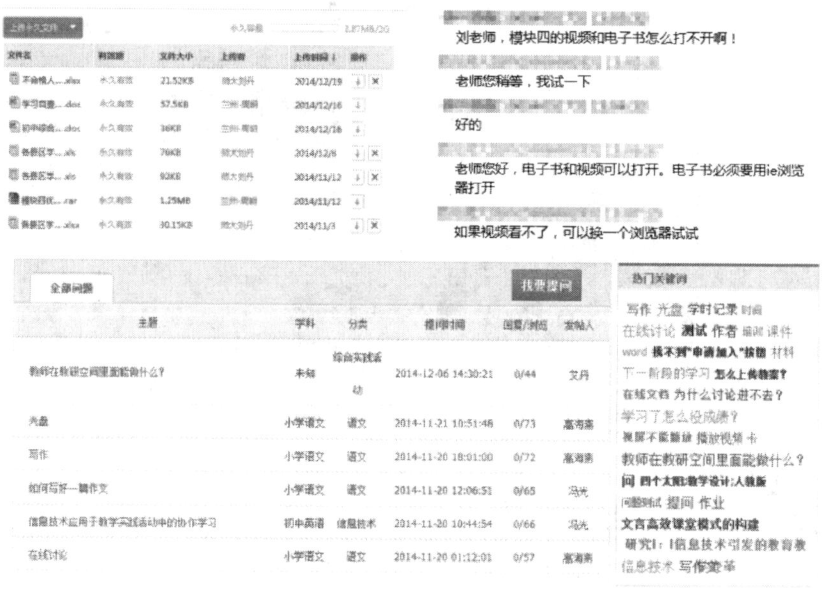

图 6-5　网络研修保障体系支持帮助实践示例

6.2.5　网络研修评价设计

1）网络研修效果验证方法及工具设计

根据保障体系中的“网络研修评价设计”的评价策略，本书采用访谈、问卷调查、内容分析、社会网络分析、课堂观察等方法，从参与网络研修的教师发展性评价、教师网络研修共同体发展性评价、教师网络研修结果应用等方面展开评价，如表 6-2 所示。

表 6-2　网络研修保障体系评价实践设计

方法	目的
访谈	制定访谈提纲，通过访谈了解教师对于具体网络研修活动开展的效果感知
问卷调查法	通过前后测对比，了解教师网络研修态度、行为、能力感知方面发生的变化
内容分析法	设计教师交互知识内容分析框架，选择某一主题，分析教师交互内容深度
社会网络分析	通过社会网络分析，选择某一主题，构建教师参与网络研修交互的拓扑结构图，分析教师网络研修参与情况
课堂观察	制定课堂观察量表，针对网络研修活动后，教师应用网络研修获得的知识和技能开展课堂实践的效果

在具体活动实施过程后，应用上述方法针对不同的方面进行评价。需要说明的是，以上方法根据具体活动灵活使用，并不是每个活动都全部采用上述方法进行全面评价。

2）问卷设计

通过前后测对比，了解教师网络研修现状及通过网络研修后教师态度、行为、能力感知方面发生的变化。前后测对比要求前测问卷和后测问卷具有相同的指标，因此根据基线调研问卷指标设计，结合网络研修过程和结果调研需求，笔者设计了“中小学教师网络研修效果调查问卷”（附表 6 所示）。与基线调研问卷不同，效果调研问卷一级指标包括基本信息、网络研修现状和网络研修效果；二级指标包括学校所在地、性别、民族、教龄、学历、任教学科、年龄、网络应用时间、网络研修经验、网络研修范围、网络研修频率、网络研修态度、网络研修社区、网络研修组织保障、网络研修活动参与、网络研修效果表征等，如图 6-6 所示。终期问卷通过网络问卷的形式在项目学校进行了发放，共计发放问卷 110 份，有效回收问卷 92 份，有效率为 83.7%，且答卷人都是参与网络研修活动的项目学校教师。

3）内容分析交互质量与编码体系设计

为了解参与研修的教师知识建构效果，笔者拟对教师交互质量进行内容分析。通过借鉴 Henri（1992）针对在线讨论提出的五维度内容分析框架和 Gunawardena 等（1997）的交互知识建构模型及我国学者刘黄玲子等（2006）、张杰和黄柳青（2012）提出的内容分析模型，结合本书的需要，形成中小学教师网络研修知识建构分析编码体系，如表 6-3 所示。

4）访谈提纲设计

访谈可以研究个体在特定情景下看待自己和他人的方法，研究人们对某些问题的看法。在本书中，通过对网络研修共同体的访谈，了解参与网络研修的教师对于某一主题研修活动的效果感知。“中小学教师网络研修效果访谈提纲”（见附件 5)，主要包括 3 个方面 7 道问题：①开展某一研修主题活动的收获、不足。②教师对于网络研修活动设计、网络研修资源设计、网络研修环境、网络研修评价的满意程度。③后续开展网络研修需要的支持。访谈主要伴随问卷调查在项目学校开展，主要对象是项目学校参加网络研修的教师。

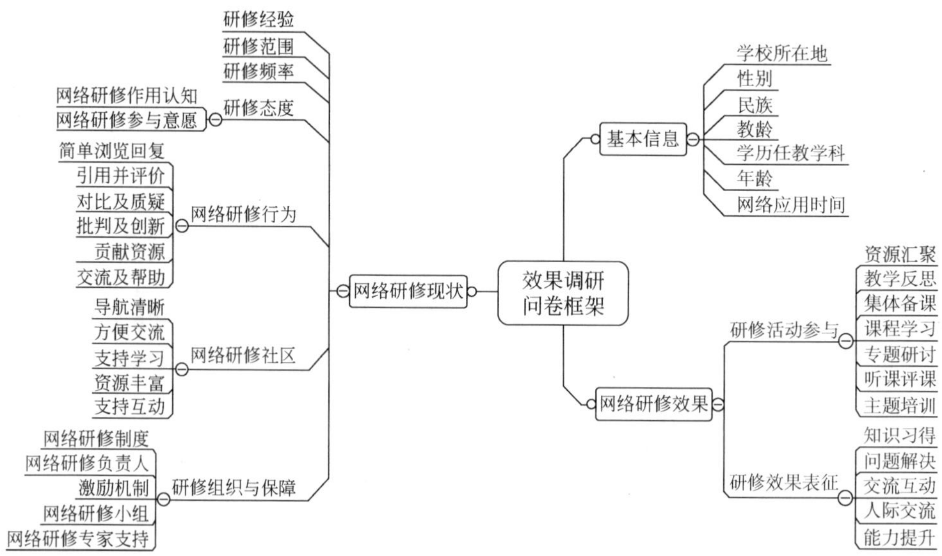

图 6-6　网络研修保障体系实践终期评价问卷框架

表 6-3　教师网络研修知识建构分析编码体系

类别	说明	编码
与主题浅度关联的信息呈现	运用表情符号工具（好、赞等）	P1
	运用少量文字描述问题	P2
	简单表达自己的观点	P3
与主题中度关联的问答讨论	咨询或回应与主题相关的问题	D1
	对观点进行表态、归纳总结、简单评论	D2
	下载或者上传共享资源	D3
与主题深度关联的批判反思	对观点进行评估或价值判断	R1
	结合自己的知识经验，对问题进行详细论证	R2
	对观点进行批判性思考，提出新问题	R3

5）课堂观察量表设计

课堂观察就是通过观察对课堂的运行状况进行记录、分析和研究，并在此基础上谋求学生课堂学习的改善、促进教师发展的专业活动。研究实施过程中，通过课堂观察，分析教师对于网络研修知识的课堂应用情况，进而评价教师的网络研修效果。课堂观察量表针对教师课堂活动的阶段进行设计，课堂导入阶段考察集中学生注意力、激发学生学习兴趣、明确学习目的、连接新旧知识。课堂讲授阶段考察教师能够清晰流畅、介绍和强调教学重点、维持学生注意力、提问或练习等调控助力。课堂提问与对话方面，教师提出问题简洁明了、多重问题的展示顺序合理、课堂提问关注学生的层次、对学生的回答做出反应。小组合作与讨论方面，设置讨论问题情况、分组与小组任务分配情况、小组成员参与情况、教师在小组合作中发挥作用。课中课后练习管理情况等方面。见附件 6。

6.3　基于情景问题、案例的自组织教师网络研修实践及反思

6.3.1　具体活动设计

基于本书中第 5 章提出的"中小学教师网络研修保障体系"中"网络研修活动设计"关于"基于情景问题、案例的自组织教师网络研修"活动设计，笔者在实践环节中，针对项目学校中"《彩色的非洲》教学设计"集体备课活动进行了设计，教师网络研修活动具体如表 6-4 所示。

表 6-4　"《彩色的非洲》教学设计"网络研修活动设计

<table>
<tr><th>活动</th><th>主题</th><th>子活动</th><th>内容/资源</th><th>达成目标</th></tr>
<tr><td rowspan="3">活动一
主题研修</td><td>优秀案例呈现</td><td>感知不同《彩色的非洲》优秀教学设计思路和借鉴点</td><td>《彩色的非洲》优秀教学设计</td><td>借鉴已有优秀的教学设计案例</td></tr>
<tr><td rowspan="2">共同体研修</td><td>在案例感知的基础上，讨论优秀教学借鉴点</td><td rowspan="2">研修案例资源
教学设计流程和关键点解析</td><td rowspan="2">形成第一版《彩色非洲》教学设计</td></tr>
<tr><td>呈现某一成员教学设计，讨论并修改</td></tr>
<tr><td>活动二
实践反思</td><td>反思实践</td><td>将上述研修形成的教学设计方案进行教学实践，撰写教学反思，研修共同体讨论</td><td>实施过程记录
教学反思</td><td rowspan="3">不断修正完善教学设计</td></tr>
<tr><td>活动三
主题研修</td><td>共同体研修</td><td>反思教学过程中的不足，讨论教学设计的改进点</td><td>实施过程记录
教学反思</td></tr>
<tr><td>活动四
实践反思</td><td>反思实践</td><td>将修改后的教学设计方案再次进行教学实践，撰写教学反思，研修共同体讨论</td><td>实施过程记录
教学反思</td></tr>
</table>

在本主题研修活动的设计中，重点突出“问题”“情景”“专题性”，针对教师在教学设计中遇到的困难，以真实的问题和情景的方式呈现，教师通过多轮次的研修共同体研修、实践反思，不断地修改完善某一节课的教学设计，进而掌握教学设计的方法。

6.3.2 活动实施

在“《彩色的非洲》教学设计”网络研修活动设计的基础上，选择城关区中山小学和华强小学的语文教研组共10名教师组成本主题的网络研修共同体，借助城关区网络研修社区进行了实施，时间为期4周。教师们通过感知相关案例资源，共同体集体备课、教学设计实施及反思等环节，通过多轮次的线上研修、线下实践、教学反思等一系列活动，使教师不断优化《彩色的非洲》这节课，并掌握教学设计的方法，《彩色的非洲》这节课最终由中山小学W老师进行多轮次的课堂实践，网络研修共同体其他老师讨论交流。部分实施过程记录如图6-7所示。

图6-7 “《彩色的非洲》教学设计”网络研修活动过程示例

6.3.3 活动效果评价

“《彩色的非洲》教学设计”网络研修活动综合运用访谈与课堂观察的方式进行效果验证。访谈针对参加“《彩色的非洲》教学设计”主题网络研修活动的10名教师开展，课堂观察邀请项目专家指导团队的1名教师、1名副教授、1名博士生以及研修共同体的其他教师对课堂教学进行了观察。综合上述评价方案的观点，总结“《彩色的非洲》教学设计”主题研修的效果结论。

（1）网络集体备课方式受到教师好评，有效促进教师教学设计能力的提升。中山小学 Z 老师在访谈中认为，基于网络环境下的校本研修活动，改变了传统的教研活动方式，使参与研讨的教师在不受时间和空间的限制下，围绕同一个主题共同开展研究、共享成果。教师有充分的时间来思考，积极参与到针对教研活动的讨论中，并做出有建设性的评价。通过修改教学设计等方式，实现异步交流，解决众多教师参加研修活动的时间不一致的问题。中山小学的 W 老师在访谈中就提到，“（我认为）本次研修活动挺好的，原来备课是一个人，到网上找一些别的老师做得好的，参考修正。现在不但将网上好的（教学设计）提供给我们，还让我们一起来讨论其中的优点和不足，发现设计好的教案的方法，感觉很不错”。华强小学的 X 老师也提到，“以往的教研活动主要是在本校内开展，同一个教研组的教师共同讨论教学方案、然后听课评课，过来过去就是这么几个人，大家都彼此熟悉。这次和中山小学的教师结对开展活动，能够认识到我们的不足、差距和我们的优点，相互借鉴，多听听别的老师的思路和方法，很有必要，三人行必有我师嘛”。

（2）课堂教学效果需进一步提升，教师对于网络研修作用认知提高。通过收集项目专家指导团队对于中山小学 W 老师《彩色的非洲》授课课堂观察量表可知，专家们普遍认为课程设计新颖，但是部分实施细节还需要深入。如本活动网络研修共同体中的中山小学 N 老师认为，“这节课设计很新颖，教学活动设计得也比较全面，但是建议在教学设计上更注重将语文知识的学习落实到实处。比如在课前的预习更应该注重字词的掌握，在整堂课中不应该太注重学习空间这个平台的使用，平台应该是为教学服务的”。专家支持服务团队的 G 教授对这堂课的建议是，整体教学设计流畅，但是对于教学空间各个环节模块的设计时尽量整合，否则容易造成学生的迷航，在课前预习时学生提出的问题彼此之间也可以进行回答，如果解决掉，就可以在课堂中减掉这一环节，提高教学效率。研修共同体中华侨小学 H 老师认为，“本节课运用信息技术能够有助于教师检验学生课前预习的效果，感觉这个设计非常好，不足之处在于要进一步控制学生利用信息技术的时间，感觉课堂稍微有些松散，不太紧凑”。项目团队管理团队成员、兰州市城关区信息中心的 Z 老师在全程参与并观摩完整体验网络研修活动后，在其反思中提出了网络研修对于教师和伙伴的积极作用：“通过网络教研活动，组织教师进行课堂教学观摩研讨，授课教师可以真实地面对自己的教学，并从听课教师的评课中再次感受着自己的课堂，剖析自己的教学行为，对课堂教学进行反思和改进，理念得到了提升，素质得到了提高。对于听课教师，可以对整个课堂教学进行反复观摩，参与到整个教学活动的讨论中，通过一个个的回帖，重温着课堂，感受着课堂的教学。同时，看别人的评课也是一种理念的碰撞，在这样的碰撞中，他们又一次得到了提高。”对于未参与的教师，虽然由于时间的影响，未能参与课堂研究活动，但也能从众多的回帖中收集课堂的信息，从他人的评课中感受研究的成果，以此来充实自己，提高自己。同时，大家的观点都留在网上，研究者可以在活动后对各种观点进行深入的分析和研究，把继续学习的心得通过网络与别的教师交流。即使彼此不在同一个地方，或者没有参加教研也可以通过阅读论坛上的过程性材料，了解大家的观点，参与研讨，影响面比较大，指导的面也更加广泛。

6.3.4 活动反思及改进

通过对参与网络研修的教师访谈和教学设计方案实践应用教师的课堂观察，“基于情景问题、案例的自组织教师网络研修实践及反思”活动开展，使教师对于网络研修作用的认知显著提高，网络集体备课方式受到教师好评，有效促进教师教学设计能力的提升。但是在具体实施过程中，也发现了本次网络研修活动不足和应该改进的地方，如大部分教师还不能适应网络研修这种方式，无法按时参加相关活动；部分案例的实施环境、实施条件和项目地区中小学的环境条件差别较大，可借鉴性不够。基于以上分析，在以下方面进行活动（细节）的修正和完善。

（1）选取具有代表性、实用性、符合网络研修教师所处环境和条件的教学案例。教学实践案例往往能引起一线教师的关注，教学实践中的细节更能引发教师研究的兴趣。网络研修活动的组织者可将征集到的共同关注的话题或教改中的难点，组织成有针对性的案例。选取的案例，突出课程改革的新理念，并且符合教师发展心理预期和要求，对教师起到正确的导向作用，反映教师中普遍存在并需要解决的问题，以引发教师共同的思索。

（2）加强网络研修管理和氛围建设。教师网络研修是一种习惯、一种氛围和一种组织，刚开始时，重点考虑应如何使教师养成参与网络研修的习惯，如本活动实施过程中，尽可能提前发布网络研修的通知，并通过微信、手机短信等确保教师收到。在通知中明确活动的时间、参与的人员、研讨的内容或专题、活动的要求、评价方法等，用一定的管理机制引导教师积极主动参与到网络教研中来。当网络研修共同体的教师养成这种习惯，形成一定的氛围之后，就会按时、积极主动地参与研修互动。

6.4 专家引领的在线研修共同体实践及反思

6.4.1 具体活动设计

基于本书中第 5 章提出的“中小学教师网络研修保障体系”中“网络研修活

动设计”关于“专家引领的在线研修共同体”活动设计，笔者在实践环节中，针对“信息技术支持的探究教学设计与实施”这一主题进行了设计，教师网络研修活动具体如表 6-5 所示。

表 6-5　“信息技术支持的探究教学设计与实施”主题网络研修活动设计

活动	主题	子活动	内容/资源	达成目标
活动一 了解信息技术支持的探究教学	主题一 信息技术支持的探究教学概述	观看课堂实录，研读教学设计方案，思考问题：案例中的教学环节与传统教学环节的不同	情景案例 教学实录：《勾股定理》 教学案例：《勾股定理》教学设计 扩展资源： 《辛亥革命》教学实录 《单摆案例》教学实录	通过案例初步感知探究式教学
	主题二 探究式教学的概念、基本特征和类型	探究式教学的概念、基本特征和类型 观看微视频，研读资源	微视频：探究式教学 专家讲座：探究式教学概述——含义与特征 专家讲座：探究式教学概述——类型教学课件：探究式教学简介 教学文档：探究式教学概述——含义及特征 教学文档：探究式教学概述	了解探究式教学的概念、基本特征和类型
	主题三 探究式教学的基本环节	探究式教学的基本环节	教学案例：《空中飞行的动物》 教学实录：《专题汉字》 专家讲座：技术支持的探究式教学基本环节 教学课件：技术支持的探究式教学基本环节 教学文档：技术支持的探究式教学基本环节	掌握探究式教学的基本环节
	主题四 信息技术在探究式教学中的作用	信息技术在探究式教学中的作用	专家讲座：信息技术在探究式教学中的作用 教学课件：信息技术在探究式教学中的作用 教学视频：未来教育视频“桥”	掌握信息技术对于探究式教学的作用
活动二 主题研修	共同体研修	以小组为单位，结合上述学习内容，谈谈信息技术支持的探究式教学对于传统教学的改变	研修案例资源： 信息技术支持探究式教学中的师生角色 信息技术支持探究式教学与传统教学的区别	加深对于信息技术支持探究式教学基本理念的掌握

续表

活动	主题	子活动	内容/资源	达成目标
活动三 信息技术支持的探究教学设计与实践	主题一 信息技术支持的网络研修设计	探究过程设计要点	教学案例："圆和圆位置关系"探究过程设计片段 专家讲座：探究式教学过程设计 教学课件：探究过程设计要点 教学文档：探究过程设计要点 视频案例："勾股定理"探究过程设计	掌握探究过程设计方法
	主题二 探究式教学实施策略	探究学习的组织策略 观看视频案例	教学文档：探究活动的组织与管理 教学课件：探究活动的组织与管理 教学文档："诤友式"语意表达方式	掌握探究学习的组织策略
		共同体研修，结合上述学习内容，针对探究式教学某一环节，在信息技术支持下设计	模板：支架问题的设计 模板：学习检查表 规划方案模板	形成针对某一环节的探究式教学设计
活动四 实践反思	反思实践	将上述研修形成的"实施方案"进行教学实践，撰写教学反思，研修共同体讨论 本活动循环开展	实施过程记录 教学反思	形成探究式教学设计和实施能力

在本主题研修活动的设计中，重点突出"有计划的知识与技能学习"和"教学实践和反思"，将"信息技术支持的探究式教学"的概述、过程、设计方法等通过专家的规划和设计以系统知识的形式呈现，综合采取电子书、微视频、案例视频、专家讲座视频、文本资源等形式呈现给参与研修的教师，使教师掌握系统的教学理念、方法。在此基础上，设计"反思实践"的研修环节，教师通过设计出教学实施方案并在教学过程中具体实施，将实施过程记录和反思结果等与研修共同体的其他教师进行分享与讨论，促进教师对于信息技术支持的探究式教学的理念和技能的深度应用。

6.4.2 活动实施

笔者在"信息技术支持的探究教学设计与实施"设计的基础上，在城关区网络研修社区进行了为期 1 个月的实践。教师们通过网络研修社区首先开展"信息技术支持的探究式方法"基本理念和技能程序性知识的学习，然后将研修过程中规划设计的《信息技术支持的探究式实施方案》在教学过程中进行了实践并反思，最终在网络研修社区相互展示、交流，最终使相应的设计与实施能力得到提升，部分实施过程中的材料记录如图 6-8 所示。

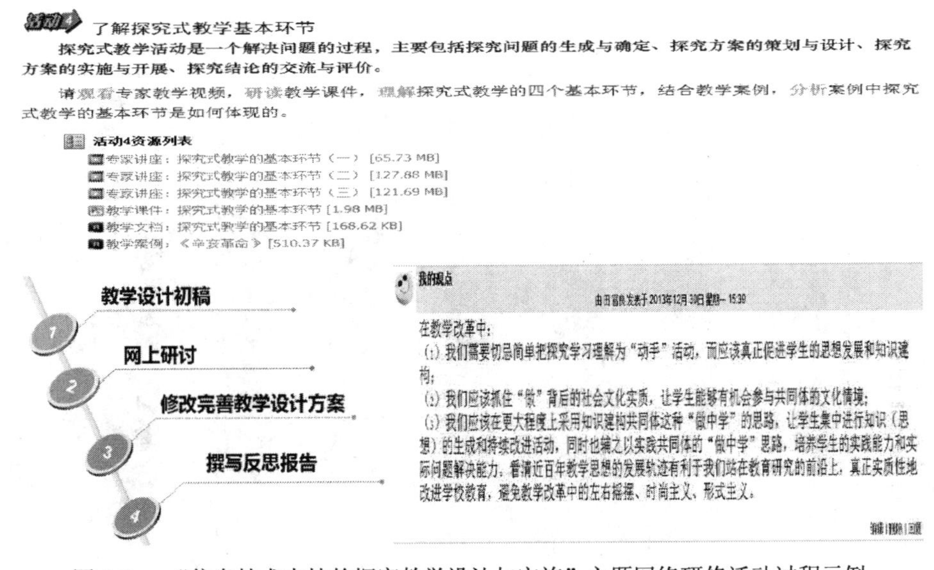

图 6-8　“信息技术支持的探究教学设计与实施”主题网络研修活动过程示例

6.4.3　活动效果评价

“信息技术支持的探究教学设计与实施”主题网络研修活动持续 1 个月，在实施后期，笔者对该主题网络研修共同体进行了问卷调查和个别访谈，以了解教师网络研修效果感知，结合问卷调查数据和访谈分析，形成以下结论。

通过对比基线和终期问卷调查数据，教师普遍认为在网络研修过程中获得了有意义的收获，教学设计、教学能力得到提升，如图 6-9 所示。教师整体感知“通过网络研修获得了收获”终期数据相较基线数据的态度系数上升了 0.21。此外，教师认为网络研修“多种互动形式”“专长展示”“提高参与程度”等态度系数分别上升 0.08、0.27、0.18；在能力提升感知方面，通过网络研修活动的开展，教师普遍认为网络研修能够“解决教学问题”，并且认为自身“教学设计能力提升”和“教学能力”得到提高，态度系数分别上升 0.25、0.27、0.24。中山小学的 M 老师在访谈中就提到，“探究式教学的理念已经出来了很长时间，自己最开始也想尝试着在课堂中去实践一下，但是每次实践都感觉开头难，知道其中的理论，但是不知道如何具体地去做，所以没有开展下去。我感觉这次研修，最难得的地方就是能够让我们去实践，而且还是在网络上和别人一起讨论自己的想法，然后实践，有问题了再回到网上去讨论，（这种方式）促使了我逐渐地尝试探究式教学，感觉还是很有收获的”。

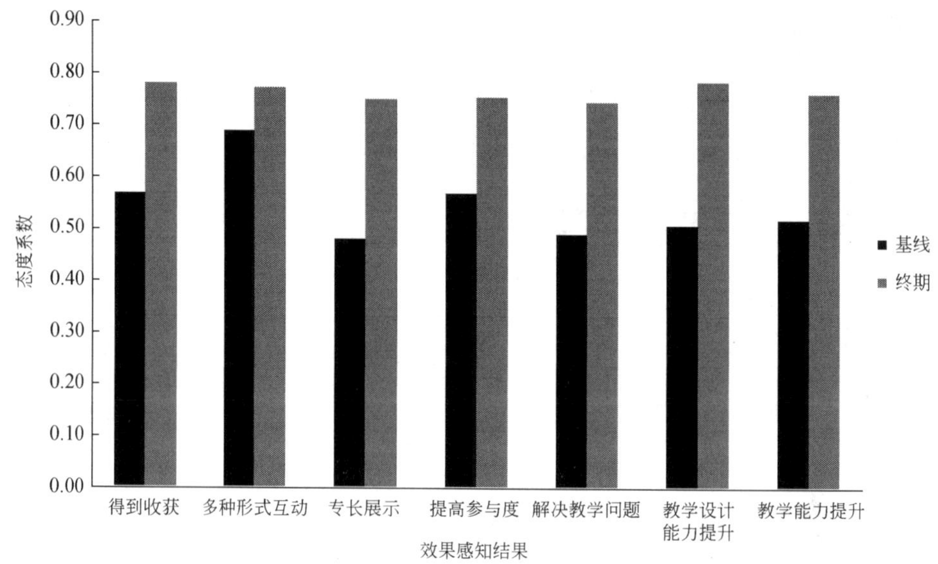

图 6-9 “信息技术支持的探究教学设计与实施”主题网络研修活动效果对比

6.4.4 活动反思与改进

上述效果分析证明，通过“专家引领的在线研修共同体实践及反思”活动的开展，教师对本次网络研修活动整体满意度较高，并认为在网络研修形式、自身专长展示、参与度提高等方面，都具有一定的促进作用，尤其是在能力发展方面，普遍认为网络研修解决具体的教学问题，并且自身认为教学设计和教学实施能力得到逐步地发展。但是也有教师在访谈中提到了本次网络研修活动的不足和应该改进的地方，特将其中具有代表性的摘录如下。

（1）（本次研修）整体上来说很合理，美中不足的是不能像现场培训一样，立刻得到专家的点评，影响效果。网络指导与现场指导的效果不同，接受与吸收直接经验的效果略差，如果能在研修的某个阶段进行几次集中交流与指导，将会起到更好的培训效果。

（2）希望增强网络研修活动的吸引力。提高网络研修的实效性以及教师参与的积极性，讨论的话题一定要贴近教师，贴近教学实际。一般都是寻找教师在目前网络环境下，自身教学实践中遇到的真实问题、有一定普遍性的问题。有计划、有步骤、有重点地引导网上研修，使网络研修的问题更具有针对性和真实性。

通过对上述教师的意见整理和分析，笔者认为在“专家引领的在线研修共同体实践及反思”活动实施过程中，仍然具有较大的改进和提升空间，具体应注重以下方面（细节）的设计。

（1）进一步设置有针对性的网络研修问题。为增强网络研修活动的吸引力，提高网络研修的实效性，网络讨论的话题一定要是贴近教师、贴近教学的具体问题，是教师在自己的教学实践中经常遇到并努力探索的问题。因此，专家团队广泛征集教师教学实践中遇到的真实问题，做到“问题从教师中来，到教师中去”，有计划、有步骤、有重点地引导网络教研，能有效地提高教研活动的实效性。

（2）加强网络研修的组织引领。网络研修活动的组织者要注意对教师的讨论进行引导。一是了解并控制整个研讨活动的进程和内容，突出研究的主题，始终围绕研讨的专题展开。二是引导网络研修活动的深度展开，适时将教师的发言进行整理、提升，善于发现有价值的问题并抓住时机抛出深层次的问题引发教师的讨论，将研讨活动引向深入。三是进行阶段小结，肯定网上教研活动的成绩，安排下一阶段网上研讨的话题及内容。

（3）引导参与活动教师的及时反思。利用网络优势弥补缺少现场培训真实感的问题。专家团队及时引导教师在每一次活动中进行反思、总结、提升。使教师置身其中审视自己的教学实践，进一步引发对以前或今后教学教研工作的深层思考，提升自己的教学研究和实践能力。

6.5　基于实践共同体的网络研修与校本教研融合发展实践及反思

6.5.1　具体活动设计

基于本书中第5章提出的“中小学教师网络研修保障体系”中“网络研修活动设计”关于“基于实践共同体的网络研修与校本教研融合发展”活动设计，笔者在实践环节中，针对“信息技术支持的合作学习”这一主题进行了设计，教师网络研修活动具体如表6-6所示。

表 6-6 “信息技术支持的合作学习”主题网络研修活动设计

活动名称	主题	子活动	内容/资源	达成目标
活动一 走进合作学习	主题一 感知合作学习	合作学习在各行各业中的应用	①微视频：各行各业中的合作学习 ②微视频：青岛 64 中小组合作学习	了解信息化合作趋势
		了解合作学习的益处	课件：合作学习的益处	了解合作学习对教师和学生的益处
	主题二 合作学习概述	了解合作学习的定义及有效合作的特征	①课件：合作学习的定义及特征 ②案例分析：合作学习应用案例	概述合作学习定义及有效合作的特征
		了解合作学习的理论基础	①教学课件：合作学习理论基础 ②教学文档：合作学习理论基础	了解合作学习相关理论的主要内容
活动二 合作学习教学设计	主题一 合作学习设计框架	了解合作学习框架	①课件：合作学习框架概述 ②教学案例：《信息的来源与获取》教学设计 ③教学案例：《How much is it》教学设计 ④教学案例：《戏曲大舞台》教学设计 ⑤教学案例：《营养午餐》教学设计	合作学习框架的要素及提示性问题
		制定合作学习框架	①教学课件：制定合作学习框架 ②教学案例：《信息的来源与获取》合作学习目标设计片段 ③教学案例：《信息的来源与获取》合作学习框架设计片段	确定合适的合作学习目标、范围、类型及合笔者
		实践研修任务	实践研修社区	完成合作学习框架中的目标、范围、合笔者及合作类型
	主题二 技术支持的工具设计	技术工具在合作学习中的应用	①视频案例：未来教室 ②教学课件：资源共享工具 ③教学课件：合作学习写作工具 ④教学课件：通讯交流工具 ⑤教学课件：思维建模工具 ⑥教学课件：项目管理工具 ⑦教学课件：教师记录反思工具	了解并能够引用合作学习工具的类型及其在课堂中的应用
		选择恰当的技术支持工具	①教学课件：选择恰当技术支持工具 ②教学案例：《信息的来源与获取》合作工具设计片段 ③教学案例：《信息的来源与获取》合作工具选择 ④教学文档：合作学习检查表说明 ⑤教学文档：合作学习检查表 ⑥教学文档：确定所选工具是否恰当	能够灵活选择、恰当运用合作学习工具
		实践研修任务	实践研修社区	完善合作学习框架

续表

活动名称	主题	子活动	内容/资源	达成目标
活动二 合作学习教学设计	主题三 合作学习评价设计	了解常见合作学习方法	①教学课件：常用的合作学习评价方法 ②教学文档：合作学习评价方法 ③评价资源：常用的合作学习评价工具	了解常用的几种合作学习活动评价方法
		制定评价计划	①教学课件：制定评价计划 ②案例：《信息的来源与获取》评价设计片段	制定合作学习评价时间线
		实践研修任务	实践研修社区	完成“合作学习教学设计模板”文档中评价部分的设计
活动三 在线研修	在线研修任务	合作学习设计生成性问题解决	①在合作学习教学中如何创设恰当真实的情境？ ②在合作学习教学中如何设计恰当的合作学习框架？ ③如何提出合适的、具有可操作性合作问题？ ④如何选择合适、具有可操作性的技术支持工具？ ⑤如何制定目的明确的评价计划	厘清合作学习设计框架中的生成性问题
活动四 合作学习教学实践	主题一 合作学习中的组织与管理	了解组建小组时分组的原则及类型	①专家讲座：合作学习分组原则 ②专家讲座：合作学习分组之异质组 ③专家讲座：合作学习分组之同质组 ④专家讲座：合作学习分组之自由组合组 ⑤专家讲座：合作学习分组之随机组合组 ⑥教学课件：分组的原则及类型	能够根据教学要求，选择恰当的合作学习分组类型
		学习如何进行合作学习活动的组织和管理	①教学课件：合作学习的组织与管理策略 ②教学文档：“诤友式”语意表达方式 ③教学文档：在线讨论过程干预动作体系	了解组织讨论、反馈、沟通方法的步骤并能够进行教学应用
		学习如何灵活应对合作学习中的意外事件	教学课件：合作学习中的意外事件	识别出合作学习中意外问题的类型及解决方法
	主题二 合作学习中的道德问题	了解合作学习中合理	①教学课件：版权法规和合理使用的原则 ②教学课件：教师如何保护学生隐私	知道版权法规和与教育相关的合理使用原则 能够正确注明作品引用资源的来源

续表

活动名称	主题	子活动	内容/资源	达成目标
活动四 合作学习教学实践	主题三 教学实践	实践研修	①在实际教学过程中如何利用技术支持工具开展合作学习教学活动？ ②在合作学习过程中如何为学生提供指导和帮助（支架、技术支持等）？ ③如何更好地对学生的合作学习活动和成果进行评价和总结？ ④在合作学习活动中，如何组织和监控学生行为？ ⑤在合作学习活动中，如何应对意外事件？	掌握信息技术支持的合作学习在教学中应用的知识，并能进行教学应用

在本主题活动设计中，重点突出“系统化的课程知识学习”和“教学实践与反思”。完整地呈现“合作学习”的基本概念、理论基础、框架设计、信息技术工具设计、评价设计以及在合作学习实施过程中的学习活动组织和管理，以体系化的知识的形式，综合采用电子书、微视频、教学案例、专家讲座视频等方式呈现，并在学习的过程中，使教师参加不同形式和时机的网络研修活动，加深对程序性知识的理解和掌握。在系统知识学习的基础上，开展“反思实践”的研修环节，教师通过设计“合作学习”实施方案并在教学中具体实施，将实施过程记录和反思结果等与研修共同体的其他教师进行分享与讨论，促进教师对于“信息技术支持的合作学习”理念和技能的深度应用。

6.5.2　活动实施

“信息技术支持的合作学习”设计在城关区网络研修社区进行了实施，教师们通过网络研修社区首先开展“信息技术支持的合作学习”基本概念、框架设计、资源设计、评价设计、实施策略等系统知识的学习，在研修过程中制定合作学习框架，并在教学过程中进行实践并反思，在网络研修社区中根据同伴的意见和建议，不断修正、完善、反思，最终促进“信息技术支持的合作学习”的知识掌握和技能的习得，改变课堂教学模式，促进教学效果提升如图 6-10 所示。

6.5.3　活动效果评价

“信息技术支持合作学习”主题网络研修活动持续 3 个月左右，而且项目学校中的所有教师分为不同的研修小组，都在进行相关研修活动，因此在网络研修效果验证方面综合采用问卷调查、访谈、内容分析、社会网络分析等方法评测网络研修共同体的研修效果。网络研修活动内容分析和社会网络分析，都是选择“信息技术支持合作学习”主题活动中 “合作学习设计生成性问题解决”的具体网络研修互动进行分析。将问卷调查、访谈、内容分析、社会网络分析等评价方法综合应用，最终形成以下结论。

活动2 制定合作学习框架

合作学习框架不仅能够帮助教师设计支持学生学习活动的合作学习活动，还能帮助教师做出有效整合合作学习的教学设计。

请研读教学课件“制定合作学习框架”，结合王老师在《信息的来源与获取》中的合作学习目标和合作学习框架设计片段，感知合作学习框架在设计合作学习活动中的应用，学习合作学习框架的设计。

活动2资源列表

教学课件：制定合作学习框架 [15.65 MB]

教学案例：《信息的来源与获取》合作学习目标设计片段 [104.15 KB]

教学案例：《信息的来源与获取》合作学习框架设计片段 [132.89 KB]

【主题任务】

请下载“合作学习教学设计模板”及“教学设计方案评价量表”文档，根据你的专业及兴趣，选定适合开展合作学习教学的主题及教学内容，结合教学目标和教学设计方案评价量表中的评价点，在“合作学习教学设计模版”文档中设计完成合作学习框架中的目标、范围、合作者及合作类型。（暂不提交）

主题任务资源下载

模版下载：合作学习教学设计模版 [26.8 KB]

模版下载：教学设计方案评价量表 [73.5 KB]

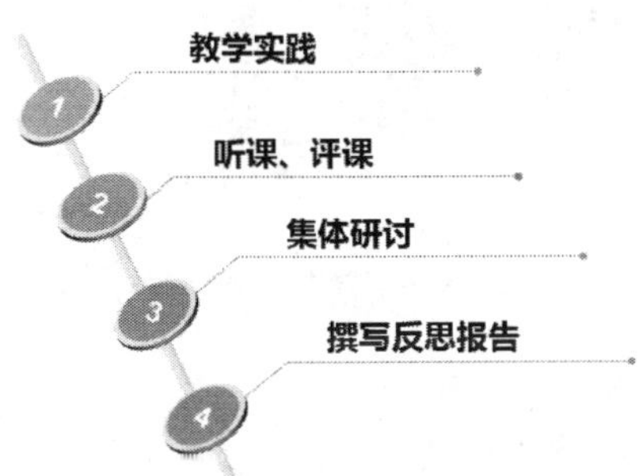

图 6-10　“信息技术支持的合作学习”主题网络研修活动过程示例

1）教师对于网络研修参与态度和作用感知得到有效提升

通过对比基线调研数据结果（图 6-11），发现教师对于网络研修参与态度和作用感知得到了有效提升。在基线调研时，教师们是“听说过，但是没有深入接触过”网络研修，因此对于网络研修的作用感知具有较高的认识，其中对于辅助和补充“发展趋势”态度系数为 0.62、0.63，证明教师在未开始网络研修时已普遍认识到了网络研修的重要作用，但是通过项目的开展，近一学期的网络研修实践，对于上述两项的态度系数达到了 0.83、0.85，教师对于网络研修的作用认知在进一步加深。在网络研修参与态度方面，基线调研显示教师对于网络研修的参与持观望的态度，“喜欢网络研修”态度系数 0.46，教师普遍不了解网络研修，因此对于网络研修的持观望态度。“愿意参与”“愿意分享经验”“愿意帮助别人”态度系数分别为 0.42、0.53、0.52，但是在终期调研时，教师态度系数发生较大的转变，证明教师通过网络研修，认识到了其重要的作用，并在网络研修过程中得到了收获，因此参与网络研修、分享经验、帮助别人的态度等都发生的显著提升。九州小学的 W 老师提到，“我可以自主安排学习的时间和地点，做到随时随地随意安排，不影响工作学习，感觉非常好，因此我要坚持学下去，通过长期的学习，不断提高进步”。中山小学的 Z 老师提到，“本次活动对我启发很大，真是受益匪浅，使我感觉到能与这么多同行一起交流、学习、探讨课堂教学的合作、学习有效性，真是件幸福的事，这应该是我这次学习收获最大的一方面，我要继续努力学习下去”。

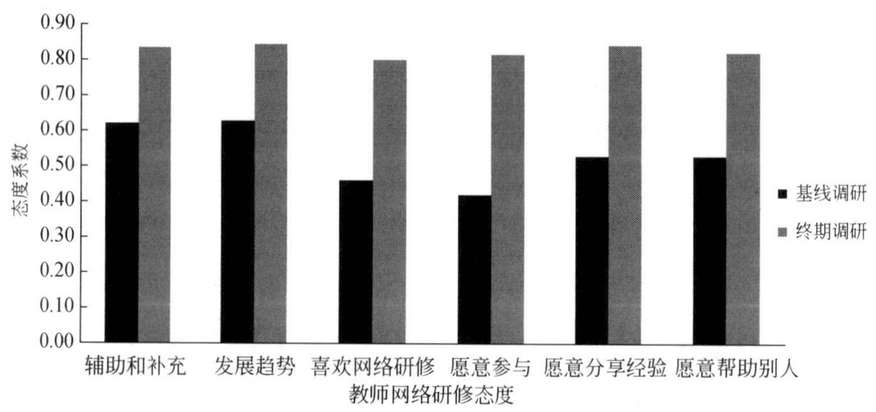

图 6-11 “信息技术支持的合作学习”主题网络研修活动教师态度变化

2）教师网络研修行为逐步向深度交互发展

对比基线和终期问卷调研数据发现，教师网络研修行为正逐步向深度交互发展，如图 6-12 所示。网络研修刚开始阶段（基线），教师网络研修行为主要集中在“单纯浏览”和“简单回应”，态度系数分别为 0.73、0.76，其余行为态度系数普遍在 0.5 以下，且“评价表明态度”“反思提出质疑”“批判思考启发”态度系数集中在 0.4 左右，证明教师在网络研修刚开始的阶段，在网络研修社区的主要行为只是看看别人的发言，觉得还不错的会“点赞”，只是进行简单的回应，并没有进行深度的交互。在项目开展过程中，教师的这种行为逐渐发生变化，“单纯浏览”和“简单回应”态度系数下降到 0.5 以下，其余项目态度系数普遍在 0.6 以上，其中“评价表明态度”“反思提出质疑”“批判思考启发”态度系数分别达到了 0.76、0.77 和 0.66，证明教师在网络研修交互过程中，“结合话题总结个人看法，评论笔者，并表明观点态度”“反思话题或他人评论，提出质疑”“因某些话题受到启发而独立思考，批判地看待话题或他人观点”逐步增加，教师网络研修行为发生显著变化。利用内容分析法，也得出了相同的结论。

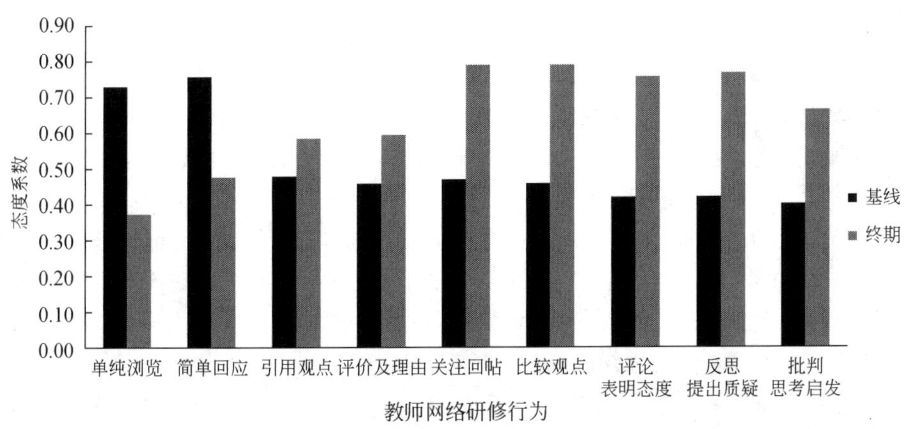

图 6-12　“信息技术支持的合作学习”主题网络研修活动教师行为变化

根据在“网络研修评价设计”阶段提出的《教师网络研修知识建构分析编码体系》，基线时对“实践研修社区——完成合作学习框架中的目标、范围、合笔者及合作类型”主题讨论发帖进行收集分析，第三轮对“实际教学过程中遇到过哪些问题，又是如何解决的”的主题讨论进行收集及内容分析，结果如表 6-7 所示。第一轮发帖 131 个，第三轮发帖 223 个，基线与终期教师发帖对比，“与主题浅度关联的信息呈现”下降了 18.2%，“与主题中度关联的问答讨论”略有上升(7.7%)，“与主题深度关联的批判反思”上升了 10.5%。教师刚参与网络研修阶段，主要发帖内容集中在“与主题浅度关”的信息，主要是“点赞”“好”或者简单的描述，在教师网络研修活动逐步深入后，“与主题中度关联的问答讨论”显著增强，教师根据网络研修活动要求，对与主题相关的内容进行回答或者表态、评论，行为发生积极变化，如表 6-7 所示。

表 6-7　“信息技术支持的合作学习”主题网络研修活动教师网络发帖变化

类别	编码	基线			终期		
		帖数	百分比/%		帖数	百分比/%	
与主题浅度关联的信息呈现	P1	12	9.2	47.3	16	7.2	29.1
	P2	31	23.7		22	9.9	
	P3	19	14.5		27	12.1	
与主题中度关联的问答讨论	D1	20	15.3	38.9	43	19.3	46.6
	D2	17	13.0		32	14.3	
	D3	14	10.7		29	13.0	
与主题深度关联的批判反思	R1	7	5.3	13.7	19	8.5	24.2
	R2	8	6.1		21	9.4	
	R3	3	2.3		14	6.3	
总计		131	100	100	223	100	100

3）网络研修社区受到教师较高评价

在网络研修活动过程中，教师对于网络研修社区功能等方面也给予了较高的评价，如表 6-8 所示。从整体上将，教师普遍认为提供的网络研修社区能够有效支持教师间的交流和互动，支持教师开展大范围的研修活动（态度系数分别为 0.79、0.79）。从易用性方面，教师认为网络研修社区操作简便、设计美观、导航清晰、方面管理。从网络研修社区功能方面，教师普遍认为研修课程能够帮助促进系统知识的学习，研修工作室功能全面，网络研修社区能够支持多样的活动方式，网络研修社区中资源丰富且分类明确，网络研修社区中评价合理，能够体现学习成果。华侨小学的 L 老师就提出：网络平台（网络研修社区）很简洁，直观，根据我自己以及我所接触的很多教师的反映，上平台之后导航十分清晰合理，能看到进度和成绩，哪个部分学习不足十分清晰了然。中山小学 F 老师认为：网络平台还是为我们老师提供了很好的交流机会，尤其是有些课程的教学视频，让我从中学习到了授课教师的教学方法，自己尝试着上课，然后再和同伴们交流，受益匪浅！

表 6-8　“信息技术支持的合作学习”主题网络研修活动网络研修社区认可情况

描述	完全认同	比较认同	一般	不太认同	完全不认同	态度系数
对教师间交流和互助的很好支持	33	27	25	7	0	0.79
能够支持大范围的研修活动	31	33	22	6	0	0.79
操作简便、快捷	35	32	21	4	0	0.81
界面设计美观、导航清晰	35	33	18	6	0	0.81
平台管理方便、快捷	33	32	17	7	3	0.78
平台个人空间方便快速导航和对活动的记录	29	39	19	5	0	0.80
研修课程帮助我系统学习课程知识	28	39	21	4	0	0.80
多种研修方式混合，吸引我积极参与	30	36	22	4	0	0.80
研修工作室功能全面，专家引领我快速进步	28	35	22	7	0	0.78
评价合理，能够体现我的学习效果	28	29	27	6	2	0.76
虚拟奖励，体现我的学习成就	31	40	14	7	0	0.81
网络研修社区研修资源丰富	30	38	20	4	0	0.80
网络研修社区的资源分类明确	29	37	20	6	0	0.79

4）网络研修组织管理合理，基本形成良好研修氛围

通过对比基线和终期调查问卷，教师普遍认为网络研修组织管理合理，已经基本形成了良好的研修氛围，如图 6-13 所示。在网络研修组织管理方面，教师普

遍认为“学校形成完善的网络研修制度”“学校有专人负责网络研修活动的开展”“学校领导对于网络研修重视”等方面逐步加强，态度分析由基线的 0.50 左右上升至 0.70 左右。网络研修氛围方面，教师普遍认为“形成特定的网络研修小组”且“成员关系融洽”，“网络研修小组有完善计划”，“我的发帖能够得到同伴快速高质量回复”等，态度系数由基线时的 0.40 左右上升至终期的 0.70 左右。值得注意的是，“专家提供培训”和“专家指导”等出现不同程度的下降，证明与基线相比，终期时教师普遍认为专家的支持变少，这也从侧面印证了网络研修管理合理和研修氛围的形成，教师们在网络研修共同体中的交互逐步增多，感知到了更多来自同伴的支持和帮助，因此认为专家的支持会降低。在访谈中，十六中的 D 老师提出了网络研修的优势和收获：“能得到专家学者的引领、指导，使学员的理念大大提升，知识能力大大提高。我和其他教师之间的交流沟通是跨区域、全方位的，甚至是无限的，我在网络研修的过程中就结识了很多其他外校的教师，感觉很不错。”

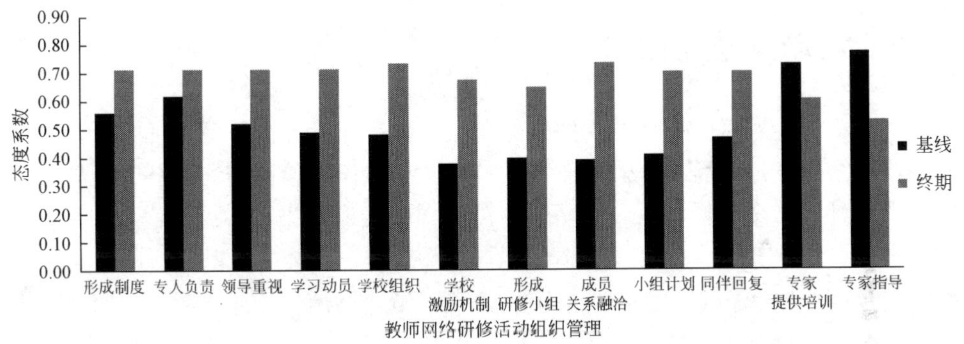

图 6-13　“信息技术支持的合作学习”主题网络研修活动组织管理认可情况

5）网络研修效果整体感知提升，教师能力自我感知得到提升

通过对比基线和终期问卷调查数据，教师普遍认识在网络研修过程中获得了有意义的收获，能力得到提升，如图 6-14 所示。教师在“网络研修过程中学习到新的知识”“工作中的困难得到解决”“网络研讨中获得启发”“认识良师益友”等整体效果感知方面，终期数据相较基线数据，态度系数分别上升 0.38、0.34、0.39、0.25；教师在网络研修形式发展方面，认为网络研修“实现多种形式互动”“适应时空需要”“提高研修参与度”等方面，也有了更切实和体会，给予了较高的评价。同时，教师对于参与网络研修能力提升方面的自我感知得到提升，普遍认为“业务能力提高”“工作效果提高”“信息技术能力”“学科教学能力”“教育科研能力”等方面均得到提升。如有教师在访谈中提到：“（网络研修）节约培训时间，网络实现资源共享，使教师培训学习收获更多、视野更开阔。网络研修

对我而言是一次难得的机遇，也是一次少有的挑战！（通过网络研修）我感觉学到了以前比较模糊的知识，并且在实践过程中，也逐步体会了一些知识的应用，从长远看利于教师队伍的成长。”

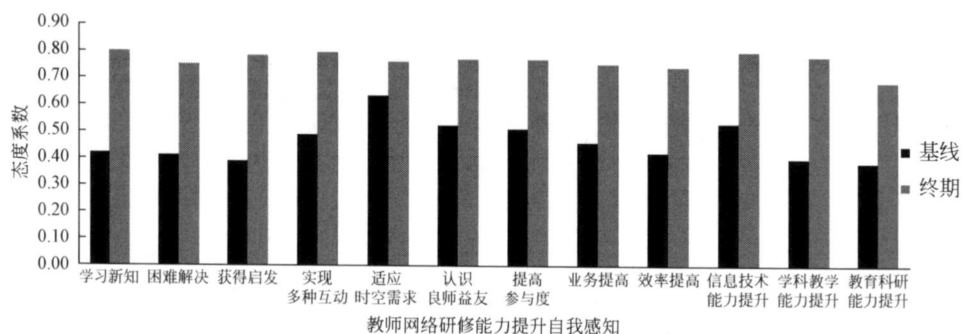

图 6-14 “信息技术支持的合作学习”主题网络研修教师能力自我感知情况

6.5.4 活动反思与改进

通过“基于实践共同体的网络研修与校本教研融合发展”活动的开展，教师对本次网络研修活动整体满意度较高，并且对于网络研修参与态度和作用感知得到有效提升，网络研修社区、网络研修组织管理等方面也进一步完善，并且最为关键的是教师网络研修良好氛围的形成和教师网络研修行为逐步向深度交互发展。但是，在问卷调查和访谈过程中，本次网络研修活动仍有不足和应该改进的地方。

（1）在教师网络研修行为逐步向深度交互发展数据分析中，通过对比基线调研数据和终期数据，教师发帖“与主题深度关联的批判反思”所占比例有所提高，但是不显著，证明存在一定的效果，但是还有比较大的提升空间。

（2）网络研修组织方面，有教师提出网络研修整体合理，但是应“因地制宜，因材施教”。毕竟参与者所处的地域环境不同、接收资源的自备设置不同、年龄结构不同、知识层次不同，所以在今后的研修活动中，应使“分组”更加具体化。对于年龄偏大的教师，网络研修可能会成为一种负担，并不能提供有用的帮助。

（3）网络研修活动和评价方面，应考虑与教师实际工作更加贴近和融合。如要求教师限时完成教学设计，这在集中搜集和展示优秀课例方面有独到的优势，但一个教师在日常教学中不可能每篇课文的备课和设计都足以让他满意，但至少有几篇文章的设计在教学实践中通过自己的备课、上课、反思、改进让他欣喜，或许这几堂课能让他在整个教育生涯中念念不忘。网络研修应该就是为这样的课进行服务的。由于教师的精力所限，很多人甚至于在研修期间夜以继日地工作，对于正在或将要上的课可能会花更多的精力去“分析、整理、创造”，但对已经上过的或将来要上的课，恐怕很难有大量精力投入设计，这就造成了千人一面、缺少特色的局面。因此建议网络研修可设置一些诸如“特色课例”“个性课例”等能让老师有兴趣、乐于展示和交流、期盼讨论和改进的选修活动，相信老师们会乐此不疲，从中受益。相反，必修活动可以硬性规定一些问题（大家普遍有困惑的、有争议的、有误区的、需要改进的问题等等），以便集思广益，集中力量解决一些在课程实施过程中的焦点问题。

（4）网络研修氛围建设方面，有教师提出：“我觉得现在最先进的是企业文化，企业文化牵扯到企业的百年大计，而作为百年大计的教育没有形成自己的坚实的教育文化。我觉得网络研修要向社会上的各种培训一样，要有自己的培训文化，要有自己专门的培训师等等，甚至向国外的培训机构学习，看看我们的培训是否走在了前面，是否代表了教育的先进方向，否则就是给挣扎在教育一线的广大教师增添负担。”

通过对上述教师的意见整理和分析，笔者认为在“专家引领的在线研修共同体实践及反思”活动实施过程中，仍然具有较大的改进和提升空间，具体应注重以下方面（细节）的设计。

（1）科学构建网络研修小组。采取现状分层、需求分层、结果分层的方式构建网络研修共同体。在开展网络研修之前，通过系统科学的调研了解：①网络研修教师的现状，包括教学环境现状、教学能力现状等。②教师开展网络研修的需求，需要进行哪些知识的系统学习，还是哪些能力获得提升。③教师开展网络研修的结果，通过网络研修，期望达到什么层次的发展，不能强迫所有的教师都向全国最优秀的教师发展等。完成上述科学分析之后，根据结果将网络研修教师整体进行分层，并设置不同的网络研修共同体，促进每个教师都能够得到自己需要的发展。

（2）设置个性类、游戏类网络研修活动，促进教师深度交互与发展。针对访谈中有老师提到的，网络研修应进一步融合于教学过程中，在具体实施构成中，尝试构建个性类、游戏类的网络研修活动。个性类网络研修活动类似于选秀类的活动，将教师在教学过程中正在发生的教学事件，或者近期就要授课的教学设计，或者刚刚结束授课的教学反思等设置为个性类网络研修活动，不要求网络研修共同体全部参加，有兴趣的教师，或者能够来得及参与的教师积极地参与，可以提高网络研修的及时性和有效性。同时，不论个性类还是必修类网络研修活动，都实时地提高研修活动的“游戏性”，设计符合成人学习特点的游戏类网络研修活动，目标任务要明确，满足不同层次的需求，具备一定的层次性和难度，如同游戏过关一样，使教师通过一定的方法、过程等，得到不同层次的发展。

（3）进一步加强网络研修社区的“易用性”和“实用性”设计及运行。制作详细的操作流程微课程或微视频，以情景式的方式向参训教师提供包括登陆、进个人空间、个人信息修改、选课、写日志、留言、如何做课内作业、研修作业、进讨论区发帖、回帖、评价学员作业等一系列网络研修社区操作，帮助教师及时、快速掌握网络研修社区的操作方法。同时，在网络研修社区构建方面，进一步体现“易用性、适用性”的设计原则，尽可能地构建符合大多数教师研修需求的社区，并且增加优秀资源汇聚模块，使教师在网络研修过程中把优秀的设计、反思、实录等推荐出来，提升教师参与网络研修的积极性，促进更多的网络研修教师相互交流、学习。

第 7 章　研究总结及反思

本书通过文献研究、调查研究等对中小学教师网络研修理论研究和实践现状进行详细梳理，找寻中小学教师开展网络研修相关制约因素，提出初步框架。通过专家咨询，进一步凝练教师网络研修影响因素，提出中小学教师网络研修影响因素框架，并以专家咨询结果为指标项，通过教师调查问卷、访谈等从教师个人因素、网络研修环境和平台、网络研修设计、主观规范、交流互动、研修氛围和机制等方面进行问卷调查，经过科学统计分析，得出影响因素之间的作用关系。在此基础上，提出中小学教师网络研修保障体系，并以教师在线学习共同体的活动理论、情景认知与情景学习等理论为指导，深入分析各种理论核心观点对中小学教师开展网络研修的指导和借鉴作用，详细阐述了保障体系的要素及构建方法策略。实践验证中小学教师保障体系，运用问卷调查、访谈座谈、内容分析、社会网络分析等方法对教师网络教研态度、教研行为、教研能力等方面的发展进行前后对比评价，进一步验证保障体系的有效性并进行修订。

7.1　研究结论及研究创新

7.1.1　研究结论

7.1.1.1　中小学教师网络研修受到多重因素影响

在理论梳理、文献综述、专家咨询、教师调查问卷的基础上，提出中小学教师网络研修影响因素有个人因素、研修平台及环境因素、网络研修设计因素、主观规范、互动感知、支持帮助、教师网络研修等。个人因素由研修意愿、研修动机（能力提升、问题解决、获得荣誉、获得晋升）、作用感知和计算机自我效能（计算机操作能力、网络应用能力）等构成；研修平台及环境由支撑环境（网速、计算机拥有、平台稳定性）、易用性（导航清晰、操作简便、方便管理）和有用性（促进交流、帮助学习）等构成；网络研修设计由活动设计、资源设计和评价设计等构成；主观规范由外部规范（领导要求、考核办法要求、研修制度研究）和群体影响（同事参与、及时反馈）等构成；互动感知由意见领袖（意见领袖存在、引导言论)、专家支持及引导(专家存在、及时支持、带领研修)和学习者间互动(及时反馈、效果评价)等构成;支持帮助由情感支持(关系融洽、个性发挥)和技术支持(技术问题解决、技术帮助)等构成。

(1)个人因素方面,教师性别和年龄对于网络研修影响因素的认知没有显著差异;教师教龄、学历、学科、学校所在地对于网络研修因素的认识存在部分差异,其中教龄主要集中在“互动感知”方面,学历主要集中在“个人因素”方面,学科主要集中在“个人因素”方面,学校所在地主要集中在“研修社区”“互动感知”“支持帮助”方面;教师网络应用经验和网络研修经验对于网络研修核心因素的认识具有显著差异,使用网络时间长的教师相比网络使用时间短的教师更多认为网络研修中的“研修社区”“研修设计”“互动感知”“主观规范”“支持帮助”重要,且随着使用网络时间的增加,各个因素的重要程度也在逐步增加,网络研修经验丰富的教师相比经验缺乏的教师更多认为“个人因素”“研修社区”“研修设计”“互动感知”“支持帮助”重要,并且随着网络研修经验的进一步增加,认为以上因素重要的也在逐步增加,这尤其体现在“个人因素”“研修社区”方面。

(2)网络研修态度主要取决于“作用感知”“情感支持”“群体影响”“评价设计”“感知易用性”“感知有用性”“学习者互动”七个方面,教师在网络研修的过程中,能够感受到非常好的研修氛围,得到足够的情感支持,同时教师身边的同事都参与到网络研修过程中,教师在态度上会明显积极,此外教师们普遍需要“简单、实用、适用”的网络研修社区和更加丰富的互动交流方式。

(3)网络研修行为主要取决于“情感支持”“作用感知”“群体影响”“评价设计”“感知易用性”“感知有用性”“学习者互动”七个方面,教师网络研修的行为主要取决于网络研修的氛围、对网络研修作用的认识和理解、身边同事参与网络研修的情况等,此外教师们普遍需要“简单、实用、适用”的网络研修社区和更加丰富的互动交流方式。

(4)教师网络研修能力发展主要取决于“作用感知”“情感支持”“学习者互动”“群体影响”“计算机自我效能”“感知有用性”六个方面,与态度、行为不同,教师虽然对现存的交流互动形式和活动不满意,但是仍然普遍认为在“交流、互动”的过程中,才能真正促进能力的提高。此外,网络研修存在教师具备越高的计算机和网络应用能力,对能力发展感知度越低的情况。

(5)“个人因素”“研修设计”“支持帮助”“主观规范”“研修社区”“互动感知”等核心因素都对教师网络研修存在影响,其中“研修设计”对于网络研修结果影响系数最大。“研修社区”“互动感知”“支持帮助”通过“研修设计”影响教师网络研修,其中最为主要的是“研修社区”,证明“研修社区”在“研修设计”中占最重要地位,“互动感知”和“支持帮助”在“研修设计中”也有较为重要的地位。

7.1.1.2　构建体系化中小学教师保障体系

中小学教师网络研修保障体系分为三个层面。宏观层面，主要从教师网络研修的整体规划和支持的上位角度审视中小学教师的网络研修，具体包括各级教育行政部门、培训结构、专家共同设计制定顶层设计、规范制度、支持保障、绩效评估，培训机构组织、专家应该为教师提供情感支持和技术支持；中观层面，主要从教师网络研修环境和资源角度进行规范，核心要素是网络研修活动设计，包括资源设计和评价设计以及依托网络研修活动感知的网络研修社区的设计和规划，社区应具备知识学习、在线研修、管理评价和资源汇聚等功能；微观层面，主要从学习者、意见领袖、专家的网络研修共同体层面进行设计，突出共同体中角色的具体定位和发展策略。中小学教师网络研修保障体系纵向是影响教师网络研修的核心因素，并从外部向内部集中，在各核心因素的共同作用下，促进教师网络研修态度、行为的转变。

（1）网络研修共同体方面，本书在已有文献研究的基础上，提出了学习者、意见领袖、专家三种网络研修共同体角色。①学习者是网络研修中的主要角色，通常以群落或群体的关系存在，网络研修中的所有规划、设计和活动都是围绕学习者展开，学习者主要角色定位有参与者、讨论者、竞争者、合笔者、贡献者、知识建构者、行动者、反思者。②意见领袖在网络研修引导过程中与学习者和专家紧密交互，促进交互的深度进行和学习者能力的提升；在实施过程中，不指定或者安排意见领袖，而是前期由“助学者”完成基本的帮助和评价，中后期在网络研修社区中寻找不同工作室、任务小组的意见领袖，并组成新的“助学者”团队，以意见领袖为主，开展学习者的引导、评价、支持帮助等工作，这样对于意见领袖来说，也是在合作、互动交流中发展和进步。③网络研修中的专家团队或专家小组由学科专家、资深教研员、学科特级教师、教育学专家等成员构成，强调学科特性和技术特征。专家的主要角色是引领、制定发展规划和诊断评估，制定群体的发展规划，对于学习者群组的诊断性评价和研修效果评估，根据诊断结果和评估结果，完善方案的制定并开展具有针对性的网络研修活动。④在网络研修共同体构建过程中，本书提出了明确学习者、意见领袖、专家之间的关系，尤其是专家与意见领袖间的异同，综合考虑学习者群体构建——同质分组和异质分组，重视教师博客社群中意见领袖的作用，对于意见领袖带领学习群体进行网络研修给予适当的精神和物质的奖励等构建策略。

（2）网络研修设计，主要从活动设计、资源设计、评价设计三个方面展开。①网络研修活动设计是网络研修保障体系的核心，根据情景认知与情景学习、活动理论等理论指导，本书提出了基于情景问题、案例的自组织教师网络研修活动设计，专家引领的在线研修共同体活动设计，基于实践共同体的网络研修与校本教研融合发展等具有不同侧重点的网络研修活动。基于情景问题、案例的自组织教师网络研修活动支持大规模的教师网络研修开展，重点强调教师自组织的群体共同发展；专家引领的在线研修共同体强调在一定范围内，专家引领下的实践与反思，存在多个独立的网络研修空间也可以实现大规模发展；基于实践共同体的网络研修与校本教研融合发展强调系统性和体系化，与校本教研相结合，解决教学改革过程中存在的问题和困难，需要长时间、重复、大量的研修活动，最终促使教师专业发展，进而促进学生学习方式的变革，应该是一种完美理想化的网络研修活动状态。②关于网络研修资源设计，本书提出了注重网络研修资源的多元构建、研修资源内容的多样化呈现、智能化的教师网络研修资源推送等策略。③网络研修评价方面，本书认为教师网络研修效果评价应该从教师自身网络研修发展性评价、教师网络研修共同体发展评价和教师网络研修结果应用评价等方面开展，评价方面应该采用问卷调查、访谈、社会网络分析等混合式的体系评价方法。

（3）网络研修社区设计方面，本书对国内外已有的教师网络研修社区（教师专业发展平台）进行分析，了解目前国内外教师专业发展网络支持平台的理念、整体架构、运行机制及特征的基础上，构建了网络研修社区功能框架，主要包括个人空间、研修工作室、实践工作室、支持帮助、管理辅助五个模块：①个人空间模块是教师在整个网络研修社区中的管理、统计、分析中心，实现研修活动的自主管理和个人专业发展规划等功能。②研修工作室模块：重点解决通过多种方式实现教师程序性知识的获取和实践性知识的初步掌握。③实践工作室模块：在研修工作室系统知识深入学习研讨的基础上，在实践工作室中进行教学时间尝试，帮助教师程序性知识向实践性知识的深度转化。④支持帮助模块：教师情感支撑模块和技术辅助模块，实现教师在平等、相互尊重、愉快的氛围中互动、交流、合作、反馈过程中及时解决困惑和教学问题。⑤管理辅助模块：在技术层面和辅助功能的规范基础上，提出了注重网络研修社区的易用性设计和强调体系化设计和网络研修社区运行策略。

（4）网络研修支持帮助方面，主要从情感支持和技术支持进行设计。①情感支持方面，笔者认为现在的网络研修社区注重的是先进的技术和强大的功能等“硬环境”方面的规划建设，鲜有对教师网络研修文化、氛围、人文环境等“软环境”的规划和发展，而恰恰文化氛围既是教师们在网络研修中最为需要和最有效促进研修的因素。本书提出了加强对网络研修社区文化氛围建设和发展，注重意见领袖（助学者）团队人际交流技巧方法的培训策略。②技术支持方面，提出注重构建基于大数据分析的支持帮助和智能评测系统的评价反馈机制，构建多样化支持帮助体系支持策略。

（5）网络研修政策保障方面，在研究过程中，笔者认为我国现阶段的在网络研修如何更加有效地开展，如何整合更多的力量、资源来促进教师网络研修的质量提升方面，也有非常多的顶层设计问题，需要各级教育行政部门、教师教育研究机构、企业共同承担解决。在详细分析网络研修问题的基础上，研究提出加强顶层设计，明确各层面网络研修主体责任和义务，详细阐述国家、省（自治区、直辖市）、市（自治州）、县、学校、培训机构、教师培训研究实施机构的责任和义务，构建各层级网络研修管理平台，加强经费投入和管理，科学绩效评估等策略。

7.1.1.3　体系化教师网络研修保障体系得到教师认可

在本书中，对提出的中小学教师网络研修影响因素模型进行了部分应用、验证和反思。本书提出了“《彩色的非洲》教学设计”网络研修活动设计、“信息技术支持的探究教学设计与实施”主题网络研修活动、“信息技术支持的合作学习”主题网络研修活动设计，分别针对基于情景问题、案例的自组织教师网络研修活动设计，专家引领的在线研修共同体活动设计，基于实践共同体的网络研修与校本教研融合发展等活动设计，并进行了实践，在过程中采用访谈、问卷调查、内容分析、社会网络分析、课堂观察等方法，从参与网络研修的教师发展性、教师网络研修共同体发展性、教师网络研修结果应用等方面展开评价，得出了教师对于网络研修参与态度和作用感知得到有效提升、教师网络研修行为逐步向深度交互发展、网络研修社区受到教师较高评价、网络研修组织管理合理、基本形成良好研修氛围、网络研修效果整体感知提升、教师能力自我感知得到提升的结论。同时，针对效果评价中教师访谈和数据分析中发现的不足，在不同活动设计中提出了选取具有代表性、实用性、符合网络研修教师所处环境和条件的教学案例，加强网络研修管理和氛围建设，进一步设置有针对性的网络研修问题性，加强网络研修的组织引领，引导参与活动教师的及时反思，科学构建网络研修小组，设置个性类、游戏类网络研修活动促进教师深度交互与发展，进一步加强网络研修社区的“易用性”和“实用性”设计及运行等改进策略。

7.1.2　研究创新点

（1）研究选题创新。教师教育一直以来都是国内外教育领域高度关注的重要内容，尤其是近年来我国政府多次提到进行教师教育模型的改革和创新，并随之展开了全国范围的教师培训项目和工程，本书恰逢“中小学教师国家级培训计划”即将结束，“全国中小学教师信息技术应用能力提升工程”刚刚开始的时间点；同时，国内外对于教师网络研修的理论和实践虽然已经开展了研究，但是教师网络研修的理论体系仍未形成，教师网络研修实践还存在或多或少的问题，因此本书选择“中小学教师网络研修影响因素及保障体系”这一题目，具有一定的理论意义和充分的现实意义，为国家级“全国中小学教师信息技术应用能力提升工程”等培训项目顺利开展提供研究借鉴，同时对各级各类教师专业发展项目中网络研修的有效机制、活动开展、保障体系、效果评价、平台设计与开发等方面具有现实指导意义。

（2）研究视角创新。已有研究将“教师网络研修”研究对象割裂为平台、技术、环境、制度、评价等分别进行探讨，虽然已经展开了大量的研究，但是研究整体性不高，缺乏理论指导实践的可操作性。本书中，在梳理已有理论研究和实践项目的基础上，主要回答如何从系统的视角出发，将“教师网络研修”整体作为研究对象，在厘清影响教师网络研修有效开展的核心要素及之间的相互作用的基础上，构建中小学教师网络研修保障体系并进行验证修订，力争从整体对“教师网络研修”进行系统分析并提出保障体系，促进教师网络研修的效果提升。

（3）研究方法应用创新。本书在整体上遵循基于设计的研究范式，在不同的研究阶段，通过文献研究、准实验研究、专家咨询、比较咨询等多种研究方法进行综合应用，并利用问卷调查、访谈、社会网络分析、内容分析等从质性研究和量化分析两个方面厘清中小学教师网络研修影响因素，并通过因子分析、路径分析等方法确定影响因素的作用关系，并科学构建中小学教师网络研修保障体系，因此在于研究方法的综合应用方面具有一定创新。

7.2 反思及展望

尽管在理论分析、资源收集、实地调查、数据分析等方面做了很多工作，付出了大量的时间和精力，但由于本书提出的中小学教师网络研修保障体系提出了多个层面的保障策略，这其中也包括各级教育行政部门、教师网络研修培训机构等客观因素的条件限制，保障体系中的全部策略的验证设计和实施还存在不足，这也是研究过程中的缺憾。

教师网络研修是一个复杂的系统过程，受到多种因素的制约，本书在进行中小学教师网络研修影响因素及作用关系构建过程中，充分考虑了不同地域、学科、年龄、教龄、网络应用经验等教师对于影响因素的意见，但在部分细节方面的调查结论可能存在一定的片面性，如研究中没有验证不同省份、不同教师专业发展阶段等教师对于网络研修影响因素的认识的不同。

在后续研究过程中，笔者将进一步修订专家咨询量表，选择更大范围的专家开展专家咨询，使影响因素的指标不断逼近“教师网络研修”原型，同时进一步修订调查问卷，提高问卷信度和效果，在更大范围进行中小学教师网络研修影响因素调查，确定更多不同变量、环境、条件相互作用下的网络研修影响模型，从更加宏观整体的角度以及更加细致的微观角度探索影响教师网络研修的因素。

本书提出的中小学教师网络研修保障体系分为网络研修共同体、网络研修设计、网络研修社区设计、网络研修支持帮助、网络研修政策保障。由于研究者的条件所限，对于其中的部分子模型并没有开展深入、全面的实施和验证，仍然停留在理论层面。因此在后续研究过程中，进一步对本书中提出的子模型进行实践，采用科学方法进行验证，进一步提升研究中提出的理论模型的有效性，在此基础上不断修正保障体系，使之更加有效可行。

参 考 文 献

安蔚. 2014. 如何利用“国培计划”研修网促进教师专业发展——以陕西省网络研修与校本研修整合培训项目为例. 中国教育信息化，（16）：67-68.

白继芳. 2009. “半衰期”：虚拟学习社区研究的新方法. 开放教育研究，（6）：80-84.

白磊. 2006. 学习共同体教师专业成长的新模式. 辽宁教育研究，（9）：92-95.

柏宏权. 2013. 中小学教师使用虚拟学习社区的影响因素研究. 电化教育研究，（11）：46-52.

鲍有斌. 2004. 学习型组织与虚拟学习社区. 远程教育杂志，（3）：25-27.

暴占光，张向葵. 2005. 自我决定认知动机理论研究概述. 东北师大学报（哲学社会科学版），（6）：141-146.

曹良亮. 2008. Web2. 0 支持下的远程教学系统架构分析. 中国远程教育，（3）：68-72.

曹霞. 2009. 基于即时通讯软件的区域教研实践研究. 重庆：西南大学硕士学位论文.

常玮，马玲. 2012. 网络教学效果影响因素实证研究——基于社会认知理论及整合性技术接受模型. 远程教育杂志，（1）：85-91.

车文博. 2001. 心理咨询大百科全书. 杭州：浙江科学技术出版社.

陈玲，张俊，刘希，等. 2012. 教师区域网络协同备课中的协作脚本设计. 中国电化教育，（12）：47-52.

陈玲，王冰洁，刘禹. 2013a. 教师区域网络协同备课中的社会网络分析. 远程教育杂志，（3）：17-21.

陈玲，张俊，汪晓凤，等. 2013b. 面向知识建构的教师区域网络协同备课模式研究——一项基于学习元平台的实践探索. 教师教育研究，（11）：60-67.

陈琦，刘儒德. 2005. 教育心理学. 北京：高等教育出版社.

陈琦，张建伟. 1998. 建构主义学习观要义评析. 华东师范大学学报（教育科学版），（1）：61-68.

陈善为. 2009. 基于教师发展档案袋的校本教研网络平台的设计与实现. 重庆：西南大学硕士学位论文.

陈向明. 1999. 什么是“行动研究”. 教育实验研究，（2）：60-67.

陈向明. 2000. 质的研究方法与社会科学研究. 北京：教育科学出版社.

陈义兵. 2012. 促进教师专业发展的好工具——教育博客. 江苏教育研究，（10）：38-40.

谌亮. 2011. 基于 web2. 0 的协作性网络教研活动研究. 大连：辽宁师范大学硕士学位论文.

戴心来，任丽燕，谌亮. 2012. WIKI 环境下网络教研的交互机制与活动路径探究. 中国远程教育：综合版，（2）：52-55.

|参 考 文 献|

戴卓，郑孝庭. 2014. 网络教学平台满意度影响因素研究. 中国远程教育，（4）：50-65.

杜静. 2013. 英国教师在职教育发展研究. 重庆：西南大学博士学位论文.

杜玉霞. 2013. 中国教师教育信息化政策的演进与特点. 电化教育研究，（8）：34-41.

段文婷，江光荣. 2008. 计划行为理论. 心理科学进展，（2）：315-320.

方乐. 2005. 教师专业发展评价. 北京：中国轻工业出版社.

风笑天. 2010. 社会学研究方法（第三版）. 北京：中国人民大学出版社.

冯伯虎. 2007. 追求形神兼备的网络教研. 中小学信息技术教育，（6）：14-15.

冯立国. 2008. 网上教研的教师教研行为研究. 开放教育研究，（12）：110-115.

甘永成. 2005a. 虚拟学习社区多重内涵之解析与研究. 现代远程教育研究，（5）：10-15.

甘永成. 2005b. 虚拟学习社区中的知识构建和集体智慧发展. 北京：教育科学出版社.

高峰. 2010. 教师接受网络教育技术的影响因素研究. 开放教育研究，（10）：94-98.

高瑞利. 2014. 不同类型虚拟学习社区的对比研究. 电化教育研究（2）：50-54.

高文. 1999. 建构主义学习的特征. 外国教育资料，（1）：35-39.

高文. 2001. 情境学习与情境认知. 教育发展研究，（8）：30-35.

高长俊，胡世清. 2011. 我国虚拟学习社区研究现状及趋势分析. 远程教育杂志，（4）：65-70.

顾小清. 2006. 面向信息化的教师专业发展——行动学习的实践视角. 北京：教育科学出版社.

关晓明，蒋国珍. 2009. 教研员引领的网上教研活动研究. 中国远程教育，（9）：56-63.

郭峰. 2013. 网络教研场域中教师专业发展的实证研究. 电化教育研究，（8）：98-103.

郭绍青，樊敏生. 2009. 利用网络学习社区构建城乡互动教师培养新模式. 中国电化教育，（9）：50-54.

郭雯靓. 2011. 基于 Podcast 平台的网络教研初探. 中国教育信息化，（14）：35-37.

郭子其. 2012. 校本研修存在的问题及对策. 中小学教师培训，（4）：26 28.

何克抗. 1997. 建构主义——革新传统教学的理论基础（上）. 电化教育研究，（3）. 3 9.

何苗，程坤，郭允建. 2010. 虚拟学习社区中社会临场感研究初探. 中国电化教育，（1）：54-58.

何晓青，柯和平. 2014. 基于虚拟学习社区的教师实践性知识管理之典型模式构建及实践研究. 电化教育研究，（9）：116-120.

何英，胡之骐. 2012. 基于协作学习的教师专业发展平台的设计与实现——以“知行渝盟”为例. 现代教育技术，（2）：103-107.

何字娟. 2009. 从活动理论看教师网络教育活动的设计. 中国远程教育，（11）：58.

洪蓉. 2007. 教师学习共同体与教师专业发展. 现代教育科学，（5）：38-39.

胡凡刚. 2005. 简论教育虚拟社区. 电化教育研究，（9）：42-46.

胡凡刚. 2012. 基于教育虚拟社区的团队集体效能感影响因素实证分析. 电化教育研究，（1）：24-32.

胡凡刚，李文波. 2011. 教育虚拟社区中技术文化形成因素的实证分析. 电化教育研究，2011（1）：54-59.

胡凡刚，鹿秀娥. 2009. 教育虚拟社区知识共享影响因素实证分析. 电化教育研究，(12)：20-25.
胡凡刚，仇秀娟，刘玮，等. 2013. 影响教育虚拟社区中学习动机激发因素的实证分析. 远程教育杂志，(4)：52-59.
胡世清，高长俊. 2013. 虚拟学习社区角色及组织结构研究. 远程教育杂志，(1)：99-105.
胡小勇. 2011. 信息化环境中区域教研协作的社会网络分析. 电化教育研究，(7)：23-29.
胡勇. 2014. 在线协作学习对感知学习的影响. 现代远程教育，(3)：87-93.
胡勇，李宇峰. 2012. 虚拟学习社区的内涵及其相关研究概述. 现代远程教育研究，(3)：32-42.
黄冠，罗会棣，杨蔚. 2009. 基于知识管理的网络教研平台的开发与应用. 现代教育技术，(19)：203-205.
黄红梅. 2006. 网络教研促进教师专业发展. 湖北教育学院学报，(10)：104.
黄伟. 2010. 教师基于博客群网络学习行为的实证研究——以海盐教师博客为例. 中国电化教育，(11)：23-25.
黄伟. 2011. 社会网络分析视角下的虚拟学习社群研究. 电化教育研究，(12)：53-57.
黄照贵，颜郁人. 2009. 以关系承诺观点探讨虚拟社群不同参与程度成员之行为. 信息管理学报，(16)：33.
霍丽荣，张文晓. 2009. 基于博客和 Google Group 的网络教研平台对比研究. 现代教育技术，(7)：103-105.
姜丽华. 2006. 日本教师教育政策的进展及其特点. 教育科学，(10)：80-82.
姜涛. 2013. 物理探究课有效教学评价指标体系构建研究. 重庆：西南大学博士学位论文.
柯小华，李红波. 2008. 试探析“基于设计的研究”的理论归属. 开放教育研究，(4)：53.
孔晶，赵建华. 2010. 虚拟学习社区中协同知识建构活动设计. 现代教育技术，(5)：85-89.
赖文华，叶新东. 2010. 虚拟学习社区中知识共享的社会网络分析. 现代教育技术，(10)：97-101.
李保华. 2009. 基于视频案例的中小学教师网络研修平台构建研究. 重庆：西南大学硕士学位论文.
李锋亮，郭蔚，汪启富. 2010. 对远程教育学习者学习成绩影响因素的实证分析——以奥鹏远程教育中心的学习者为例. 现代教育技术，(9)：99-101.
李复新，瞿葆奎. 2003. 教育人类学：理论与问题. 教育研究，(10)：3-13.
李海，孙晓红. 2008. “四位一体”的区域性网络研修探讨. 中国教育信息化，(24)：46.
李华. 2012. 基于网络的协同教研系统研究. 电化教育研究，(12)：50-57.
李华，赵鹏德，贺相春，等. 2011. 网络协作教研的问题与对策研究. 电化教育研究，(12)：110-114.
李慧. 2011. 有效教师研修模式的探究与实践——以承办“国培计划”北大高中语文骨干教师研修班为例. 中小学教师培训，(3)：5-7.
李建生，张红玉. 2013. 网络学习社区的社会性交互研究——教师参与程度和交互模式对社会性交互的影响. 电化教育研究，(2)：36-41.

|参考文献|

李进. 2009. 教师教育概论. 北京：北京大学出版社.

李静. 2012. 基于视频案例的网络教研平台的设计与开发. 武汉：华中师范大学硕士学位论文.

李娟，张景生. 2008. 山东省网络教研现状与分析. 中国电化教育，(6)：67-69.

李克东. 2010. 教育技术学研究方法. 北京：北京大学出版社.

李克东. 2012. 提升网络教师实践社区活动绩效研究. 中国电化教育，(1)：55-60.

李联欣. 2010. Wiki 平台在教师培训中的应用. 中国信息技术教育，(13)：14.

李三福. 2000. 试论教育研究中的人种学研究. 湘潭师范学院学报，(3)：107-109.

李胜波，李爽，孙洪涛. 2010. 促进教师同伴互助的在线实践社区环境设计框架. 中国远程教育，(11)：23-28.

李彤彤，马秀峰. 2011. 教师虚拟学习社区中的知识建构实证分析. 电化教育研究，(9)：26-32.

李文昊，王继新，白文倩. 2010. 从社会网络分析看海盐教师博客. 中国电化教育，(7)：86-90.

李文文. 2014. 社交网络高校用户参与度的影响因素研究. 远程教育杂志，(3)：49-55.

李肖锋，王倩，张龙革. 2012. 虚拟学习社区中社会存在感的影响因素研究. 开放教育研究，(12)：87-93.

李孝诚，綦春，史晓锋. 2013. 初中数学教师教学设计能力发展的实证研究——基于网络研修共同体教师专业发展的个案研究. 中国电化教育，(3)：56-61.

李艳. 2010. “领衔+参与”校际联动促进教育均衡发展. 中小学信息技术教育，(11)：69.

李艺. 2007. 面向基础教育教师专业发展的网络教研观察. 中小学信息技术教育，(5)：9-10.

李宇峰，李文. 2013. 社会性软件支持网络教研共同体有效构建的策略研究. 现代教育技术，(11)：94-98.

李远航，王子平. 2009. 社会学视角下的虚拟学习社区中社会性交互研究. 现代教育技术，(9)：75-77.

李远远. 2009. 基于粗糙集的指标体系构建及综合评价方法. 武汉：武汉理工大学博士学位论文.

李志，潘丽霞. 2012. 社会科学研究方法导论. 重庆：重庆大学出版社.

联合国教科文组织国际教育发展委员会. 1996. 学会生存——教育世界的今天和明天. 华东师范大学比较教育研究所译. 北京：教育科学出版社.

梁林梅，孙俊华. 2004. 知识管理. 北京：北京大学出版社.

梁银英，王海燕. 2011. 虚拟学习社区社会网络构建策略. 中国电化教育，(10)：64-69.

廖伟伟，赵呈领，万力勇，等. 2012. 专业虚拟学习社区的设计与应用研究中国远程教育，(12)：41-46.

刘宏宇. 1998. 勒温的社会心理学理论评述. 社会心理科学，(3)：57-61.

刘黄玲子，朱伶俐，陈义勤，等. 2006. 基于交互分析的协同知识建构的研究. 开放教育研究，(4)：31-37.

刘金河，金彦红，贺相春. 2012. 基于协作的区域教师专业能力均衡发展网络支持平台设计. 电化教育研究，(12)：69-73.

刘军. 2014. UCINET 软件实用指南. 上海：格致出版社.
刘丽虹，张积家. 2010. 动机的自我决定理论及其应用. 华南师范大学学报（社会科学版），(4)：53-59.
刘敏，胡凡刚，李兴保. 2014. 教师虚拟社区意见领袖的社会网络位置及角色分析. 中国电化教育，(2)：46-53.
刘敏，李兴保，武希迎. 2013. 教师虚拟社群意见领袖的判别及其影响研究. 电化教育研究，(11)：66-71.
刘琦. 2009. 对网络教研的思考和探索. 辽宁教育行政学院学报，(4)：137.
刘悦. 2009. 小学语文网上研修活动的案例与分析. 中国电化教育，(12)：92-95.
路林林，宋燕，李兴保. 2012. 基于认知风格的虚拟学习社区互动行为研究. 中国电化教育，(10)：46-51.
路兴，赵国栋，原帅，等. 2011. 高校教师的“混合式学习”接受度及其影响因素研究——以北大教学网为例. 远程教育杂志，(2)：62-69.
栾学东. 2014. 关于教师网络研修活动绩效评估方法的研究. 电化教育研究，(1)：110-114.
罗蓉，罗亮. 2004. 走进网上教研. 信息技术教育，(10)：5-7.
吕萍. 2011. 教师网上研修社区应用现状分析及对策. 中小学教师培训，(10)：31-32.
马红亮. 2006. 虚拟学习社区的社会学分析. 中国远程教育，(9)：20-24.
马立，郁晓华，祝智庭. 2011. 教师继续教育新模式：网络研修. 教育研究，(11)：21-24.
马凌，陈娇，漆颖. 2014. 国家精品课程网站用户使用意向影响因素及实证研究. 中国远程教育，(4)：45-49.
马庆国. 2004. 管理类研究生学位论文要求与评判参考标准. 高等教育研究，25（1)：61-64.
马卫民. 2009. 网络教研行为影响因素研究. 保定：河北大学硕士学位论文.
马秀峰，李晓飞. 2009. 虚拟学习社区——教师专业发展的新平台. 电化教育研究，(4)：35-38.
马阳. 2012. 虚拟学习社区中学习者的归属感与自主学习能力关系研究. 中国远程教育，(6)：55-58.
毛波，尤雯雯. 2006. 虚拟社区成员分类模型. 清华大学学报，46（S1)：1069-1073.
牟智佳，张文兰. 2013. 基于 Moodle 平台的网络学习动机影响因素模型构建及启示. 电化教育研究，(4)：37-42.
穆肃. 2001. 准实验研究及其设计方法. 中国电化教育，(12)：13-16.
乜勇，史俊霞. 2014. 构建“教—研—修”一体化的网络教科研平台研究——基于陕西省教科研网络化平台的建设研究. 现代教育技术，(11)：114-119.
裴娣娜. 2000. 教育研究方法导论. 合肥：安徽教育出版社.
彭敏军，陆新生，刘引红. 2011. 基于数量和质量的在线学习参与度考量方法研究. 现代教育技术，(1)：103-106.
戚业国. 2013. 校本研修的制度性困惑与机制创新. 教师教育研究，(9)：67-71.

|参 考 文 献|

齐剑鹏. 2001. 网络学习社区——在线国际远距离合作学习的一次新尝试. 电化教育研究，(12)：44-48.

齐振国，荆永君. 2011. 基于视频案例的课堂教学校本研修. 中国电化教育，(2)：103-106.

钱旭升，师红霞. 2011. 虚拟学习社区中的人际交互机制研究——以国家级精品课程《现代远程教育》为例. 远程教育杂志，(1)：62-67.

乔爱玲，田润. 2014. 中学教师远程研修障碍指标体系及影响因素研究. 中国电化教育，(12)：67-72.

秦良娟，李斌，吴新杰. 2012. 教师研修社区教师采纳行为与教学能力提升的关系研究. 中国电化教育，(2)：63-69.

秦亚玲. 2010. Google 云服务下的校本教研活动设计与应用研究——以黄冈市北湖中学网络教研平台为例. 上海：上海师范大学硕士学位论文.

邱均平，熊尊妍. 2008. 基于学术 BBS 的信息交流研究——以北大中文论坛的汉语言文学版为例. 图书馆工作与研究，(8)：3-8.

仇立平. 2012. 社会研究方法基础. 重庆：重庆大学出版社.

屈书杰. 2007. 教育研究方法实用指南（第 5 版）. 北京：北京大学出版社.

单举芝，刘述. 2009. 基于 Web2. 0 的教师远程研修平台设计初探. 中国电化教育，(3)：105-108.

沈忱，乔爱玲. 2012. SNS 社区在教师专业发展中的应用模式探究. 中国远程教育，(1)：69-73.

沈毅，崔允漷. 2008. 课堂观察：走向专业的听评课. 上海：华东师范大学出版社.

宋秋前. 2000. 行动研究：教育理论与实践相结合的实践性中介. 教育研究，(7)：42-46.

宋燕. 2011. 和合学视野下教师合作研修共同体建构的研究. 重庆：西南大学博士学位论文.

孙元. 2010. 基于任务-技术匹配理论视角的整合性技术接受模型发展研究. 杭州：浙江大学博士学位论文.

覃丽君. 2014. 德国教师教育研究. 重庆：西南大学博士学位论文.

覃学健，李翠白. 2009. 虚拟学习社区的社会网络分析研究. 现代教育技术，(2)：26-29.

谭支军. 2006. 基于 Web2. 0 的网络教学系统结构模式初探. 中国电化教育，(9)：96-98.

唐章蔚. 2010. 教师博客社群中意见领袖的现状调查与分析. 电化教育研究，(7)：91-95.

汪晓凤，陈玲，余胜泉. 2014. 基于实践性知识创生的网络教研实证研究. 中国电化教育，(10)：16-22.

王殿强，张法林. 2009. 搭建网络教研平台促进教师专业成长. 中国教育信息化，(6)：80-81.

王广新，单从凯. 2007. 课程 BBS 讨论的漂移现象与表现特征. 中国远程教育，(1)：43-47.

王贵，李兴保. 2010. 虚拟社区知识共享影响因素调研与分析. 中国电化教育，(4)：56-61.

王洪才. 2008. 人种学：教育研究的一种根本方法. 厦门大学学报（哲学社会科学版），(3)：13-20.

王会. 2010. 网络教研环境的改进设计研究. 南京：南京师范大学硕士学位论文.

王静. 2010. 对有效开展信息技术网络教研的思考. 信息系统工程，(8)：89.

王陆. 2004. 虚拟学习社区原理与应用. 北京：高等教育出版社.

王陆. 2009. 虚拟学习社区的社会网络结构研究. 兰州：西北师范大学博士学位论文.
王陆. 2011. 虚拟学习社区的社会网路结构. 北京：北京大学出版社.
王陆. 2012a. 教师在线实践社区COP的绩效评估方法与技术. 中国电化教育，（1）：61-72.
王陆. 2012b. 教师在线实践社区中不同教师群体的反思水平研究. 电化教育研究，（5）：98-102.
王陆，杨卉. 2010. 基于真实性评估的教师专业学习与培训. 电化教育研究，（10）：107-111.
王文静. 2002. 基于情境认知与学习的教学模式研究. 上海：华东师范大学博士学位论文.
王文静. 2010. 基于设计的研究：教育研究范式的创新. 教育理论与实践，（8）：3-6.
王晓聪. 2014. 课例是区域网络教学资源的重要内容. 中小学教师培训，（2）：17-19.
王亚萍. 2010. 关于中小学网络教研的分析与反思. 中国教育信息化，（4）：19-20.
王英彦，杨刚，曾瑞. 2010. 在线学习者的激励机制分析与设计. 中国电化教育，（3）：62-66.
王缨，侯发明. 2014. 教师发展基地学员研修成效满意度及影响因素分析. 北京教育（高教），（3）：73-75.
王中男. 2014. 校本教研存在的问题分析与路径选择. 教育理论与实践，（2）：10-12.
王竹立. 2009. 李克东难题：争鸣与反思. 远程教育杂志，（3）：63-67.
王珠珠，张伟远. 2006. 在职教师网上学习困难之调查报告. 开放教育研究，（1）：36-39.
魏晓彤. 2011. “同课异构”网络教研模式的探究. 中国电化教育，（2）：110-113.
吴冬芹，周彩英. 2004. 浅析沉浸理论在教学中的应用. 安康师专学报，（6）：89-92.
吴焕庆，马宁. 2013. 系统化校本教研有效实施的策略研究. 电化教育研究，（5）：97-103.
吴岚. 2008. 《信息技术》网络教研现状及策略研究. 南昌：江西师范大学硕士学位论文.
吴明隆. 2009. 结构方程模型——AMOS的操作与应用. 重庆：重庆大学出版社.
吴明隆. 2010. 问卷统计分析实务——SPSS操作与应用. 重庆：重庆大学出版社.
吴筱萌，蒋静，吴杰伟. 2011. 混合式学习环境下学生网上讨论的成效及影响因素研究. 现代远程教育研究，（5）：59-65.
肖爱平，蒋成凤. 2009. 网络学习者网上学习现状、影响因素及对策研究. 开放教育研究，（2）：75-80.
肖正德. 2007. 网络教研：一种促进教师专业发展的新型教研模式. 现代远距离教育，（1）：34-36.
徐冲，李玉斌. 2009. 促进教学智慧共享是网络教研的关键. 中国教育信息化，（24）：43-46.
徐晶晶，黎加厚. 2007. Podcasting在教学中的应用研究. 远程教育杂志，（6）：37-40.
徐磊，王陆. 2013. 远程校本研修中助学支持服务对研修教师学习参与度的影响研究. 中国电化教育，（8）：59-63.
徐小利. 2008. 网络学习共同体支撑平台的构建. 武汉：华中师范大学硕士学位论文.
徐小为. 2007. 农村教师网络研修模式的影响因素及对策研究. 中国教育信息化，（9）：68-69.
徐旭，瞿堃. 2010. 高校参与下的中小学教师网络研修共同体模式构建. 中小学电教，（9）：11-13.
许明. 2002. 美国教师教育专业标准概述. 课程·教材·教法，（11）：66-68.
许世红，黄宪. 2012. 广州市开展网络教研的实践与反思. 教育导刊，（3）：48-51.

许勇辉. 2012. Wiki 支持的区域教研模式研究. 现代教育技术，(3)：84-86.
闫寒冰. 2007. e-Learning 案例研究：教师远程研修模式——围绕“教师教育”与“远程教育”问题线索的思考与实践.电化教育研究，(6)：62-66，78.
严亚利，黎加厚. 2010. 教师在线交流与深度互动的能力评估研究——以海盐教师博客群体的互动深度分析为例. 远程教育杂志，(2)：68-71.
杨卉. 2011a. 教师网络实践共同体研修活动设计理论与实践. 兰州：西北师范大学博士学位论文.
杨卉. 2011b. 教师在线实践社区研修活动设计——以同侪互助网络研修活动为例. 中国电化教育，(9)：43-48.
杨卉，冯红. 2012. 教师网络实践共同体在线助学策略和方法研究. 中国电化教育，(6)：50-55.
杨卉，冯涛. 2012. 教师网络研修活动设计方法与技术. 北京：北京师范大学出版社.
杨卉，马如霞. 2014. 教师在线实践社区多元反思方法一体化反思活动模式的研究. 电化教育研究，(1)：104-109.
杨卉，王陆，张敏霞. 2012. 教师网络实践共同体研修活动设计模型研究. 现代远程教育研究，(3)：44-49.
杨丽娜，刘科成，颜志军. 2010. 面向虚拟学习社区的学习资源个性化推荐研究. 电化教育研究，(4)：67-71.
杨丽娜，孟昭宽，肖克曦，等. 2012a. 虚拟学习社区采纳行为影响因素实证研究. 电化教育研究，(4)：47-51.
杨丽娜，颜志军，孟昭宽. 2012b. 虚拟学习社区有效学习发生影响因素实证研究. 中国远程教育，(1)：53-57.
杨婷. 2011. 基于课堂实录及其分析法的网络研修模式的研究. 武汉：华中师范大学硕士学位论文.
姚金荣. 2006. 开发互动 共享智慧——关于网络虚拟教研平台建设的构想. 中国教育信息化，(24)：47-49.
叶国萍. 2008. 虚拟学习社区的技术支撑及发展前景. 中国电化教育，(12)：108-111.
易徽. 2002. 网络虚拟社区的文化特色及其影响. 西安政治学院学报，(1)：23-25，64.
於晓东. 2011. 基于工作流的网络教研平台的探索与实践. 中国教育信息化，(24)：74-77.
余明媚，李文光，王新辉. 2010. 学生投入在线讨论的影响因素研究. 现代教育技术，(4)：85-90.
袁磊，孙辰昕. 2012. 社会性软件促进研究生网络学习共同体建构的研究. 现代远距离教育，(6)：61-66.
袁南辉，杨改学. 2014. 构建网络环境下教师远程培训平台的关键技术研究——以职业教育教师培训网络平台开发为例. 中国远程教育，(7)：79-82.
袁振国，徐国兴，孙欣. 1996. 方法的变革——人种学在教育研究中的应用. 上海高教研究，(3)：8-12.
袁振国. 2010. 教育研究方法导论（第 9 版）. 北京：教育科学出版社.

詹泽慧，梁婷，马子程. 2014. 基于虚拟助理的远程学习支持服务及技术难点. 现代远程教育研究，（6）：95-103.
张豪锋，赵耀远. 2012. 虚拟学习社区中影响参与者共享行为的因素探究. 中国远程教育，（7）：67-71.
张建伟. 2000. 基于问题解决的知识建构. 教育研究，（10）：58-62.
张杰，黄柳青. 2012. 基于教育博客的教师互动策略模型研究. 远程教育杂志，（6）：31-38.
张静粉. 2008. 语文网络教研探索于实践. 上海：华东师范大学博士学位论文.
张立国. 2009. 虚拟学习社区交互结构研究. 北京：教育科学出版社.
张立国，郭箭. 2009. 对虚拟学习社区的解读. 现代远距离教育，（4）：22-25.
张立国，刘菁，解素敏. 2009. 虚拟学习社区中学习者归属感的培养. 现代教育技术，（12）：84-86.
张立新，姚磊. 2013. 论在线学习论坛的生态治理. 电化教育研究，（7）：22-26.
张敏，夏俊，江娜. 2014. 虚拟学习社区在线求助行为的影响因素研究. 电化教育研究，（10）：82-87.
张敏霞，房彬. 2011. 教师在线实践社区中的资源建设理论与技术. 中国电化教育，（9）：49-52.
张青，邓芳丽. 2011. 虚拟学习社区的自组织性及形成条件. 现代教育技术，（8）：70-73.
张文兰，刘俊生. 2007. 基于设计的研究—教育技术学研究的一种新范式. 电化教育研究，（10）：13-17.
张文兰，牟智佳. 2013. 高师院校大学生网络学习动机影响因素的实证研究. 电化教育研究，（12）：50-55.
张一春. 2008. 教育技术学研究方法. 南京：南京师范大学出版社.
张屹，黄磊. 2010. 教育技术学研究方法. 北京：北京大学出版社.
张屹，周平红. 2013. 教育技术学研究方法（第二版）. 北京：北京大学出版社.
张喆. 2008. 基于 BBS 的中职校校本虚拟教研的探索与实践——以曹杨职校校本虚拟教研的实践为例. 上海：上海师范大学硕士学位论文.
赵健. 2008. 学习共同体的建构. 上海：上海教育出版社.
赵健. 2011. 网络环境下城乡互动教师学习共同体构建与运行研究. 兰州：西北师范大学博士学位论文.
赵健，郭绍青. 2013. 网络环境下教师学习共同体运行效果的调查分析. 中国电化教育，（9）：78-81.
赵守拙. 2014. 中学教师网络研训的现状、问题与解决策略—以地理学科为例. 中小学教师培训，（6）：29-31.
赵银生. 2008. 促进教师博客发展的再思考. 教育理论与实践，（28）：43-45.
赵中建. 2001. 美国 80 年代以来教师教育发展政策述评. 全球教育展望，（9）：72-78.
郑杭生. 2003. 社会学概论新修（第三版）. 北京：中国人民大学出版社.
郑金洲. 1997. 行动研究：一种日益受到关注的研究方法. 上海高教研究，（1）：23-27.

|参 考 文 献|

郑生勇，徐长江，钟晨音，等. 2014. 网站特性、参与需求与行为对虚拟社区认同的影响. 教育研究与实验，（3）：86-89.

郑小军，杨满福，林雯，等. 2010. 基于博客的教师专业发展个案研究及启示. 中国电化教育，（7）：100-103.

郑晓丽，项金华. 2009. 面向教师专业发展的虚拟学习社区模型研究. 中国电化教育，（3）：108-111.

钟启泉. 2003. “教师专业化”的误区及其批判. 教育发展研究，（Z1）：119-123.

钟志贤. 2005. 信息化教学模式：理论建构与实践例说. 北京：教育科学出版社.

钟志贤. 2011. 学习环境设计的理论基础：心理学视角. 中国电化教育，（6）：30-38.

仲崇高. 2008. QQ：网络教研的利器. 青年教师，（11）：21.

周钧. 2003. 霍姆斯小组与美国教师教育改革. 比较教育研究，（11）：37-40.

周倩. 2014. 农村中小学教师集体备课问题与优化策略. 济宁：曲阜师范大学硕士学位论文.

周园，王念新. 2011. 大学生使用社交网络服务的影响因素研究. 电化教育研究，（11）：41-45.

周智勇，陈仕品. 2012. 微博虚拟学习社区互动关系的社会网络分析. 现代远距离教育，（5）：73-79.

朱珂，刘清堂. 2013. Sakai 网络教学平台应用的影响因素探究. 中国远程教育，（8）：71-74.

祝智庭，顾小清，闫寒冰. 2005. 现代教育技术——走进信息化教育（修订版）. 北京：高等教育出版社.

庄秀丽. 2007. Web2. 0 技术学习的课程研究. 中国远程教育，（9）：30-34.

诺曼·布拉德伯恩，希摩·萨德曼，布莱恩·万辛克. 2011. 问卷设计手册——市场研究、民意调查、社会调查、健康调查指南. 赵锋译. 重庆：重庆大学出版社.

弗洛德·J·福勒. 2010. 调查问卷的设计与评估. 蒋逸民等译. 重庆：重庆大学出版社.

Ajzen I. 1985. From intentions to actions：A theory of planned behavior//Kuhl J，Beckmann J. Action Control：From Cognition to Behavior. Heidelberg：Springer.

Ajzen I. 1987. Attitudes，traits and actions：Dispositional prediction of behavior in personality and social psychology. Advances in experimental social psychology，20：1-63.

Ajzen I. 1988. Attitudes，Personality and Behavior. Maidenhead：Open University Press.

Ajzen I. 1991. The theory of planned behavior. Organizational Behavior and Human Decision Processes，（50）：179–211.

Ajzen I. 2006. Behavioral interventions based on the theory of planned behavior. http：//people. umass. edu/aizen/pdf/tpb. intervention. pdf［2017-11-19］

Alajmi B M. 2012. The intention to share：Psychological investigation of knowledge sharing behavior in online communities. Journal of Information & Knowledge Management，11（3）：1-31.

Ala-Mutka K. 2009. Review of Learning in ICT-enabled Networks and Communities. Spain：European Commission.

Bandura A. 1978. Self-efficacy：Toward a unifying theory of behavioral change. Advances in Behaviour Research & Therapy，1（4）：139-161.

Barab S. 2006. Design-based research：A methodological toolkitfor the learning scientist//Sawyer R K. The Cambridge Handbook of the Learning Sciences. London：Cambridge University Press. 153-169.

Bauman Z. 2001. Community：Seeking Safety in an Insecure World. Cambridge：Polity.

Berliner D C. 2002. Educational research：The hardest science of all. Education Researcher，31（8）：18-20.

Betts K. 2009. Lost in translation：Importance of effective communication in online education. https：//www. westga. edu/ ~distance/ojdla/summer122/betts122.html. [2016-6-9] .

Brook C，Oliver R. 2003. Online learning communities：Investigating a design framework. Australian Journal of Educational Technology，19（2）：139-160.

Brown A. 1992. Design experiments：Theoretical and methodological challenges in creating complex interventions in classroom settings. Journal of the Learning Sciences，2（2）：141-178.

Carlén U. 2002. Typology of online learning communities. http：//www. learnloop. org/olc/typology OLC. pdf [2015-02-05] .

Cheung W，Huang W. 2005. Proposing a framework to assess internet usage in university education：An empirical investigation from a student's perspective. British Journal of Educational Technology，36（2）：237-253.

Chiu C M，Wang E T G. 2008. Understanding web-based learning continuance intention：The role of subjective task value. Information & Management，45（3）：194-201.

Choi J I，Hannafin M. 1995. Situated cognition and learning environments：Roles，structures，and implications for design. Educational Technology Research & Development，43（2）：53-69.

Collis B，Peters O，Pals N. 2000. Influences on the educational use of the WWW，email and videoconferencing. Innovations in Education & Training International，37（2）：108-119.

Collis B，Peters O，Pals N. 2001. A model for predicting the educational use of information and communication technologies. Instructional Science，29（2）：95-125.

Compeau D R，Higgins C A. 1995. Computer self-efficacy：Development of a measure and initial test. MIS Quarterly，19（2）：189-211.

Csikszentmihalyi M. 1975. Play and intrinsic rewards. Journal of Humanistic psychology，15（3）：135-153.

Davis F D. 1989. Perceived ease of use，and user acceptance of information technology. MIS Quarterly，（13）：319-340.

Davis F D，Bagozzi R P，Warshaw P R. 1989. User acceptance of computer technology：A comparison of two theoretical models. Management Science，35（8）：982-1003.

|参 考 文 献|

Day C. 1999. Developing teachers：the challenges of lifelong learning. London：Taylor & Francis.

Deci E L，Ryan R M. 2004. Handbook of Self-Determination Research. Rochester：University of Rochester Press.

Delbecq A L，Van de Ven A H，Gustafson D H. 1975. Group Techniques for Program Planning：A Guide to Nominal Group and Delphi Processer. Glenview：Scott，Foresman and Company.

Dholakia U M，Bagozzi R P，Pearo L K. 2004. A social influence model of consumer participation in network- and small-group-based virtual communities. International Journal of Research in Marketing，21（3）：241-263.

Fishbein M. 1963. An investigation of the relationships between beliefs about an object and the attitude toward that object. Current Opinion in Investigational Drugs，16（3）：233-239.

Fishbein M，Ajzen I. 1975. Belief，Attitude，Intention and Behavior：An Introduction to Theory and Research. New York：Addison-Wesley.

Gefen D，Karahanna E，Straub D W. 2003. Trust and TAM in online shopping：An integrated model. Mis Quarterly，27（1）：51-90.

Gong M，Xu Y，Yu Y. 2004. An enhanced technology acceptance model for web-based learning. Journal of Information Systems Education，15（4）：365- 373.

Groves M M，Zemel P C. 2000. Instructional technology adoption in higher education：An action research case study. International Journal of Instructional Media，27（1）：57-65.

Gunawardena C N，Lowe C A，Anderson T. 1997. Analysis of a global online debate and the development of an interaction analysis model for examining social construction of knowledge in computer conferencing. Journal of Educational Computing Research，17（4）：397-431.

Hasan B. 2006. Delineating the effects of general and system-specific computer self efficacy beliefs on IS acceptance. Information and Management，43（5）：565-571.

Henri F. 1992. Computer conferencing and content analysis//Kaye A R. Collaborative Learning through Computer Conferencing：The Najadan Papers. Heideberg：Springer Verlag：117-136.

Hiltz S R，Wellman B. 1997. Asynchronous learning networks as a virtual classroom. Communications of the Acm，40（9）：44-49.

Hsu C L，Lin C C. 2008. Acceptance of blog usage：The roles of technology acceptance，social influence and knowledge sharing motivation. Information & Management，45（1）：65-74.

Johnson D W，Johnson F. 1991. Joining Together：Group Theory and Group Skills（4th Ed.）Englewood Cliffs：Prentice Hall.

Jonassen D H. 1991. Objectivism versus constructivism：Do we need a new philosophical paradigm. Educational Technology Research & Development，39（3）：5-14.

Kester L，Sloep P B，Rosmalen P V，et al. 2007. Facilitating community building in learning networks through peer tutoring in Ad-Hoc transient communities. International Journal of Web Based

Communities，3（2）：198-205.

King A Y. Chan Y K. 1972. A Theoretical and Operational Definition of Community：The case of Kwun Tong. Social Research Centre of The Chinese University of Hong Kong.

Kowch E，Schwier R. 1997. Characteristics of technology-based virtual learning communities. http：//etad. usask. ca/802papers/communities/community. PDF［2017-7-31］.

Krlinger F N，Lee H B. 1986. Fundations of Behavioral Research. New York：Holt，Rinehart and Winston.

Lai H M，Chen C P. 2011. Factors influencing secondary school teachers' adoption of teaching blogs. Computers & Education，56（4）：948-960.

Lau S H，Woods P C. 2008. An empirical study on students' acceptance of learning objects. Journal of Applied Sciences，8（22）：4079-4087.

Lave J，Wenger E. 1991. Situated Learning：Legitimate Peripheral Participation. Cambridge：Cambridge University Press.

Lewin K. 1948. Resolving Social Conflicts：Selected Papers on Group Dynamics. New York：Harper & Row.

Lewis D，Allan B. 2005. Virtual Learning Communities：A guide for Practitioners. Maidenhead：Open University Press.

Liu F，Chen M C，Sun Y S，et al. 2010. Extending the TAM model to explore the factors that affect intention to use an online learning community. Computers & Education，54（2）：600-610.

Ludwig-Hardman S. 2003. Case Study：Instructional Design Strategies that Contribute to the Development of Online Learning Community. Denver：University of Colorado.

Ludwighardman S，Dunlap J C. 2003. Learner support services for online students：Scaffolding for success. International Review of Research in Open and Distance Learning，4（1）：1-15.

Luppicini R. 2007. Online Learning Communities. Greenwich：Information Age Publishing.

McCoy R W. 2001. Computer competencies for the 21st century information system educator. Information Technology Learning and Performance Journal，19（2）：21-35.

McCullagh K. 2008. Blogging：Self presentation and privacy. Information & Communications Technology Law，17（1）：3-23.

McMillan J H，Schumacher S. 1997. Research in Education：A Conceptual Introduction. New York：Longman.

Murry J J W，Hammonds J O. 1995. Assessing the managerial and leadership ability of community collete administrative personnel. Community college Journal of Research and Practice，19（3）：207-216.

Ngai E W T，Poon J K L，Chan Y H C. 2007. Empirical examination of the adoption of WebCT using TAM. Computers & Education，48（2）：250-267.

|参 考 文 献|

Nonaka I，Takeuchi H. 1995. The Knowledge-Creating Company. New York：Oxford University Press.

Palloff R，Pratt K. 2007. Online Learning Communities in Perspective. North Carolina：Information Age Publishing.

Parenté F J，Anderson-Parenté J K. 1987. Delphi inquiry systems//Wrighe G，Ayton P. Judgmental Forecasting. New York：John Wiley.

Parker W C，Cogan J. 1999. Educating world citizens：Toward multinational curriculum development. American Educational Research Journal，36（2）：117-145.

Preece J，Nonneke B，Andrews D. 2004. The top five reasons for lurking：Improving community experiences for everyone. Computers in Human Behavior，20（2）：201-223.

Razak R A，See Y C. 2010. Improving academic achievement and motivation through online peer learning. Procedia - Social and Behavioral Sciences，9（9）：358-362.

Reeves T C. 2000. Enhancing the worth of instructional technology research through "Design Experiments" and other development research strategies. International Perspectives on Instructional Technology Research for the 21st. Century，USA，LA：New Orleans.

Rheingold H. 1993. The virtual communities：Introduction. http：//www. well. com/user/hlr/vcbook /vcbookintro. html［2017-11-19］.

Riel M，Polin L. 2004. Online learning communities：Common ground and critical differences in designing technical environment//Barab S A，Kling R，Gray J H. Designing for Virtual Communities in the Service of Learning. New York：Cambridge University Press.

Russell M. 1999. Online learning communities：Implications for adult learning. Adult Learning Technology，10（4）：28-31.

Ruth D，Brown E. 2001. The process of community-building in distance learning classes. Journal of Asynchronous Learning Networks，5（2）：18-35.

Sánchez R A，Hueros A D. 2010. Motivational factors that influence the acceptance of Moodle using TAM. Computers in Human Behavior，26（6）：1632-1640.

Swanson E B. 1998. Information System Implementation：Bridging the Gap between Design and Utilization. Homewood：Irwin.

Teo T. 2009. Modelling technology acceptance in education：A study of pre-service teachers. Computers & Education，52（2）：302–312.

Teo T. 2011. Factors influencing teachers' intention to use technology：Model development and test. Computers & Education，57（4）：2432-2440.

Wang S K，Reeves T C. 2007. The effects of a web-based learning environment on student motivation in a high school earth science course. Educational Technology Research & Development，55（2）：169-192.

Wang Y C，Fesenmaier D R. 2004. Towards understanding members' general participation in and active contribution to an online travel community. Tourism Management，25（6）：709-722.

Wiersma W，Jurs S G. 2008. Research Methods in Education：An Introduction（9th Edition）. Newark：Pearson Education.

Wilhelm W J. 2001. Alchemy of the oracle：Delphi technique. Delta pi Epsilon Journal，（43）：6-26.

Xie K，Ke F. 2011. The role of students' motivation in peer-moderated asynchronous online discussions. British Journal of Educational Technology，42（6）：916-930.

Yi M Y，Hwang Y. 2003. Predicting the use of web-based information systems：self-efficacy，enjoyment，learning goal orientation，and the technology acceptance model. International Journal of Human Computer Studies，59（4）：431-449.

附　　录

附件1　中小学教师网络研修影响因素研究（专家咨询表）

敬爱的老师，您好：

感谢您参与问卷调查！您的意见将为我们研究结果提供重要参考，敬请批阅此卷，不吝赐教。

说明：

下列指标是经过前期专家咨询后的指标项，每一项指标初步认为对教师参与网络研修存在显著影响，请您：

（1）对每个指标的重要性进行评估，标记“很不重要”“不重要”“不确定”“很重要”“非常重要”；

（2）对指标项提出修改意见，填写在相应的“修改意见”一栏中；

（3）补充本卷没有考虑到的指标或其他任何建议，填写在最后“整体修改意见”一栏中。

一、教师个人因素对参加教师网络研修效果的影响和制约

序号	描述	很不重要	不重要	不确定	重要	很重要
1	教师参加网络研修的意愿					
2	教师自我效能（计算机操作水平、熟练使用网络教研社区能力）					
3	教师参加网络研修的动机（能力提升、解决教学问题、获得荣誉、得到晋升机会、与他人交流）					
4	教师对网络研修作用的认知					

保留、删除、修改（序号）意见：

二、平台及硬件环境对教师参加网络研修效果的影响和制约

序号	描述	很不重要	不重要	不确定	重要	很重要
1	网络研修社区支撑环境（网速、拥有计算机、平台稳定）					
2	网络研修社区易用性（导航清晰、操作简便、个人管理）					
3	网络研修社区有用性（多种研修活动、提供网络课程、实时交互）					

保留、删除、修改（序号）意见：

三、网络研修设计对教师参加网络研修效果的影响和制约

序号	描述	很不重要	不重要	不确定	重要	很重要
1	网络研修活动设计					
2	网络研修资源提供					
3	网络研修评价设计					

保留、删除、修改（序号）意见：

四、网络研修主观规范对教师参加网络研修效果的影响和制约

序号	描述	很不重要	不重要	不确定	重要	很重要
1	网络研修外部规范（领导要求、考核办法要求、研修制度）					
2	网络研修群体影响（同事参与、及时反馈）					

保留、删除、修改（序号）意见：

五、专家支持服务对教师参加网络研修效果的影响和制约

序号	描述	很不重要	不重要	不确定	重要	很重要
1	网络研修小组意见领袖（意见领袖存在、引导言论）					
2	网络研修专家支持及引导（专家存在，及时指导、带领研修）					
3	网络研修学习者之间互动（组员及时反馈、评价效果）					

保留、删除、修改（序号）意见：

六、支持对教师参加网络研修效果的影响和制约

序号	描述	很不重要	不重要	不确定	重要	很重要
1	网络研修情感支持（关系融洽、个性发挥）					
2	网络研修技术支持（技术问题解决、技术帮助）					

保留、删除、修改（序号）意见：

七、整体修改意见

保留、删除、修改意见：

附件 2　中小学教师网络研修影响因素研究调查问卷

尊敬的老师：

您好！感谢您填答这次无记名问卷。问卷的目的是了解网络研修的影响因素，为完善网络研修理论和改善网络研修实践项目提供有意义的参考。您的填答对调查具有重要意义。请您根据实际情况，认真填答！感谢您的配合！

2014 年 9 月 1 日

说明：

（1）请您根据自己的看法和认识，标记“非常不符合”“不符合”“不确定”“比较符合”“非常符合”等选项；

（2）网络研修：简单地说，就是利用信息技术手段，在网上开展听课评课、课例研磨、集体备课等在线网络研讨，提升理论水平和专业技能。如利用 QQ、飞信、微信，或者“国培计划”平台等进行网络发帖交流研讨。

（3）网络研修社区：指教师参与网络学习，进行交流讨论的网络空间，可以是网站、网络课程等，如“国培计划网络研修平台”、QQ 群等。

注意：

您的填答对网络研修项目的改进和设计具有重要的参考价值，此项目后期的网络研修活动将会根据本次问卷统计结果进行调整，请您根据实际情况，认真填答！避免因无效数据对本次调查结果形成误导和干扰。非常感谢！

一、以下描述符合您的是（个人因素）

序号	描述	非常不符合	比较不符合	不确定	比较符合	非常符合
1	我能够熟练使用计算机					
2	我掌握使用计算的基本方法和技能					
3	我认为上网是一件容易的事情					
4	我对网络使用较为熟练					

续表

序号	描述	非常不符合	比较不符合	不确定	比较符合	非常符合
5	参与网络研修，能够获得更多交流机会					
6	参与网络研修，使我学到了很多知识					
7	参与网络研修，使我能力得到提升					
8	我认为参与网络研修对我的工作有用					
9	网络研修对我没什么用处					

二、以下描述，符合您对网络研修社区看法的是（研修平台）

序号	描述	非常不符合	比较不符合	不确定	比较符合	非常符合
1	我认为网络研修社区操作简便很重要					
2	我认为网络研修社区界面友好、页面美观很重要					
3	我认为网络研修社区性能稳定、响应速度快很重要					
4	我认为能够顺利地登录网络研修社区很重要					
5	我希望网络研修社区能够分享我的知识					
6	我希望网络研修社区促进我的学习					
7	我希望网络研修社区对我很有用处					
8	我认为网络研修社区对我没有用					

三、以下描述，符合您对网络研修设计看法的是（活动设计、资源设计、评价设计）

序号	描述	非常不符合	比较不符合	不确定	比较符合	非常符合
1	我认为网络研修活动形式丰富多样很重要					
2	我认为网络研修活动与学习任务相关很重要					
3	我认为网络研修活动任务明确很重要					
4	我希望网络研修资源新颖并易于理解					
5	我希望网络研修资源与我的学习需求相关					

续表

序号	描述	非常不符合	比较不符合	不确定	比较符合	非常符合
6	我希望网络研修资源帮助我进步					
7	我认为网络研修评价合理很重要					
8	我希望网络研修有合理的激励规则					

四、以下描述，符合您参与网络研修与专家和同伴交流认识的是（交互感知）（专家、学员间交互）

序号	描述	非常不符合	比较不符合	不确定	比较符合	非常符合
1	社区中某些成员具有权威性					
2	我在发表言论时会考虑核心成员的意见					
3	核心成员对我参与网络研修活动影响比较大					
4	专家在网络研修中很重要					
5	专家在引导社区成员言论的导向作用明显					
6	我希望能够得到专家的指导和反馈					
7	我愿意和同伴进行沟通和交流					
8	我希望从同伴那里获得有用的信息					
9	我希望得到同伴的及时反馈					
10	我希望在网络研修中结识很多伙伴					

五、以下描述，符合您参加网络研修认识的是（主观规范）

序号	描述	非常不符合	比较不符合	不确定	比较符合	非常符合
1	我认为网络研修中领导能够重视很重要					
2	我认为网络研修中获得领导认可很重要					
3	我认为网络研修有明确的文件要求很重要					
4	我会参考同事的意见					
5	我同事的意见对我很重要					
6	参与网络研修能够获得同事的认可					
7	我的教师同事们认为，参与网络研修是有价值的					

六、以下描述，符合您期望的是（支撑及帮助）（情感、技术支撑）

序号	描述	非常不符合	比较不符合	不确定	比较符合	非常符合
1	如果身边网络研修的同事很多，会吸引我参与					
2	网络研修中的学习氛围很重要					
3	我认为团队中信任、尊重、认可很重要					
4	当有技术问题存在时，技术支持很关键					
5	当有技术问题存在时，技术支持QQ群很重要					
6	当有技术问题存在时，研修社区帮助文档很必要					
7	当有技术问题存在时，研修社区技术支持很有用					

七、以下描述，符合您参与网络研修的计划的是（态度、行为、能力）

序号	描述	非常不符合	比较不符合	不确定	比较符合	非常符合
1	我愿意参与网络研修					
2	我认为开展网络研修是有趣的					
3	我喜欢网络研修这种形式					
4	我打算经常利用网络研修社区进行学习					
5	我今后会继续利用网络研修与别人交流					
6	通过网络研修，我学习到很多有用的知识					
7	通过网络研修，我的计算机水平有所提高					
8	网络研修中的收获对促进我的教学有所帮助					

八、基本信息

1. 学校所属市（州）________（区）县________
2. 学校所在地（　　）：

A. 城市　　　　B. 农村

3. 您的性别（　　）：

A. 女　　B. 男

4. 您的民族：________族

5. 您的教龄（　　）：

A. 2 年及以下　　B. 2～5 年　　C. 6～15 年　　D. 15 年及以上

6. 您的使用网络的时间（　　）：

A. 1 年及以下　　B. 2～5 年　　C. 6～9 年　　D. 10 年及以上

7. 您的最高学历是（　　）：

A. 研究生毕业　　B. 大学本科毕业　　C. 大专/高职毕业

D. 中专/中师毕业　　E. 高中及以下

8. 您主要的任教学科是（　　）：

A. 语文　　B. 数学　　C. 外语　　D. 音体美

E. 科学　　F. 信息技术　　G. 其他

9. 您的年龄为（　　）：

A. 25 岁及以下　　B. 26～35 岁　　C. 36～45 岁　　D. 46 岁以上

10. 您接触网络研修的时间是（　　）：

A. 还未接触　　B. 1 年及以下　　C. 1～3 年　　D. 4 年及以上

11. 您参与网络研修的情况是（　　）：

A. 第 1 次参加　　B. 2 次　　C. 3 次及以上

12. 您参与网络的最主要目的是（　　）：

A. 能力提升　　B. 解决教学问题　　C. 获得荣誉　　D. 为了晋升

E. 与其他教师交流　　F. 要求必须参加

13. 关于网络研修影响因素，您还有什么建议

____

____

____

问卷到此结束，非常感谢您的参与！

附件3　中小学教师网络研修现状调查问卷（基线调研）

尊敬的教师：

您好！为了解您校本教研和网络研修现状，我们设计了这份问卷，希望您能根据您自己的情况、体会和想法，如实填写。您的意见将成为我们项目设计和改进的重要依据。感谢您的参与和配合！请在合适的选项前画“√”，“□”为多选，“○”为单选。

一、基本信息

1. 学校所属市（州）________（区）县________

2. 学校所在地（　　）：

○城市　○农村

3. 您的性别（　　）：

○女　○男

4. 您的民族：________族

5. 您的教龄（　　）：

○2年及以下　○2～5年　○16年及以上

6. 您使用网络的时间（　　）：

○1年及以下　○2～5年　○6～9年　○10年及以上

7. 您的最高学历是（　　）：

○研究生毕业　○大学本科毕业　○大专/高职毕业

○中专/中师毕业　○高中及以下

8. 您主要的任教学科是（　　）：

○语文　○数学　○外语　○音体美

○科学　○信息技术　○其他

9. 您的年龄为（　　）：

○25岁及以下　○26～35岁　○36～45岁　○46岁以上

二、校本教研现状

1. 您认为目前培训中存在的问题有：

□培训目标不明确　□培训方式单一

□培训内容实用性不强　□缺少具体的案例分析

□培训时间安排不合理　□培训者水平不够高

□培训过多，流于形式　□培训评价方式单一，难以反映学习效果

□工学矛盾无法解决　□升学、考试压力大

□其他________

2. 您认为校本教研最能发挥促进教师专业发展作用的层面是：

○教研组　○学校

○县域校本教研共同体　○省域校本教研共同体

3. 您认为自己目前在校本教研中最缺乏的是：

□新课标　□学科知识　□教学设计

□教学方法　□教师教育技术技能　□教学管理技能

□教学评价　□教学实际问题的解决　□学生心理调节

□校本课程的开发与实施　□技术在教学中的使用/信息化教学环境应用

□其他_______

4. 您认为当前校本教研的活动中的突出问题是（最多选 5 项）：

□评价制度不完善　□激励机制不配套

□管理机制不完善　□教师教研意识不足

□教师忙于教学，教研时间得不到保障，教研流于形式

□教研活动形式单一　□教师缺乏理论和经验型知识

□专业引领内容缺乏针对性　□缺乏专家引领后的效果跟踪与持续指导

□缺乏统一的教研规划　□专家缺乏对教师需求和实际情况的了解

□其他_____________

三、网络研修现状

1. 您参加校际间网络教研的情况是：

○偶尔参加网络教研　○经常参加网络教研

○没有过，从不参与

————（如果您没有参与过网络研修，下方问题都不用回答）————

2. 您主要参与的网络研修活动范围是：

○学校内部范围，基于研修小组进行交流

○与项目结对学校间，进行校际协作交流

○区域内（县级）不同研修组间的交流

○区域内（市级）不同研修组间的交流

○互联网范围内，不受任何限制和制约的网络研修

3. 您平均每周参与网络研修的频率是：

○1 次及以下　　○1～3 次　　○4 次及以上

4.您对网络研修的态度和看法是：

项目	完全认同	比较认同	一般认同	不太认同	完全不认同
网络研修是常规教研的辅助和有益补充					
网络研修是教研发展的趋势					
我非常喜欢网络研修这种形式					
我很愿意参与到网络研修活动中					
我很愿意在网络研修中与别人分享经验					
我很愿意通过研修社区帮助别人					

5.以下符合您网络研修行为的描述是：

项目	完全认同	比较认同	一般认同	不太认同	完全不认同
在网络研修社区中，我经常只是单纯地浏览					
我经常只是简单地回应，如“好”“赞”等					
我经常引用别人的观点来表达自己的态度					
我评价某个话题时经常给出简单的理由					
我很关注别人对我回帖，并认真思考					
我经常将个人看法与话题观点进行比较，分享感受，交流心得体会					
我经常结合话题总结个人看法，评论笔者，并表明观点态度					
我经常反思话题或他人评论，提出质疑					
我经常因某些话题受到启发而独立思考，批判地看待话题或他人观点					
我经常在网络研修平台上传自己的教学材料					
我总能通过研修平台获得他人的帮助					
我习惯在网络环境下与人进行交流					
我在网络研修过程中结识了很多朋友					
我经常在研修过程中与人交流得很愉快					

6.以下描述符合您对网络研修社区（研修网站、平台）需求：

项目	非常需要	比较需要	不需要
网络研修平台界面简洁			
网络研修平台导航清晰明了			
网络研修平台具备搜索功能			
研修平台操作简单			
如果我能够熟练使用网络研修平台，我会积极参与			
网络研修平台能进行个人管理			
方便地看到自己取得的成就（得分）			
网络研修平台有合理的激励规则			
参加网络研修后得到虚拟奖励（积分、级别）			
网络研修平台提供能够表达我心情的符号（表情符）功能			
网络研修平台能够快速去除垃圾信息			
网络研修平台都是实名注册			
网络研修平台允许匿名发表言论，我就会积极参与			
网络研修平台可以与其他老师有多种交流方式			
网络研修平台提供网络课程的学习，我就会积极参加网络研修			
网络研修平台如果提供知识搜索与管理功能，我会积极参加			

7.您对网络研修组织管理情况看法是：

项目	完全认同	比较认同	一般认同	不太认同	完全不认同
学校形成完善的网络研修制度，促使我认真参与					
学校有专人负责网络研修活动的开展					
学校的领导对网络研修活动很重视					
学校时常对教师做网络研修活动的动员					
学校经常组织教师进行网络研修					
学校出台相应激励机制，促进我参加网络研修					
我们已经形成特定的网络研修小组					
网络研修小组成员关系融洽					
网络研修小组有完善的计划					
我的发帖能够得到同伴的快速、高质量的回复					
经常有专家对我进行网络研修的相关培训					
研修平台上经常有专家型教师或权威专家的指导					

四、网络研修效果

1.以下网络研修活动您是否参与，效果如何？

项目	效果评价					
	没有参与	效果很差	效果较差	效果一般	效果较好	效果很好
利用网络研修社区上传、下载资源						
利用网络研修社区进行教学反思						
利用网络研修社区进行集体备课						
利用网络研修社区进行课程学习						
利用网络研修社区进行专题研讨						
在网络研修社区中针对某一节课例，进行课例研磨						
在教研员带领下，针对某个主题开展主题研修						
在专家带领下进行长期系统研修						

2.网络研修效果认同

项目	完全认同	比较认同	一般认同	不太认同	完全不认同
我能在网络研修过程中学习到新的知识					
我工作中遇到的困难总能在网络研修中获得答案					
我总是能在网络讨论中获得启发					
我相信能从网络交流中得到收获					
网络研修实现了多种形式的交流互动					
网络研修环境使我的专长得到了更好的展示					
网络研修更好地适应了我时间和空间上的需求					
我在网络研修中认识了一些对我有促进作用的良师益友					
网络研修提高了教师教研的参与度					
我参与的网络研修活动解决了教学实际问题					
我认为网络研修的收获大于常规研修					
我认为网络研修对业务提高有重要作用					

续表

项目	完全认同	比较认同	一般认同	不太认同	完全不认同
我认为参与网络研修能够提高工作效率					
通过网络研修，对信息技术能力提升有很大帮助					
通过网络研修，对学科教学能力提升有很大帮助					
通过网络研修，对教学设计能力提升有很大帮助					
通过网络研修，对教育科研能力提升有很大帮助					

感谢您的填答！

附件 4　中小学教师网络研修效果调查问卷（终期调研）

尊敬的教师：

您好！为了解您参加网络研修的效果，我们设计了这份问卷，希望您能根据您自己的情况、体会和想法如实填写。您的意见将成为我们项目设计和改进的重要依据。感谢您的参与和配合！请在合适的选项前画“√”，“□”为多选，“○”为单选。

一、基本信息

1. 学校所属市（州）________（区）县________

2. 学校所在地（　　）：

○城市　　○农村

3. 您的性别（　　）：

○女　　○男

4. 您的民族：________族

5. 您的教龄（　　）：

○2 年及以下　　○2～5 年　　○6～15 年　　○16 年及以上

6. 您使用网络的时间（　　）：

○1 年及以下　　○2～5 年　　○6～9 年　　○10 年及以上

7. 您的最高学历是（　　）：

○研究生毕业　　○大学本科毕业　　○大专/高职毕业

○中专/中师毕业　　○高中及以下

8. 您主要的任教学科是（　　）：

○语文　　○数学　　○外语　　○音体美

○科学　　○信息技术　　○其他

9. 您的年龄为（　　）：

○25 岁及以下　　○26～35 岁　　○36～45 岁　　○46 岁以上

二、网络研修现状

1. 您主要参与的网络研修活动范围是：

○学校内部范围，基于研修小组进行交流

○与项目结对学校间，进行校际协作交流

○区域内（县级）不同研修组间的交流

○区域内（市级）不同研修组间的交流

○互联网范围内，不受任何限制和制约的网络研修

2. 您平均每周参与网络研修的频率是：

○没有开展　　○1 次及以下　　○1～3 次　　○4 次及以上

3.您对网络研修的态度和看法是：

项目	完全认同	比较认同	一般认同	不太认同	完全不认同
网络研修是常规教研的辅助和有益补充					
网络研修是教研发展的趋势					
我非常喜欢网络研修这种形式					
我很愿意参与到网络研修活动中					
我很愿意在网络研修中与别人分享经验					
我很愿意通过研修社区帮助别人					

4.以下符合您网络研修行为的描述是：

项目	完全认同	比较认同	一般认同	不太认同	完全不认同
在网络研修社区中，我经常只是单纯地浏览					
我经常只是简单地回应，如“好”“赞”等					
我经常引用别人的观点来表达自己的态度					
我评价某个话题时经常给出简单的理由					
我很关注别人对我回帖，并认真思考					
我经常将个人看法与话题观点进行比较，分享感受，交流心得体会					
我经常结合话题总结个人看法，评论笔者，并表明观点态度					
我经常反思话题或他人评论，提出质疑					
我经常因某些话题受到启发而独立思考，批判地看待话题或他人观点					
我经常在网络研修平台上传自己的教学材料					
我总能通过研修平台获得他人的帮助					

续表

项目	完全认同	比较认同	一般认同	不太认同	完全不认同
我习惯在网络环境下与人进行交流					
我在网络研修过程中结识了很多朋友					
我经常在研修过程中与人交流得很愉快					

5.以下描述符合您对网络研修社区（研修网站、平台）的看法是：

项目	完全认同	比较认同	一般认同	不太认同	完全不认同
对教师间交流和互助有很好的支持					
能够支持大范围的研修活动					
操作简便、快捷					
界面设计美观、导航清晰					
平台管理方便、快捷					
平台个人空间有方便快速导航和对活动的记录					
网络课程帮助我系统学习课程知识					
多种研修方式混合，吸引我积极参与					
研修工作室功能全面，专家引领我快速进步					
评价合理，能够体现我的学习效果					
虚拟奖励，体现我的学习成就					
网络研修社区研修资源丰富					
网络研修社区研修资源经常更新					
网络研修社区的资源分类明确					

6.您对网络研修组织管理情况看法是：

项目	完全认同	比较认同	一般认同	不太认同	完全不认同
学校形成完善的网络研修制度，促使我认真参与					
学校有专人负责网络研修活动的开展					
学校的领导对网络研修活动很重视					
学校时常对教师做网络研修活动的动员					
学校经常组织教师进行网络研修					
学校出台相应激励机制，促进我参加网络研修					
我们已经形成特定的网络研修小组					

续表

项目	完全认同	比较认同	一般认同	不太认同	完全不认同
网络研修小组成员关系融洽					
网络研修小组有完善的计划					
我的发帖能够得到同伴的快速、高质量的回复					
经常有专家对我进行网络研修的相关培训					
研修平台上经常有专家型教师或权威专家的指导					

三、网络研修效果

1.以下网络研修活动您是否参与，效果如何？

项目	效果评价					
	没有参与	效果很差	效果较差	效果一般	效果较好	效果很好
利用网络研修社区上传、下载资源						
利用网络研修社区进行教学反思						
利用网络研修社区进行集体备课						
利用网络研修社区进行课程学习						
利用网络研修社区进行专题研讨						
在网络研修社区中针对某一节课例，进行课例研磨						
在教研员带领下，针对某个主题开展主题研修						
在专家带领下进行长期系统研修						

2.网络研修效果认同：

项目	完全认同	比较认同	一般认同	不太认同	完全不认同
我能在网络研修过程中学习到新的知识					
我工作中遇到的困难总能在网络研修中获得答案					

续表

项目	完全认同	比较认同	一般认同	不太认同	完全不认同
我总是能在网络讨论中获得启发					
我相信能从网络交流中得到收获					
网络研修实现了多种形式的交流互动					
网络研修环境使我的专长、得到了更好的展示					
网络研修更好地适应我时间和空间上的需求					
我在网络研修中认识了一些对我有促进作用的良师益友					
网络研修提高了教师教研的参与度					
我参与的网络研修活动解决了教学实际问题					
我认为网络研修的收获大于常规研修					
我认为网络研修对业务提高有重要作用					
我认为参与网络研修能够提高工作效率					
通过网络研修，对信息技术能力提升有很大帮助					
通过网络研修，对学科教学能力提升有很大帮助					
通过网络研修，对教学设计能力提升有很大帮助					
通过网络研修，对教育科研能力提升有很大帮助					

感谢您的填答！

附件 5　中小学教师网络研修效果访谈提纲

1.通过参与本次网络研修活动，您有哪些收获？（态度、行为、知识获取、能力感知等方面）

2.您认为本次网络研修活动中有哪些不足？请具体说明

3.您认为本次网络研修活动（根据具体活动设计选择）能够满足本主题网络研修的需要吗？

4.您认为网络研修社区对于本次研修活动的支持作用怎么样？

5.您认为本次网络研修的资源能够满足您的需求吗？还有哪些需要？

6.您认为针对教师个人和共同体发展性的评价能否体现您的学习成果？您认为应该需要哪种评价方式？

7.如果您继续参与网络研修活动，您还需要哪方面的支持？

附件 6　课堂观察量表

观察维度	观察要点	记录
课堂导入	集中学生注意力	
	激发学生学习兴趣	
	明确学习目的	
	连接新旧知识	
课堂讲授	教师讲解（清晰流畅方面）	
	介绍和强调教学重点	
	维持学生注意力（方法、内容）	
	提问或练习等调控学生理解	
课堂提问与对话	教师提出的问题简洁明了	
	多重问题的展示顺序合理	
	课堂提问关注学生的层次	
	对学生的回答做出的反应	
小组合作与讨论	设置讨论问题或合作任务	
	分组与小组任务分配情况	
	小组成员参与情况	
	教师在小组合作中发挥的作用	
课后、课中练习管理	课后、课中练习的布置情况	
	课后、课中练习的反馈情况